Hintergründe
und Infos

Föhr

Amrum

Ausflüge

Kleiner (Rad-)
Wanderführer

UNTERWEGS MIT DIETER KATZ

Warum fahre ich so gerne nach Föhr oder Amrum? Nun, schon beim Ablegen der Fähre in Dagebüll überkommt mich trotz des Motorengeräuschs ein eigentümliches Gefühl der Ruhe, fällt die Hektik des Alltags von mir ab. Und während sich die Fähre langsam durch das Wattenmeer pflügt, atme ich tief durch mit dem Wissen, dass für die kommenden Tage nichts mehr schnell geht, ja gehen soll. Was

mich erwartet, ist reine Erholung – Inselfeeling eben, und das gewissermaßen in der Heimat, ohne stressige Anreise mit dem Flieger.

Beide Inseln sind nichts für Partylöwen und legen auch keinen Wert darauf, zum Ziel der Reichen und Schönen zu werden. Dafür sind sie hundertprozentig authentisch: Föhr und Amrum, aber auch die

benachbarten Halligen leben viel mehr von einer beneidenswerten Unaufgeregtheit. Bei langen Spaziergängen kann ich zum Rauschen der Wellen und des Windes die Seele baumeln lassen. Und wenn mich der Tatendrang packt, dann setze ich mich aufs Fahrrad und radele ein paar Kilometer durch die schöne Landschaft oder steuere in verträumten Dörfern ein nettes Café an.

Am späten Nachmittag, wenn sich die letzte Fähre durch ein Hupsignal verabschiedet, dann blicke ich ihr noch einmal nach und weiß, dass mindestens bis morgen früh die Welt da drüben auf dem Festland unendlich weit entfernt ist.

Text und Recherche: Dieter Katz **Lektorat:** Anja Elser **Redaktion und Layout:** Dirk Thomsen **Karten:** Judit Ladik, Michaela Nizsche, Gábor Sztrecska **Fotos:** Dieter Katz **Covergestaltung:** Karl Serwotka **Covermotive:** oben: Wattwanderung von Föhr nach Amrum, unten: Friesenhaus in Boldixum

1. AUFLAGE 2012

FÖHR & AMRUM

DIETER KATZ

Ausflüge 158

Kleiner (Rad-)Wanderführer 179

Register 198

Alles im Kasten

Kartenverzeichnis

Zeichenerklärung für die Karten und Pläne

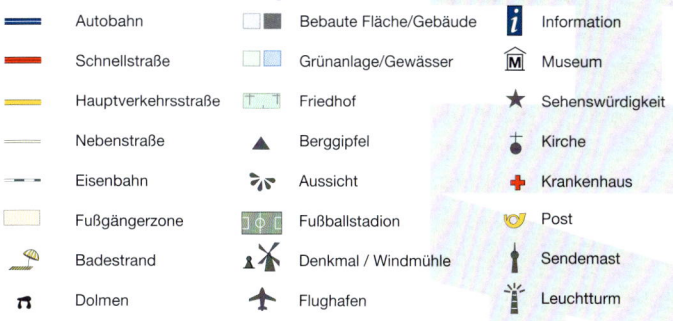

- Autobahn
- Schnellstraße
- Hauptverkehrsstraße
- Nebenstraße
- Eisenbahn
- Fußgängerzone
- Badestrand
- Dolmen
- Bebaute Fläche/Gebäude
- Grünanlage/Gewässer
- Friedhof
- Berggipfel
- Aussicht
- Fußballstadion
- Denkmal / Windmühle
- Flughafen
- Information
- Museum
- Sehenswürdigkeit
- Kirche
- Krankenhaus
- Post
- Sendemast
- Leuchtturm

Was haben Sie entdeckt?

Haben Sie nett in einem Fischrestaurant gegessen? In welcher Unterkunft haben Sie sich besonders wohl gefühlt?

Wenn Sie Anregungen, Empfehlungen oder auch Kritikpunkte haben, lassen Sie es mich bitte wissen. Schreiben Sie an:

Schreiben Sie an: Dieter Katz, Stichwort „Föhr & Amrum" | c/o Michael Müller Verlag GmbH | Gerberei 19, D – 91054 Erlangen | dieter.katz@michael-mueller-verlag.de

Vielen Dank…

der Föhr Tourismus GmbH sowie der Amrum Touristik AöR. Mein besonderer Dank gilt meiner Frau Susanne für ihre Unterstützung und Geduld.

 Mit dem grünen Blatt haben unsere Autoren Betriebe hervorgehoben, die sich bemühen, regionalen und nachhaltig erzeugten Produkten den Vorzug zu geben.

Wohin auf Föhr und Amrum?

① Föhr → S. 76

Deutschlands zweitgrößte Nordseeinsel besticht durch ein sattes Grün – zwischen landwirtschaftlichen Flächen gibt es durchaus stattliche Bäume. Das ist der ungewöhnlich (wind-)geschützten Lage mit den vorgelagerten Inseln Sylt und Amrum sowie den Halligen zu verdanken. Die meisten Föhr-Urlauber bevorzugen das kleinstädtische Wyk, den Hafenort mit Seebadambiente, der über einen ausgedehnten Südstrand verfügt. Wer es ganz und gar ländlich mag, der ist in einem der 16 Dörfer besser aufgehoben. Hier strahlen die zahlreichen reetgedeckten Friesenhäuser in einer oft weitläufigen Bebauung Ruhe und Beschaulichkeit aus.

② Amrum → S. 128

Dominiert wird die schöne Insel vom unendlich breiten Kniepsand, der sich als ehemalige Sandbank an das sichelförmige Eiland anlehnt und zusammen mit einer herrlichen Dünenlandschaft mehr als die Hälfte Amrums ausmacht. Die unberührte Natur mit breitem Strand, Dünen, Heide und einem erstaunlich großen Wald ist der große Trumpf der Insel. Doch Amrum besticht auch durch seine schönen, an der Wattseite gelegenen Inseldörfer: Das geschäftige Wittdün ist als Hafenort die Lebensader der Insel. Idylle pur bietet das in der Inselmitte gelegene Bilderbuchdorf Nebel, während Norddorf familiärer Hauptbadeort im Norden Amrums ist.

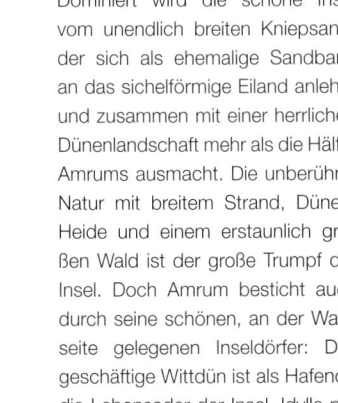

Ausflüge → S. 158

Von Föhr und Amrum können Sie in der Ferne die reizvollen Konturen der Halligen und der Nachbarinsel Sylt erkennen. Was liegt näher, als für einen Tag die Nachbarn bequem mit einem Ausflugsschiff zu besuchen? Auf den Halligen Hooge, Langeneß, Oland und Gröde wird die Einzigartigkeit dieses durch Warften und Salzwiesen geprägten Lebensraumes inmitten des Wattenmeeres spürbar. Dicht gedrängt stehen die wenigen Häuser auf rund 5 m hohen, aufgeschütteten Hügeln, während die Salzwiesen der stürmischen Nordsee schutzlos ausgeliefert sind und häufig überflutet werden. Auf Sylt hingegen erleben Sie eine völlig andere Welt, nämlich die einer geschäftigen, reizvollen Düneninsel.

Niebüll

List

Kampen

Wenningstedt
Braderup

Westerland
Westerland
Tinnum
Keitum

Morsum

Sylt

Hörnum

Møgeltonder
Tønder

Vidå

Seebüll

Klanxbüll
Neukirchen

Niebüll
Deezbüll

Föhr

(1)

Dagebüll

Oland

(2)

Dunsum Oldsum
Utersum   Süderende
Borgsum Alkersum   Oevenum
Witsum   Nieblum   Wrixum
Wyk

Norddorf

Schlütt-
siel
Ockholm

Nebel

Steenodde
Süd-
dörf   Wittdün

Amrum

Ketelswarf

Knudswarf

Langeneß   *Gröde*

*Hamburger
Hallig*

*Nord-
strandisch-
moor*

Hanswarft

Hallig Hooge

Pellworm

Föhr & Amrum: Die Vorschau

Der Takt der Inseln

Föhr und Amrum liegen wie zwei Ruhepole im nordfriesischen Wattenmeer. Keine Hektik, kein mondänes Strandleben, keine städtischen Metropolen und nicht einmal mehr nennenswerter Autoverkehr, dafür aber die beneidenswerte Unaufgeregtheit malerischer Dörfer mit reetgedeckten Friesenhäusern, endlose Strände, saftig grüne Wiesen, eine faszinierende Vogelwelt und natürlich das Wattenmeer ringsherum.

Hat man erst einmal die Fähre erreicht, muss man fast zwangsläufig die Betriebsamkeit des Alltags hinter sich lassen, denn nur langsam bahnen sich die Fähren der Reederei W.D.R. den Weg durch das flache Wattenmeer. Und dann geben die Inseln ihren eigenen Rhythmus vor. Genau das Richtige für alle, die in erster Linie auf Müßiggang und erholsame Langsamkeit setzen, aber auch bestens geeignet für Familien mit kleinen Kindern.

Föhr – grüne Perle im Meer

Als „Friesische Karibik" wird diese schöne Insel inmitten des Wattenmeeres ausdrucksstark vom Tourismusverband beworben – und da ist wegen des golfstrombegünstigten Seeklimas durchaus etwas dran. Zudem wird die 7 km vom Festland entfernte, fast runde Insel Föhr von den davorliegenden Eilanden Sylt, Amrum und den Halligen vor der allergrößten Unbill des Blanken Hans bewahrt. Eine starke Brandung gibt es hier nicht; so gesehen herrschen auf Föhr schon fast ostseeküstenartige Verhältnisse, zumal sich wegen der für die Region ungewöhnlich (wind-)geschützten Lage eine reiche Vegetation mit zahlreichen stattlichen Bäumen entwickeln konnte. Föhr ist tatsächlich so etwas wie eine Oase in der Nordsee.

Landschaftlich herrschen daher nicht wie auf den Nachbarinseln Amrum und Sylt karge Dünen- und Heidelandschaften vor, sondern – wie vom Festland

her gewohnt – saftige Wiesen und Felder der fruchtbaren, brettebenen Marsch, die mehr als die Hälfte der Insel bedeckt. Und so gibt es noch knapp 100 Landwirte auf Föhr, womit die Insel – im Gegensatz zu Amrum – sehr landwirtschaftlich geprägt ist.

Auch der nach Süden ausgerichtete Geestkern Föhrs ist nur leicht erhöht und ändert wenig am Charakter einer durch und durch flachen Insel. Hier liegen die malerischen Inseldörfer mit den oft alten, reetgedeckten Kapitänshäusern aus der Walfängerzeit. Alle Orte sind durch eine Ringstraße verbunden, die Rundföhrstraße.

Fast nirgendwo sonst in Deutschland finden sich so viele reetgedeckte Dorfkerne wie auf Föhr. Das macht den eigentlichen Charme der im Grunde genommen eher unspektakulären und damit friedvoll-gelassen wirkenden Insel aus. Viele der alten Friesenhäuser sind mit Rosenstöcken berankt und vor den Häusern stehen häufig stattliche Bäume. Allen voran gilt Nieblum als eines der schönsten, wenn nicht sogar als das schönste Dorf Schleswig-Holsteins.

Der Geestrand wird im Süden der Insel durch einen schönen, wenn auch relativ schmalen Sandstrand begrenzt. Dieser zieht sich auf einer Länge von 15 km von Wyk bis Utersum und ist weit mehr noch als der fruchtbare Marschboden das eigentliche Kapital von Deutschlands zweitgrößter Nordseeinsel. Und wo sonst an der deutschen Nordseeküste gibt es schon einen reinen Südstrand? Er ist das Sahnehäubchen der Insel. Im deichbewehrten Norden hingegen gibt es überhaupt keine Badestrände. Das flache Wasser vor dem Deich ist Vogelschutzgebiet.

Die Inselmetropole ist unzweifelhaft Wyk, eines der ältesten deutschen Seebäder. Aber auch Wyk hat allenfalls kleinstädtischen Charakter, obwohl es hier eine schöne Promenade und eine Fußgängerzone gibt. Hier

Föhr & Amrum: Die Vorschau

und dort zeugen auch noch einige Villen aus der Gründerzeit davon, dass Wyk einstmals ein mondäner Badeort war. Der große Vorteil von einem Ferienquartier in Wyk ist die Tatsache, dass die Wege zum Badestrand hier vergleichsweise kurz sind.

Und wer Lust auf Kultur hat, begibt sich in das Museum Kunst der Westküste in Alkersum. Diese Gemäldesammlung zeigt etwa 500 Bilder zu den Lebenswelten des Nordseeküstenraums, darunter Werke von Emil Nolde, Edvard Munch oder Max Liebermann. Einen umfassenden Einblick in die Kulturgeschichte Föhrs, Amrums und der Halligen erhält man dagegen im Friesenmuseum in Wyk.

Alles in allem bietet Föhr genau die richtigen Voraussetzungen für Ruhe und Gemütlichkeit, selbst in der Hochsaison findet sich auf der Insel immer noch ein ruhiges Plätzchen – pure Erholung also, nicht nur für Stadtgestresste.

Amrum – die Abwechslungsreiche

Vielen gilt Amrum als die schönste Nordseeinsel, weil sie auf engstem Raum ein ungewöhnlich vielfältiges Landschaftsbild bietet. Im Grunde genommen ist sie von West nach Ost streifenweise durch schmale Landschaftsformationen gegliedert: Brandungsreich trifft die Nordsee auf den breiten Strand namens Kniepsand. Hinter diesem kommt ein ausgedehnter Dünenstreifen, auf den ein wenig Heide und ein langer Waldstreifen folgen. Der anschließende hügelige, bis zu 15 m hohe Geestkern mit Dörfern und Wiesen reicht dann bis zum Wattenmeer im Osten der Insel.

Dominiert wird die Insel jedoch von ihrem riesigen, feinsandigen Kniepsand, einer Sandbank, die lange, einsame Strandspaziergänge erlaubt. Und in der urwüchsigen Dünenkette, die sich vor etwa 600 Jahren gebildet hat und die zusammen mit dem Strand etwa die

Hälfte der Insel ausmacht, kann man sich über altbewährte Bohlenwege oder sandige Dünenpfade ebenfalls vortrefflich die Füße vertreten.

Ursprünglich schloss sich an die Dünen eine Heidelandschaft an, von der noch einzelne Flächen erhalten sind, die vor allem im Hochsommer eine violett blühende Augenweide sind. Doch mittlerweile wurde ein Großteil dieser Flächen aufgeforstet, weshalb Amrum — und nicht etwa das grüne Föhr — die waldreichste Nordseeinsel ist. Ein (Fahrrad-)Weg zieht sich vom Leuchtturm bis nach Norddorf durch diesen Wald, auf dem man angenehm windgeschützt die Insel der Länge nach durchqueren kann.

Die Inseldörfer liegen allesamt an der Wattseite im geschützten Inselosten. Norddorf präsentiert sich als vergleichsweise strandnaher Badeort, Nebel in der Inselmitte ist so etwas wie das Bilderbuchdorf Amrums mit vielen alten Friesenhäusern und der romanischen St.-Clemens-Kirche, auf deren Friedhof 152 „sprechende Grabsteine" die Lebensgeschichten ehemaliger Seefahrer erzählen. Interessant sind zudem die Heimatmuseen im Öömrang Hüs und in der alten Windmühle von Nebel. Wittdün im Süden ist eher der etwas modernere Hauptort und als Fährhafen das Tor zur Insel. Der westlich gelegene Bilderbuch-Leuchtturm gilt als Wahrzeichen Amrums.

Für alle Aktiven, vom Kitesurfer bis zum Segler, bietet die wellenreiche Kniepsandküste als strömungsreiches, aber eben auch flaches Gewässer selbst für Einsteiger in diese Sportarten gute Bedingungen.

Mondänes Ambiente werden Sie auf Amrum kaum finden, stattdessen ist das Eiland ein Refugium für alle, die vollkommen auf erholsame Ungezwungenheit setzen — der Tourismusverband drückt es so aus: „Die kleine Insel mit der großen Freiheit".

Abendstimmung auf der Mittelbrücke in Wyk

Hintergründe & Infos

Landgewinnung im Nordosten Föhrs

Inseln – Land und Meer

Föhr und Amrum gehören neben Sylt, Pellworm, Nordstrand und einigen Halligen zu den Nordfriesischen Inseln. Im Norden setzt sich diese Kette mit den dänischen Inseln und Halligen fort. Im Gegensatz zu den Ostfriesischen Inseln wie beispielsweise Borkum, Norderney und Spiekeroog sind die Nordfriesischen Inseln nicht durch ständige Strömungen und die Brandung des Meeres entstandene Sandinseln, sondern ein von Sturmfluten zerrissener Rest des Festlands.

Entstehung und Aufbau der Inseln

Erdgeschichtlich sind die Inseln noch relativ jung und erst in der Eiszeit entstanden. Vor etwa 120.000 Jahren rollten unaufhaltsam die Gletscher – aus Skandinavien kommend – wie Bulldozer über Schleswig-Holstein hinweg und schleppten Geröll, Kalk, Lehm und zum Teil riesige Findlinge mit. Durch den unvorstellbaren Druck dieses wandernden Eisgebirges wurden Hügel aufgeschoben und Täler geformt, sodass sich die für den Osten des Landes so typische Endmoränenlandschaft herausbildete, die sich Geest nennt. Aber selbst noch ganz im Westen Schleswig-Holsteins entstanden zu dieser Zeit durch Ausläufer der Gletschervorstöße einige, allerdings deutlich flachere Endmoränen.

Als die Gletscher vor ca. 12.000 Jahren tauten und sich der Meeresspiegel anhob, zerschnitten deren Schmelzwässer das Land und ließen den Moränenschutt zurück. Ein Rest dieses Schutts sind die **Geestkerne** von Föhr, Amrum und Sylt, die einstmals mit den anderen Nordfriesischen Inseln eine riesige Landzunge des Festlandes bildeten. Sie wurden wahrscheinlich schon früh durch zunächst schmale

Wassergräben getrennt, haben aber erst in historisch junger Zeit bei Sturmfluten an ihren Abbruchkanten deutlich Land verloren. Das Gemisch aus Steinen, Sand, Ton und Lehm erhob sich zwar nur wenige Meter über den Meeresspiegel, ermöglichte damit aber schon ab etwa 2000 v. Chr. eine erste Besiedlung. Die Menschen wussten die vom Eis rund geschliffenen Granitsteine der Geest zu nutzen, nicht nur zum Bau von Hünengräbern: Noch bis ins 13. Jh. wurden auch die Kirchen aus Granitfindlingen errichtet, dann setzte sich der Backstein durch.

Das Geestland Föhrs und Amrums ist – im Gegensatz zu den nahen Halligen – weitgehend sturmflutsicher, besteht aber hauptsächlich aus wenig fruchtbaren Wiesen und Äckern, da der Moränenschutt von Sanden überlagert wurde. Das drückt schon der Name aus, denn Geest kommt vom friesischen *güst* und bedeutet „unfruchtbar". Dennoch wurde die Geest im Laufe von Jahrtausenden zum Kulturboden, indem man die ursprünglich vorhandenen Wälder rodete und den Moorgürtel am Geestrand trockenlegte, der durch Staunässe nach der letzten Eiszeit entstanden war. Vom 12. Jh. bis noch ins 18. Jh. hinein wurde die längst durch Schwemmland überdeckte und etwa 1 m starke Torfschicht zum Salzsieden abgebaut und stellenweise noch bis in die 1950er-Jahre als Hausbrand verheizt. Natürlich errichteten die Insulaner auch ihre Dörfer auf dem flutgeschützten, gewundenen Geestrücken, meist an der Grenze zum anschließenden fruchtbaren, aber niedrig gelegenen und damit sturmflutgefährdeten Marschland.

Amrum besteht im Wesentlichen aus einem Geestkern, der stellenweise steil zum östlichen Wattenmeer hin abbricht (Steenodder Kliff). Vom Inselwesten bis zur Mitte der Insel wird der Geestkern jedoch fast vollständig durch gewaltige, bis zu 30 m hohe Dünen bedeckt. Wie vor- und frühzeitliche Funde sowie Reste mittelalterlicher Äcker unter den Dünen bekunden, sind diese durch Wind- und Meereskräfte in ihrer heutigen Form erst in jüngerer Zeit entstanden, teilweise sogar erst im 14. Jh. In einem breiten Streifen zieht sich diese ausgedehnte Dünenlandschaft von Nord nach Süd. Es gibt sogar noch drei kleine Wanderdünen auf Amrum, die größte davon befindet sich westlich der Vogelkoje Meeram. Längst hat man die übrigen Dünen, meist durch eine künstliche Bepflanzung mit tief wurzelndem Strandhafer gezähmt, weil der Flugsand schon immer Ackerbau und Viehzucht auf der Insel behinderte und die Ansiedlungen bedrohte. Andererseits sind der hohe Dünenwall und der vorgelagerte Kniepsand aber auch ein wirksamer Sturmflutschutz.

Anders als auf Amrum gibt es auf der Nachbarinsel Föhr keine nennenswerten Dünen. Lediglich in der Nähe des Goting-Kliffs und bei Utersum wurde der Kliffsand etwas aufgeweht. Die leicht hügelige Geest macht auf Föhr nur etwa zwei Fünftel der Insel aus. Im Süden ist vor dem Geestrand ein traumhafter Badestrand entstanden, teilweise bildete sich aber auch eine kleine Steilküste.

Dafür gibt es auf Föhr ein riesiges **Marschland.** Die Marsch ist das unmittelbar an der Nordküste liegende fruchtbare Schwemmland mit saftigen Graswiesen. Es macht auf Föhr drei Fünftel der Insel aus und umfasst den gesamten Inselnorden. Weil zweimal am Tag die Flut in der ursprünglich nicht eingedeichten und durch Priele durchdrungenen Marsch feinste Tier- und Pflanzenreste anspülte, die sich als Sedimente ablagerten, konnte sich im Laufe der Zeit neues Land bilden. Als dann Pionierpflanzen die zeitweise trockenfallenden Böden besiedelten, entstanden sog. Salzwiesen, die ganz allmählich verlandeten. Schrittweise gesellten sich andere Pflanzen hinzu, wobei sich der Boden langsam erhöhte. Durch die stark organische

Zusammensetzung entstand in Tausenden von Jahren ein überaus fruchtbarer Ton-
boden. So ein Marschland entsteht auch gegenwärtig noch, und zwar ganz im Inselnorden am Midlumer und Toftumer Vorland (Vogelschutzgebiet). Diese von Prielen
durchzogenen Salzwiesen des Vorlandes haben den Charakter von Halligland.

Um den natürlichen Prozess der Landgewinnung zu beschleunigen und um sich vor
Hochwasser zu schützen, hat man schon früh damit begonnen, die Marschen
einzudeichen und damit im Laufe der Zeit etwas von jenem Land zurückgeholt, das
Sturmfluten einst entrissen hatten. So zieht sich heute ein mächtiger Seedeich im
Norden von Utersum bis nach Wyk und schützt die Insel vor der stürmischen
Nordsee. Über unzählige Gräben und durch drei Schöpfwerke bzw. Siele (in Groß-
Dunsum, am Toftumer Vorland und in Lagelum bei Wyk) werden die tief liegenden,
feuchten Marschwiesen ins Meer entwässert; ansonsten würden sie durch Regen-
fälle langsam überschwemmt werden.

Auch auf Amrum gibt es Marschland, wenn auch nur ein relativ kleines an der Lee-
seite der Insel – die eingedeichte Niederung bei Norddorf und ein winziges Stück
bei Wittdün.

Bernstein – das Gold der Nordseeküste

Wo heute die südliche Ostsee rauscht, standen einst – vor etwa 40 Mio. Jahren – subtropische Wälder. Das herabtropfende Harz gelangte durch die
Flüsse in ein vorzeitliches Meer, wo es unter Luftabschluss versteinerte und
im Laufe der Zeit zu Bernstein wurde. Mit dem Ansteigen des Meeresspiegels nach der letzten Eiszeit entstanden riesige Schmelzwasserflüsse, welche
nicht nur in die heutige Ostsee, sondern auch in die friesische Nordseeküste
mündeten. Diese transportierten ebenfalls Geröll und Gestein, darunter
auch große Mengen Bernstein.

Etwa 300 verschiedene Bernsteinarten sind bekannt, die Farbpalette reicht
von hellen Elfenbein- bis zu dunkel schimmernden Brauntönen. Der Stein
selbst kann milchig, trüb oder klar sein, mitunter sind kleine Insekten einge-
schlossen, die am Harz kleben geblieben sind. Schon in frühester Zeit wurde
Bernstein am Strand gesammelt und zu Schmuck verarbeitet. Im antiken
Griechenland und in Rom galt er als so kostbar, dass er dort häufig mit Gold
aufgewogen wurde. Unverwechselbares Kennzeichen der Steine ist ihre
Brennbarkeit (auch ihr Name ist von dieser Eigenschaft abgeleitet: niederdeutsch *börnen* = brennen). Hinzu kommt, dass Bernstein ganz leicht ist
und in konzentriertem Salzwasser schwimmt.

Wer sich am Flutsaum auf die Suche nach dem „Gold der Nordsee" machen will, sollte einen der Herbst- und Winterstürme abwarten. Dann ist
die Chance am größten, dass der dem Meeresgrund entrissene Bernstein
zusammen mit Muscheln und Algen an die Strände und Deiche gespült
wird.

Wenn man einen Stein kaufen möchte, sollte man Folgendes wissen: Bei mit
„Echt Bernstein" gekennzeichneten Produkten handelt es sich um
Pressbernstein, der bei seiner Herstellung erhitzt, gepresst und gelegentlich
mit einem Farbzusatz versehen wurde. Der tatsächlich echte Bernstein fir-
miert dagegen unter dem Label „Naturbernstein".

Nordsee und Küstenschutz

Nicht nur die Inseln und die Küste, auch die Nordsee erhielt ihre jetzige Form erst nach der letzten Eiszeit vor etwa 12.000 Jahren, obwohl sie erdgeschichtlich mit einem Alter von über 350 Mio. Jahren zu den älteren Meeren gehört. Auf dem Höhepunkt der Eiszeit lag der Meeresspiegel wegen der gewaltigen gefrorenen Wassermassen bis zu 100 m tiefer als heute; das heutige Großbritannien beispielsweise war zu dieser Zeit noch mit dem Festland verbunden. Mit dem Abschmelzen der riesigen Eismassen wich die Küstenlinie jedoch um etwa 600 km zurück.

Die oft stürmische Nordsee ist nicht zimperlich und wird bildhaft auch als **Blanker Hans** bezeichnet, wobei „blank" soviel wie „weiß" bedeutet und sich vermutlich auf die weiße Gischt bezieht. Die Nordsee hat das flache Land im Laufe der Geschichte immer wieder mit gewaltigen Sturmfluten überzogen. Manche davon waren so zerstörerisch, dass sie das einmal überflutete Land nicht mehr hergaben. Deshalb versuchten die Marschbauern schon früh, sich vor den Fluten zu schützen, und bauten ihre Gehöfte auf künstlich aufgeworfenen Wohnhügeln, den **Warften,** die je nach Region auch Warf heißen (auf der Hallig Hooge beispielsweise heißen die in Handarbeit aufgeworfenen Erdhügel Warften, auf der benachbarten Hallig Langeneß jedoch Warfen). Die ersten derartig aufgeworfenen Erdhügel sind bereits vor 2000 Jahren entstanden und waren zunächst etwa 3 m hoch. Später sind auf den bis zu 7 m hohen Hügeln ganze Warftendörfer entstanden (z. B. Oland).

Wegen fortschreitender Absenkungen und den immer höher steigenden Sturmfluten kam man im 14. Jh. auf die Idee, in einem riesigen Gemeinschaftswerk den ganzen durch Wassergräben zerfurchten Nordteil der Insel Föhr einzudeichen, denn die **Deiche** sind so etwas wie eine Lebensversicherung. Es gelang den Insulanern unter großen Anstrengungen bis zum Jahr 1492 einen ersten, etwa 22 km langen Deich zu errichten. Dieser war mit etwa 1,5 m vergleichsweise niedrig und bot nur einen Schutz vor Sommerhochwassern. Sturmfluten setzten daher die Marschen immer wieder unter Wasser und setzten auch den Inseldörfern häufig zu. Ständig mussten die Deiche in mühevoller Arbeit repariert, erneuert und verbreitert werden; erst ab etwa 1600 sorgte hier die Einführung der Schubkarre für etwas Erleichterung bei dieser mühevollen Arbeit. Jahrhundertelang waren die Bauern, deren Äcker den Deich berührten, auch für den Deich verantwortlich. Man nannte dieses direkt an

Häufig bei Hochwasser überflutet:
Seglerbrücke Wyk

der Binnenseite des Deiches liegende Land „Spätland", abgeleitet vom Grabwerk-
zeug „Spaten". Durch das Abgraben entstanden zahlreiche kleine Teiche an der
Deichlinie (heute noch bei Utersum zu sehen), die zumeist im Laufe der Zeit
wieder verfüllt wurden. Wer seinen Deichabschnitt nicht in Ordnung hielt, konnte
enteignet werden. Daher rührt auch der berühmte Spruch: „Wer nich will dieken,
de mut wieken."

Weil aber auf Föhr (im Gegensatz zu den Halligen) die Insulaner und ihr Vieh durch
den leicht erhöhten Geestrücken dennoch relativ gut geschützt waren, hat man die
endgültige und sehr kostspielige Erhöhung des Föhrer Sommerdeichs erst spät in
Angriff genommen, nämlich erst nach der zerstörerischen Jahrhundertflut (Große
Halligflut) vom Februar 1825. Damals rissen die Fluten den Deich zwischen Utersum und Dunsum fast völlig weg, die Marsch und auch niedrig gelegene Geest-
bereiche wurden überflutet (in Oldsum stand das Wasser 80 cm hoch in den
Häusern). Etwa drei Viertel der Insel standen unter Wasser, der größte Teil des
Viehbestands ertrank, drei Menschen starben. Um 1900 und nach der Flut 1962
wurde der Seedeich auf 6,5 m erhöht. Zuletzt ist im Jahr 2010 der Deich im Norden
der Insel noch einmal mit viel Aufwand verstärkt worden.

Auf der etwas höher gelegenen und zur offenen Nordsee durch den hohen Dünenwall geschützten Insel Amrum waren Deiche kaum ein Thema, lediglich die Bucht
auf der Wattseite zwischen Wittdün und Steenodde wurde durch einen kleinen
Wall geschützt. Als aber 1955 die Nordspitze drohte durch Sturmfluten von Amrum abgetrennt zu werden, baute man von Norddorf bis zur Odde auf einer Länge
von knapp 2 km einen (mit Asphalt überzogenen) Deich. Der Schutz der Amrumer
Odde ist auch für Föhr eminent wichtig, schützt die Nordspitze Amrums doch die
Nachbarinsel vor der stürmischen Nordseebrandung.

Gelegentlich finden sich an den Stränden sog. **Buhnen**; das sind im rechten Winkel
zum Strandverlauf vorgebaute Wälle aus Steinen oder Holzpfählen, die den Zweck
haben, Wellen zu brechen und vor allem uferparallele Strömungen vom Badestrand
fernzuhalten. Auf diese Weise wird vermieden, dass allzu viel Sand von den Stränden abgetragen wird.

Daten zur Nordsee: Fläche: 570.000 km^2
(zum Vergleich: Deutschland hat 356.957 km^2);
Wasservolumen: 54.000 km^3; Nord-Süd-Aus-
dehnung: gut 1100 km; West-Ost-Ausdeh-
nung: max. 1000 km; durchschnittliche Tiefe:
95 m; max. Tiefe: 725 m (Norwegische Rinne).

Weil die Nordsee ein Randmeer des Atlanti-
schen Ozeans ist, beträgt ihr Salzgehalt
trotz der Einmündung großer Süßwasser-
flüsse wie Rhein, Elbe oder Themse gut
3 % (zum Vergleich: Ostsee 0,3–1,8 %).

Wattenmeer – einzigartiges Weltnaturerbe

Föhr und Amrum werden von einer faszinierenden Zwischenwelt aus Land und
Meer umgeben: dem Wattenmeer. Und so kann es passieren, wenn man den Blick
aufs Wasser genießen oder gar ein Bad in den Fluten nehmen möchte, dass wegen
der Gezeiten das Meer gerade nicht da ist (es sei denn, man badet am weiten
Kniepsand Amrums, wo das Meer bei Ebbe nur um etwa 100 m zurückweicht).
Stattdessen blickt man auf eine braungraue Fläche, die an eine feuchte Wüsten-
landschaft erinnert. Dort wo eben noch das Wasser brandete, können Sie nun um-
herspazieren, sich die Füße vom Schlick massieren lassen und im Rahmen geführter
Wattwanderungen sogar bis zur Nachbarinsel marschieren. Doch keine Sorge, das
kurzzeitig emigrierte Meer kehrt ja wieder zurück, und zwar verlässlich etwa alle 6

Die Tiden: Ebbe und Flut

Unter den Gezeiten oder den **Tiden** (niederdeutsch *tiet* = Zeit) versteht man den Zyklus von Ebbe und Flut. Dieses Phänomen ist eine Folge des Wechselspiels zwischen der Massenanziehungskraft des Mondes und der Fliehkraft der Erde. Denn an der dem Mond zugewandten Seite der Erdkugel ist die Anziehungskraft des Mondes stärker als die Fliehkraft der Erde. Folglich wird das Meerwasser zum Mond hingezogen und es bildet sich ein Flutberg. Gleichzeitig entsteht auch auf der gegenüberliegenden – mondfernen – Seite der Erde ein (etwas kleinerer) zweiter Flutberg, weil hier die Anziehungskraft des Mondes kleiner als die Fliehkraft der Erde ist. Ständig laufen somit zwei Flutwellen rund um die Erde. Diese Flutwellen bzw. Flutberge nennt man **Hochwasser.** Läuft das die Flutberge bildende Wasser wieder ab, herrscht an der Küste **Niedrigwasser.** Weil sich die Erde in 24 Stunden um sich selbst dreht und damit gewissermaßen unter den Flutbergen hindurch, prägen zweimal täglich die Ebbe, also der gesamte Zeitraum des sinkenden Wasserspiegels, und die Flut, also das auflaufende Wasser, das Gesicht der Nordseeküste. In dieser Zeit rückt

Sturmflut 1825: Flutmarker in Oldsum

auch der das Wasser anziehende Mond ein Stück weiter auf seiner Umlaufbahn um die Erde, weshalb sich dieses Naturphänomen täglich um etwa 50 Minuten verschiebt. Der Abstand zwischen zwei Hochwässern beträgt demnach immer genau 12 Stunden und 25 Minuten, also genau einen halben Mondtag.

Weil sich nicht nur der Mond um die Erde, sondern auch die Erde um die Sonne dreht, ist außerdem die (allerdings schwächere) Anziehungskraft der Sonne zu beachten. Sie kann beide Gezeiteneinflüsse verstärken oder stören. Zwei Extreme können dabei auftreten: Die **Springtide** mit hohem Hochwasser oder niedrigem Niedrigwasser entsteht bei Vollmond und bei Neumond, wenn Sonne, Mond und Erde auf einer Achse liegen. Die **Nipptide** mit niedrigem Hoch- und Niedrigwasser entsteht bei Halbmond, also wenn Mond, Erde und Sonne quasi einen 90-Grad-Winkel bilden, sich die Anziehungskräfte also weitgehend neutralisieren.

Starke Winde können die Gezeiten an Deutschlands Nordseeküste zusätzlich verstärken oder abschwächen. Starker ablandiger Wind verringert die Wasserstände. Auflandiger Wind hingegen, vor allem bei Springtide, kann zu verheerenden **Sturmfluten** führen. Kommt ein stunden- oder manchmal tagelang anhaltender Sturm aus West oder Nordwest, dann drückt er viel Wasser an die Deiche. Der Winddruck sorgt dafür, dass sich das Wasser bei Ebbe etwas weniger zurückzieht und bei der nächsten Flut die Wasserstände noch etwas höher sind.

Gezeitenkalender: Die Gezeiten-Vorausberechnung für die Inseln können Sie einsehen unter www.bsh.de/de/Meeresdaten/Vorhersagen/Gezeiten/index.jsp. Der Zeitunterschied zwischen dem Hochwasser an der Amrumer Odde und in Wyk auf Föhr beträgt immerhin knapp 1 Stunde. Der Tidenhub zwischen Niedrig- und Hochwasser beträgt auf den Inseln etwa 2,5 m.

Stunden. Somit liegen gut 12 Stunden zwischen zwei Hochwassern, zweimal am Tag bestimmen damit Ebbe und Flut den Rhythmus an der Küste (→ Kasten S. 21).

Die augenscheinlich karge Umgebung entpuppt sich auf den zweiten Blick als das genaue Gegenteil. Durch die große Menge fruchtbarer Sedimente, welche die ins Wattenmeer mündenden Flüsse und Siele ablagern, wimmelt es hier geradezu vor Leben. Es gibt auf der Erde kaum einen biologisch produktiveren Ort. Dieser bildet als Ausgangspunkt der Nahrungskette die Grundlage allen Lebens in der Nordsee und ist aus diesem Grund von unschätzbarem Wert. Für das menschliche Auge kaum zu erkennen, machen die Kieselalgen das Watt zur Kinderstube für Fische, Muscheln und Krebse und damit zur bevorzugten Rast- und Brutstätte für Abermillionen von Watvögeln (Limikolen) und Wasservögeln. Im Sommer finden sich bis zu 1 Mio. Algenzellen auf nur 1 cm^2 Watt. Insgesamt bevölkern mehr als 10.000 verschiedene Tier- und Pflanzenarten diesen einzigartigen Lebensraum.

Als Deutschlands „letzte Wildnis" und eine der letzten ursprünglichen Naturlandschaften Mitteleuropas ist das große Feuchtgebiet längst unter Schutz gestellt. Im Jahr 1985 wurde der **Nationalpark Schleswig-Holsteinisches Wattenmeer** gegründet und 1990 – ergänzt um die Halligen – zum **Biosphärenreservat** ernannt. Auch die Bundesländer Hamburg, Niedersachsen und die Anrainerstaaten haben in dieser Zeit ihre Wattflächen zum Nationalpark erklärt. Und weil es auch außerhalb Europas keine größere zusammenhängende Sand- und Schlickwattfläche gibt, hat die UNESCO diese faszinierende Landschaft im Jahr 2009 zum **Weltnaturerbe** erklärt. Das Wattenmeer steht damit auf einer Stufe mit so einzigartigen Naturlandschaften wie dem Serengeti-Nationalpark in Tansania oder den Galapagos-Inseln im Pazifik. Insgesamt erstreckt sich diese 450 km lange Welt zwischen Land und Meer auf einer Breite von 5 bis 20 km vom dänischen Esbjerg bis zum holländischen Den Helder und bedeckt über 13.000 km^2 Fläche. Das geschützte Gebiet umfasst neben den bei Ebbe frei werdenden Wattflächen, Muschelbänken und Seegraswiesen auch die Salzwiesen vor den Deichen.

Watt ist nicht gleich Watt: Noch gut begehbar ist das **Sandwatt** in Küstennähe mit etwa 25 % Bodenwassergehalt und noch relativ groben Sandkörnern. Im **Mischwatt** steigt der Wasseranteil schon auf 50 %, und die Korngröße des Sandes wird bedeutend feiner. Das **Schlickwatt** hingegen ist jener strandnahe Bereich an der Hochwasserlinie, der den Besucher tief einsinken lässt, weil der Wassergehalt nahezu 70 % beträgt. Hier stinkt es zuweilen nach faulen Eiern, und man holt sich schwarze Füße, was nicht etwa an Teerablagerungen liegt, sondern an den Schwefelwasserstoffen, die beim anaeroben, also sauerstofflosen Abbau organischen Materials frei werden. Durchzogen wird der Wattboden bei Ebbe von kleinen Flussläufen, sog. **Prielen.**

Das **Biosphärenreservat Schleswig-Holsteinisches Wattenmeer** erstreckt sich mit Ausnahme der Inseln von Dänemark bis zur Elbmündung. Es umfasst 4431 km^2 des gleichnamigen **Nationalparks** und ist in drei Zonen eingeteilt: **Zone 1** (35,4 % der Fläche) ist die Ruhe- und Kernzone des Parks, die durch keinerlei menschliche Eingriffe gestört werden darf. Sie umfasst hauptsächlich Vogel- und Robbenschutzgebiete. Auch **Zone 2** (64,1 %), die Zwischenzone, soll der Mensch nur eingeschränkt nutzen, sie darf aber frei betreten bzw. von Schiffen befahren werden. Lediglich die flächenmäßig sehr kleine **Zone 3** (0,5 %) ist dem Menschen als Erholungsgebiet vorbehalten und lässt eine eingeschränkte wirtschaftliche Nutzung im Sinne des Nationalparkgesetzes zu. Diese neu hinzugekommene Zone schließt die fünf größten Halligen Langeneß, Hooge, Oland, Gröde und Nordstrandischmoor mit ein.

Ganzjährig leben nur zwei Menschen im Nationalpark (auf der Hallig Süderoog). Im Sommer kommen noch einige Vogelwarte auf den anderen Halligen hinzu.

„The Small Five" – Insider des Wattenmeeres

Sie müssen nicht bis nach Afrika fahren, um aufregende Tiere zu entdecken. Analog zum Begriff „Big Five" bei einer Safari in den Nationalparks Afrikas (Elefant, Löwe, Nashorn, Büffel und Leopard) muss man bei einer Wattwanderung die „Small Five" gesehen haben, die allerdings keineswegs selten sind. Als Meister der Anpassung an den Rhythmus von Überflutung und Trockenfallen ihres Lebensraumes sind sie die charakteristischen Tiere des Wattenmeeres:

Ein **Wattwurm** (Sandpierwurm) produziert etwa alle 40 Minuten die auffälligen Spaghettihaufen, die zu Abertausenden überall im Watt zu sehen sind. Sie rühren daher, dass der bis zu 40 cm lange Wurm ständig Sand frisst und aus diesem organisches Material filtert. Er hält damit den Wattboden locker und leistet einen unglaublich wichtigen Beitrag für viele hier lebende Arten.

Die ebenso häufig vorkommende, etwa 3 cm große **Herzmuschel** gräbt sich im flachen Sediment ein und filtert pro Stunde etwa 2,5 Liter Meerwasser.

Weniger auffällig ist die **Wattschnecke** mit ihrem winzigen, geringelten Schneckenhäuschen. Sie ist nur 3–6 mm „groß" und frisst in großer Anzahl den Wattboden ab. Unvorstellbare 4000 bis 20.000 kleine Schnecken können sich auf 1 m² tummeln und binden durch ihre Ausscheidungen Sand und Schlick.

Die **Nordseegarnele** ist d a s Tier im Watt schlechthin, gilt sie doch nicht nur auf dem Krabbenbrötchen als Delikatesse. Der kleine Räuber gehört zoologisch zur Gattung der Zehnfußkrebse und kann je nach Umgebung problemlos seine Farbe ändern; von nahezu durchsichtig bis hin zu dunkel. Bei Gefahr gräbt sich die Nordseegarnele im Sand ein. Nur in den Sommermonaten bevölkert sie das Wattenmeer, wenn die Temperaturen im Winter sinken, wandert sie in tiefere Gewässer ab.

Ein auffälliger Wattbewohner und mit einem Durchmesser von bis zu 8 cm größter der „Small Five" ist die **Strandkrabbe**. Diese ist ein sich seitwärts bewegender Allesfresser und tritt zur Reinigung des Wattenmeeres vor allem als Aasfresser in Erscheinung. Übrigens kann die Strandkrabbe bei Gefahr, wie dem Kampf mit Fressfeinden (etwa Möwen), eine Extremität, z. B. eine Schere, abwerfen. Diese wächst im Laufe mehrerer Häutungen wieder nach. Bei Frost zieht sich auch die Strandkrabbe in tiefere Gewässer zurück.

Heidekraut (Besenheide) auf Amrum

Pflanzen und Tiere

Die Inseln sind Lebensraum und Rückzugsgebiet für über 3000 Tier- und Tausende Pflanzenarten, von denen eine bedrohte Vielzahl im Watt, den Salzwiesen und Marschen zu Hause ist. Gerade zahlreichen Vogelarten bietet die Küste ein breites Nahrungsangebot und damit ideale Lebensbedingungen. Unangefochtener Star der Tierwelt ist jedoch der possierliche Seehund, der im Wattenmeer wieder häufig vorkommt.

Inselflora

Der Nordrand der Insel Föhr, ein wenig auch der Nordosten Amrums, die Halligen und ein großer Teil der nordfriesischen Küste sind von **Salzwiesen** gesäumt. Auf diesen gelegentlich überfluteten Wattwiesen können nur etwa 25 Pflanzenarten gedeihen, die an den salzigen Extremlebensraum angepasst sind (unglaubliche 400 Insektenarten haben sich auf diese spezialisiert). Pionierpflanze ist vor allem der dickfleischige Queller, der so heißt, weil das osmotische Aufnehmen des Salzes die Pflanze aufquellen lässt. Schlickgras und lilafarben blühender Strandflieder (Halligflieder) gehören ebenfalls zu den Pflanzen, die in diesem Grenzbereich zwischen Watt und Land gedeihen können. Mit ihnen beginnt der natürliche Prozess der Landgewinnung. Nach und nach erhöht sich die Salzwiese durch Sedimentablagerungen und wird immer weniger vom Meer überflutet. Nun werden künstliche Entwässerungsgräben gezogen und schließlich kann das Land eingedeicht und zu fruchtbarem Marschland werden. So ist die Landgewinnung häufig das Ergebnis eines Wechselspiels zwischen den Naturkräften und dem Einfluss des Menschen.

Die fruchtbare **Marsch** ist vergleichsweise arm an wild wachsenden Pflanzen. Weil insbesondere auf Föhr nahezu jeder Meter des Bodens intensiv landwirtschaftlich genutzt und gedüngt wird, konnten nur an den Rändern der bei nassem Wetter tief gründenden Zugangswege (Kleiwege) einige Gehölze und andere Pflanzenarten überleben. In den wenigen **Moorflächen** und kleinen Sumpfgebieten der Inseln fallen vor allem Schilf- und Rohrkolben ins Auge; selten findet man auch den fleischfressenden Sonnentau.

Amrums Flora wird zudem bereichert durch **Dünenpflanzen.** Naturgemäß wächst hier vor allem der Strandhafer. Zudem werden einige Flächen der Inselmitte von **Heide** bedeckt. Es handelt sich insbesondere um Besenheide und Krähenbeere, die im Spätsommer so charakteristisch violett erblühen.

Beide Inseln haben einen **Geestkern.** Die Wallhecken, die die Felder und Äcker begrenzen und ein Windschutz sind, verleihen der grasigen Geest mitunter ein parkähnliches Aussehen. Die dicht mit Sträuchern und Bäumen bepflanzten Hecken wurden mit der Zeit auch zu Brennholzlieferanten. In ihnen haben jedoch auch zahlreiche Pflanzenarten überlebt, die andernorts längst der industriellen Landwirtschaft zum Opfer gefallen sind.

An den kleinen Straßen der Inseln stehen gelegentlich auch die für die Küstenregion so charakteristischen **Windlooper.** So nennt man die windschiefen Bäume, denen der jahrzehntelange Kampf gegen die immerwährenden Westwinde durch eine starke Ostkrümmung von Stamm und Krone anzusehen ist. Die Bäume und kleinen Wäldchen – vor allem bei den Vogelkolonien – sind künstliche Anpflanzungen, insbesondere Erlen, Eschen und Pappeln waren und sind dort beliebt. Auf der relativ geschützten Insel Föhr gab es zudem schon immer einzelne stattliche Bäume als Stilelement der Dörfer und Höfe. Die in Nieblum und Wyk ehemals zum Straßenbild gehörenden Ulmen sind jedoch etwa ab dem Jahr 1980 vollständig der Ulmenkrankheit zum Opfer gefallen, wurden aber längst durch andere Bäume ersetzt.

Zu Beginn der 1950er-Jahre begann man, auf Amrum zwischen Dünen und Geestland einen Streifen Heidefläche wieder urbar zu machen und aufzuforsten. Auf dem kargen und sandigen Untergrund gediehen vor allem Kiefern, in deren Schutz ganz allmählich auch Laubbäume heranwuchsen – zuerst Birken, später auch Buchen und Eichen. Die **Aufforstung der Heide** hat der Insel ein ganz anderes Gesicht gegeben. Heute umfasst der nunmehr stattliche Wald knapp 10 % der Inselfläche. Forstwirtschaftlich gesehen ist der Ertrag des Waldes eher nebensächlich, aber der für die Vegetation wichtige Windschutz bzw. der Schutz vor Versandung für das dahinter liegende Geestland ist nicht zu unterschätzen.

Inselfauna

Was die Tierwelt angeht, so ist insbesondere das **Wattenmeer** ein faszinierender Lebensraum. Im Laufe der Jahrtausende haben sich zahlreiche Arten diesem leblos aussehenden salzigen Extremraum angepasst, insbesondere die „Small Five" (→ Kasten S. 23). Viele weitere Überlebenskünstler machen das Watt zur Brutstätte des Lebens, beispielsweise die winzigen Schlickkrebse (Flohkrebse) oder die vielen, sich im Watt vergrabenden Sandklaffmuscheln. Typisch sind auch die Miesmuscheln, die man eigentlich „Nierenmuscheln" nennen sollte, denn nur eine einzige Muschel filtert unglaubliche 50 Liter Wasser am Tag. Schmackhaft sind sie dennoch und werden in großer Zahl von Muschelkuttern von den Sandbänken geerntet.

Seehunde – putzige Gesichter der Nordseeküste

Kein Tier an der Nordsee ist so beliebt wie der Seehund, der gewissermaßen zum Wappentier der Küste geworden ist, weshalb Ausflugsschiffe geradezu Jagd auf ihn machen. Die meiste Zeit des Jahres verbringen die Seehunde in der offenen See. Müssen sie sich einmal ausruhen, lassen sie sich einfach an der Wasseroberfläche treiben. Doch in den Sommermonaten kommen die possierlichen Tiere ins Wattenmeer. Seehunde sind keinesfalls soziale Tiere und im Wasser Einzelgänger. Nur auf den Sandbänken, die sie zum Schutz aufsuchen, liegen sie im Rudel, meiden jedoch tunlichst jeglichen Körperkontakt und halten eine Privatzone von etwa 1,5 m Abstand ein.

Diese wird gegen jeden Eindringling erbittert verteidigt, was zur Folge hat, dass die Seehunde ihren Tag hübsch gleichmäßig auf der Sandbank verteilt genießen.

Auf den Sandbänken wird auch der Nachwuchs gezeugt, nach 11-monatiger Tragzeit im Juni/Juli ein Junges zur Welt gebracht und dann etwa alle 3 Stunden gesäugt. Durch ständiges lautes Rufen hält es Kontakt zur Mutter und wird daher Heuler genannt. Der größte Feind der jungen Heuler ist der Mensch. In seinem verzückten Bemühen, den süßen Seehundbabys näher zu kommen, kann er ihnen erheblichen Schaden zufügen. Denn viele Tiere ziehen sich durch hastiges Davonrobben Nabelwunden zu, an denen sie letztlich sterben. Bei häufigen Störungen auf der Sandbank kann es auch passieren, dass die Seehunde ihre Neugeborenen vernachlässigen. In aller Regel kehren sie aber nach der Nahrungssuche wieder zurück. Schon nach gut einem Monat wiegen die kleinen Seehunde etwa 25 kg und werden selbstständig.

Auch zum Wechsel des Haarkleids sind die Seehunde auf ein ungestörtes Sonnenbaden angewiesen, denn nur durch die UV-Strahlung des Sonnenlichts kann der Körper das zum Fellwechsel benötigte Vitamin D aufbauen.

Männliche Seehunde können 1,7 m lang werden und 150 kg auf die Waage bringen (Weibchen 1,4 m und 100 kg). 35 Jahre alt kann ein weiblicher Seehund werden, die Männchen schaffen max. 25 Jahre. Mit ihrem stromlinienförmigen Körper und den zu Flossen umgebildeten Gliedmaßen sind sie hervorragend an das Leben im Wasser angepasst. Etwa 30 Minuten und bis zu 200 m tief können sie tauchen und dabei Nasen- und Ohrenöffnungen verschließen. Meist dauert ein Tauchgang aber nur wenige Minuten.

Jahrhundertelang hat man die Seehunde vor allem wegen ihres Fells und als Konkurrenten der Fischerei bejagt. Sogar Tötungsprämien wurden gezahlt. Für die Gäste der mondänen Inselbäder war es im 19. Jh. ein Freizeitvergnügen, Robben abzuknallen. In den 1930er-Jahren wurden für den fast ausgerotteten Seehund vor der deutschen Küste endlich Schonzeiten eingeführt. Aber erst seit 1973 ist die Jagd ganz verboten, sodass sich die Bestände erholen konnten. 1988, 2002 und 2007 brach eine ansteckende Seehundseuche aus, verursacht durch das Staupevirus. 60–80 % der Tiere fielen diesem Virus zum Opfer, zum Glück konnten sich die Bestände immer wieder erholen. Im gesamten deutschen Wattenmeer leben heute wieder etwa 20.000 Tiere. Auf den Sandbänken westlich von Amrum und zwischen Langeneß und Hooge schätzt man den Bestand auf etwa 1000 Seehunde.

Auch zahlreiche **Austern** gibt es im Wattenmeer von Föhr und Amrum. Es handelt sich um Wildaustern, die sozusagen aus der Zuchtanlage der „Sylter Royal" in der Lister Bucht ausgebüchst sind. Bei Genehmigung dieser Zuchtanlage hat man offenbar nicht bedacht, dass jede Auster pro Laichvorgang viele Millionen Eier produziert und sich prächtig vermehrt. Weil es sich um Pazifische Felsenaustern handelt, haben sie in der Nordsee praktisch keine natürlichen Fressfeinde; die einheimische Auster wurde längst verdrängt. Ärgerlich ist auch, dass die scharfkantigen Schalen der Austern zunehmend für Wattwanderer zum Problem werden; schmerzhafte Schnittverletzungen sind die Folge.

Der Schaum übrigens, der häufig an die Strände gespült wird und bei dem viele an in der Nordsee verklappte Chemikalien denken, ist zwar übelriechend, aber an sich völlig ungefährlich. Er rührt von den vor allem im Frühsommer im nährstoffreichen Nordseewasser massenhaft in Kolonien auftretenden **Schaumalgen.** Das sind winzige, von einer eiweißhaltigen Hülle umgebene Einzeller. Sterben diese ab, wird das Eiweiß dieser Algenhüllen durch die Wellen aufgeschäumt und in wahren Schaumteppichen an die Strände gespült. Bakterien bauen diesen Schaum dann wieder ab.

Gerade die kleinen Watttiere stellen ein reichhaltiges Nahrungsangebot dar, das **Brut- und Zugvögel** anlockt. Im Frühjahr und im Herbst ist das Wattenmeer Drehscheibe des Vogelzuges von und nach Nordeuropa bzw. in die südlichen Überwinterungsgebiete. Dann wird es zu einem der vogelreichsten Gebiete der Erde. Allerorten kann man Brand- und Ringelgänse, Schnepfen, Knutts, Kiebitzregenpfeifer, Austernfischer, Säbelschnäbler, Küstenseeschwalben und viele mehr sehen, welche die Insel zur Brut nutzen oder auch nur zur Rast, um sich für den Weiterflug Reserven anzufuttern. Im Verlauf des Jahres werden auf den Inseln Hunderttausende Vögel und etwa 280 verschiedene Vogelarten gezählt.

Somit sind die zahlreichen Wasservögel die inselprägenden Tiere auf Föhr und Amrum. Doch bei aller Faszination, die von ihnen ausgeht, sind die eigentlichen Stars unter den Tieren des Wattenmeers die **Seehunde** (→ Kasten S. 26). Sie liegen bei Ebbe auf den Seehundbänken (zum Beispiel am Japsand westlich von Hooge), von Ausflugsschiffen verfolgt und immer putzig anzusehen. Sehr vereinzelt sind seit einigen Jahren auch die etwas größeren **Kegelrobben** wieder ins Wattenmeer zurückgekehrt, die wegen ihrer kegelförmigen Schnauze so benannt sind. Auf dem Jungnamensand, einer kleinen Sandbank westlich von Amrum, hat sich eine Kolonie von Kegelrobben angesiedelt. Die Kegelrobbe ist übrigens mit einem Gewicht von bis zu 300 kg das größte freilebende Raubtier Deutschlands. Ihre weißfelligen Jungen kommen schon im stürmisch-kalten Januar und Februar zur Welt, während die Seehunde erst im Juni/Juli werfen.

Charaktervogel der Inseln:
Austernfischer

Die Nordsee westlich von Amrum und Sylt ist darüber hinaus auch Kinderstube für den seltenen (delfinähnlichen) **Schweinswal.**

Auf den Inseln selbst ist die sonstige Tierwelt weniger aufregend. Immer wieder kann man reichlich **Fasane** stolzieren sehen, die erst in den 1930er-Jahren als Jagdwild eingeführt wurden, und es gibt auch kleine Bestände des (ebenfalls eingebürgerten) **Rebhuhns.** In den Lüften über dem Land finden sich **Greifvögel** wie Habicht und Rohrweihe und auch der **Graureiher** baut wieder seine Horste. **Entenvögel** wie Stockenten oder Eiderenten sind ohnehin ständige Begleiter des Insellebens, und inmitten des Hauptorts Wyk auf Föhr leben etwa 20 **Störche** (10 Paare), die schon längst nicht mehr den mühsamen Vogelzug nach Süden unternehmen, weil sie hier reichlich Futter finden und zudem gefüttert werden. Vor allem im Winter, wenn die Touristen nicht mehr den Strand bevölkern, kann man sie bei Ebbe oft in der Nähe des Hafens beobachten, wo sie Krabben aus dem Watt picken und ihren Speiseplan auf diese Weise etwas aufbessern. Sie brüten im Mühlenpark, auf dem Dach der Schule und im kleinen Storchengehege im Park an der Feldstraße, welchen die Naturschutzorganisation Elmeere pflegt (benannt nach einem längst verschwundenen Inselgewässer, kauft dieser Verein Flächen auf Föhr auf, um sie als landschaftstypische Naturräume zu erhalten; www.elmeere.de).

Was die Landtiere betrifft, so gibt es einige Hasen und natürlich massenhaft (einst als Jagdwild eingeführte) **Wildkaninchen,** die in den Forstkulturen und an den Deichen große Schäden anrichten. Das einzige Raubwild der Inseln ist das **Große Wiesel** (Hermelin). Das größte wild lebende Landtier ist das (im Jahr 1935 ausgewilderte) **Reh.** Mittlerweile leben etwa 300 Rehe auf Föhr. Auf Amrum allerdings werden – trotz oder gerade wegen des Waldes – keine Rehe geduldet; die mühsam aufgepäppelten Jungbäume würden zu sehr darunter leiden.

Jungstorch im Nest (Wyk)   Charaktervogel der Nordsee: Silbermöwe

Das Bild der Insel Föhr (und weniger das von Amrum) prägen aber vor allem die fleißigen **Deichschafe** und die **Kühe**. Überall bevölkern die Deutschen Schwarzbunten die fruchtbaren Weiden und verwandeln das frische Gras in schmackhafte Milch. Die Schafe wiederum sind nicht nur die Inselantwort auf den Rasenmäher, sondern unersetzbar für den Küstenschutz. Ihre Hufe treten jedes Mauseloch zu und sorgen für eine festgestampfte Deichoberfläche. Ihr ständiger Appetit sorgt für eine kurze, feste und widerstandsfähige Grasdecke. Kurzum: Sie sind die perfekte natürliche Deichpflege. Und natürlich bevölkern auch zahlreiche Reitpferde und Ponys die Wiesen und Weiden der Inseln.

Als Besonderheit der Inseln Föhr und Amrum ist noch zu erwähnen, dass es hier Tiere nicht gibt, die man doch landläufig überall in Deutschland vermuten würde: So gibt es weder Ratten noch Maulwürfe und auch keine Schlangen und selbst Füchse und Marder kommen nicht vor. Die vielen Brutvögel, aber auch der deichpflegende Küstenschutz und die Landwirtschaft sind gar nicht böse darum. In den letzten Jahren haben es allerdings ein paar (deichgefährdende) **Bisamratten** über das Watt bis auf die Inseln geschafft (für deren Erlegung eine Prämie von 5 €/ Stück ausgesetzt ist).

Quallen – lästige Begleiter am Nordseestrand

Ausgerechnet im Sommer, und dann je nach Strömungsverhältnissen und Wind, tauchen an den Inselstränden Quallen auf. Im küstennahen Bereich sind dies häufig **Wurzelmundquallen,** die in ihrer Form an einen Blumenkohl erinnern, oder **Ohrenquallen.** Beide sind an sich völlig harmlos, aber beim Schwimmen eben nicht jedermanns Sache. Die vier kreis- oder ohrenförmigen Zeichen in der Mitte der Ohrenqualle sind übrigens ihre Geschlechtsorgane (bei den Männchen sind diese weiß, bei den Weibchen rosaoder lilafarben). Unter ihrem glockenförmigen Schirm haben Wurzelmundund Ohrenquallen zur Beutejagd Fangfäden, welche bei Berührung winzige Nesselzellen aussondern, die mit Gift gefüllt sind. Diese Quallen haben ein sehr schwaches und für den Menschen unschädliches Gift.

Mitunter sind aber auch andere Quallen vor der Nordseeküste anzutreffen, überwiegend **Kompassquallen.** Sie sind leicht zu erkennen, weil ihr gewölbter Schirm einer Kompassrose gleicht. Sie haben zudem lange Tentakel mit Nesselzellen. Vereinzelt tauchen auch **Gelbe Nesselquallen** (Feuerquallen) und **Blaue Nesselquallen** vor den Inseln auf. Nesselquallen sollte man immer meiden, denn sie können einem das Badevergnügen gründlich verleiden und bei Berührung schmerzhafte Ausschläge oder gar verbrennungsartige Hautveränderungen hervorrufen.

Hinweis: Für die Erste Hilfe empfiehlt es sich, die betroffenen Stellen mit Speiseessig (alternativ mit Rasierschaum) zu behandeln. Dadurch wird das Nesselgift neutralisiert. (Es gibt Menschen, die für diesen Fall immer ein kleines Fläschchen Essig oder Rasierschaum mitführen.) Zudem sind die Nesselfäden vorsichtig mit einem stumpfen Gegenstand oder mit Sand abzuschaben. Sie können auch mit Salz-, aber nicht mit Süßwasser abgewischt werden, da sonst noch unversehrte Nesselzellen augenblicklich zerplatzen und ihr Gift absondern. Später helfen zur Linderung der Schmerzen Kälte oder juckreizstillende (Brand-)Salben.

Föhr und Amrum entstanden durch zwei große Sturmfluten (1362 und 1634)

Inselgeschichte(n)

Die Geschichte der Nordfriesischen Inseln und des Küstenlandes ist wegen des ständigen Gerangels zwischen den dänischen und deutschen Machthabern überaus kompliziert.

Dem britischen Premierminister Lord Palmerston (1784–1865), der die Dänen gegen die deutschen Einheitsbestrebungen unterstützte, wird folgendes Aperçu zugesprochen: Die Geschichte des Landes sei so verworren, dass sie nur drei Menschen auf der Welt richtig verstanden hätten. Der Erste sei der deutschstämmige Prinzgemahl Albert (1819–61), seinerzeit Ehemann der englischen Königin Viktoria; dieser habe aber seine Kenntnisse mit ins Grab genommen. Beim Zweiten handele es sich um einen deutschen Professor, der aber sei durch die Beschäftigung mit dem komplizierten Sachverhalt verrückt geworden. Der Dritte sei er selber, ihm aber sei alles wieder entfallen … Ich beschränke mich deshalb auf die Grundzüge:

Zeit der Großsteingräber und Wallanlagen

Der Fund einer fast 7000 Jahre alten Knochenharpune und vor allem zahlreiche vorzeitliche Gräber zeugen davon, dass Föhr und Amrum schon früh besiedelt waren. Die heutigen Inseln ragten wie ein hoher Geestrücken aus einer von Moor und Marschland umgebenen Landschaft heraus, die zwar schon von zahlreichen Wasserläufen (Prielen) durchzogen war, aber im Grunde genommen eine riesige Halbinsel bildete.

Ab 3500 v. Chr. wurden in der eisfrei und wärmer gewordenen Region die ersten **steinzeitlichen Rentierjäger** sesshaft. Sie begannen, ihren bewaldeten Lebensraum durch Abholzen zu verändern und errichteten befestigte Hütten, züchteten Vieh, handelten mit Flint (Feuerstein) und Bernstein und hinterließen vor allem mit ihren Hünengräbern (Großsteingräbern) monumentale Spuren ihrer Anwesenheit (die ältesten Hünengräber der Inseln stammen aus der Zeit um 3000 v. Chr. → S. 50). Die Menschen der Jungsteinzeit gaben ihren Toten für deren letzte Reise oft wertvolle Gegenstände mit (z. B. Knochenharpunen, Klingen und Steinäxte), die uns heute Auskunft über das damalige Leben auf den Inseln geben und zumeist im Friesenmuseum in Wyk auf Föhr ausgestellt sind.

Ansonsten ist über die Frühzeit der Besiedlung wenig bekannt. Man weiß nur, dass am Ende der Jungsteinzeit (um 2000 v. Chr.) die Inseln durch ein Ansteigen des Meeresspiegels vom Festland abgetrennt wurden. In der nachfolgenden **Bronzezeit** kamen neue Einwanderer und die Bevölkerungsdichte auf den Inseln nahm um 1000 v. Chr. dann langsam zu. Auch hier sind es wieder Gräber, die Zeugnis einer regen Besiedlung geben. Einige kegelförmige, bronzezeitliche Grabhügel auf dem Geestrücken der Inseln haben die Zeit überdauert. Ursprünglich gab es Hunderte davon auf Föhr und Amrum.

Ab der späten **Eisenzeit** (etwa 500 v. Chr.) werden auf den Inseln wieder neue Spuren einer Bevölkerung sichtbar. Westlich der Vogelkoje auf Amrum wurden erst in den 1970er-Jahren eisenzeitliche Siedlungsreste entdeckt, die Dünenverwehungen freigelegt hatten und die den Kimbern, einem germanischen (vermutlich aus Jütland eingewanderten) Volksstamm zugeschrieben werden. Auch auf Föhr (bei Groß-Dunsum) sind solche Siedlungsspuren belegt.

Die **Völkerwanderung** (375–568 n. Chr.) wird auch an Nordfriesland nicht spurlos vorübergegangen sein. Wahrscheinlich gab es auch hier bedeutende Abwanderungen, die Inseln blieben jedoch – wenn auch nur schwach – besiedelt, wie weitere archäologische Spuren aus dieser Zeit beweisen.

Ab dem späten 8. Jh. nahm die Bevölkerungszahl der Inseln wieder deutlich zu. Fast zeitgleich wanderten aus dem Gebiet zwischen Rhein- und Wesermündung zunächst die in der Besiedlung von Schwemmland erfahrenen **Friesen** und von Norden her (um 900) die **Wikinger** ein. Allerdings haben zunächst die Wikinger die Inselgeschichte bestimmt und aussagekräftigere Relikte hinterlassen, vor allem zahlreiche kleine Urnen-Grabhügel (z. B. das Gräberfeld Monklembergem auf Föhr und 88 Grabhügel bei Steenodde/Amrum). Auffallend und geradezu ein archäologischer Leckerbissen der frühzeitlichen Besiedlung ist die wallartige Lembecksburg bei Borgsum (Föhr). Auch der mysteriöse Krümwaal (Erdwall) bei Süddorf/Amrum ist wahrscheinlich eine Verteidigungsanlage der Wikinger. In der Herrschaft der aus dem dänischen Raum stammenden Wikinger liegt auch die Tatsache begründet, dass Föhr und Amrum schon früh zum Staatsgebiet des späteren Dänemarks gehörten.

Zeit der Christianisierung und der großen Sturmfluten

Mit der ersten Besiedlung durch die Friesen (im 8. Jh.) kam auch das **Christentum** an die Küste. Als auch Dänemark mit dem Ende der Wikingerepoche (um 1070) den christlichen Glauben annahm, war die Christianisierung der heutigen Inseln Föhr und Amrum um das Jahr 1100 weitgehend abgeschlossen. Der neue Glaube schien zu inspirieren. Rasch wurden Kirchspiele gegründet und die prächtigen, heute noch erhaltenen Inselkirchen erbaut.

Erst im Jahr 1231 tauchen Föhr und Amrum auch offiziell in der Weltgeschichte auf. Zeitgleich werden sie im sog. Erdbuch (Steuererfassungsbuch) des dänischen Königs Waldemar II. erwähnt, das die Besitzungen und Einkünfte des Königshauses verzeichnet. Schon in dieser ersten Urkunde ist Föhr in zwei Harden geteilt (Harde = dänischer Verwaltungsbezirk); und zwar in die **Osterharde** und die **Westerharde**, zu letzterer gehörte seit jeher auch Amrum.

Damals war die Topografie allerdings noch eine ganz andere. Man konnte eigentlich noch nicht von Inseln im heutigen Sinne sprechen, weil die **Uthlande** bis dahin ein mehr oder weniger zusammenhängendes Gebiet bildeten. Die heutigen Nordfriesischen Inseln waren lediglich durch tiefe Priele getrennt. Uthlande (Außenlande) nannte man ab dem 12. Jh. erstmals urkundlich das der Küste vorgelagerte und durch eine lange Dünenkette geschützte Marschland mit einigen Geestrücken, das im Mittelalter in etwa von Sylt bis zur Halbinsel Eiderstedt (St. Peter-Ording) reichte. Deren Bewohner begannen schon im frühen Mittelalter, die fruchtbaren Marschwiesen durch kleine Deiche und Dämme vor den Gezeiten zu schützen. Zugleich gewannen sie durch den Torfabbau Brennmaterial und Salz. Durch das Sieden des sehr salzreichen Torfs gewannen die Uthlandfriesen das „weiße Gold" als begehrte Handelsware. Sie gruben über Jahrhunderte hinweg riesige Flächen dieses Torfs unter der halliglandähnlichen Marsch und später auch unter dem Wattenmeer aus. Durch diese Maßnahme wurde die unbedeichte Marsch teilweise um 1 m abgesenkt. Heute weiß man, dass diese Folge des Salztorfabbaus die Wassermengen der Gezeiten vergrößerte und es daher bei den nachfolgenden Sturmfluten zu wesentlich größeren Landabbrüchen kam als ohne diesen vermeintlich lukrativen Broterwerb.

Ganz schlimm kam es mit der **„Groten Mandränke"** (Zweite Marcellusflut), einer Sturmflut, die das Gesicht der Küste nachhaltig verwandelte. Im Januar 1362 verursachte ein heftiger Weststurm einen Anstieg des Wassers um etwa 2,5 m, was zur Folge hatte, dass die wenigen Deiche brachen und weite Teile der Uthlande überfluteten und zerrissen. Damals sollen acht Kirchspiele mit 30 Siedlungen untergegangen sein, darunter auch der legendäre Ort Rungholt, der Hauptort der Nordfriesen. Allein im Gebiet des heutigen Nordfriesland sollen über 7500 Menschen in den Fluten umgekommen sein, viele wurden zudem obdachlos und verloren ihre Nutztiere; nicht nur für das damals dünn besiedelte Gebiet eine enorme Zahl. Somit verdanken Föhr, Amrum, aber auch Sylt und die Halligen ihre Existenz eigentlich einer Katastrophe.

Den verbliebenen Insulanern gelang es immer, sich als Teil der friesischen Uthlande eine gewisse Eigenständigkeit zu bewahren. Sie waren zwar Untertanen des dänischen Königs (Königsfriesen), durften aber eigenes friesisches Recht sprechen. Bis 1326 gehörten die Uthlande vollständig zu Dänemark, dann kam es zu kriegerischen Erbauseinandersetzungen im dänischen Königshaus, in deren Folge das Herzogtum Schleswig (im Jahr 1435) eine gewisse Autonomie erhielt und es zu Landaufteilungen kam. Die **Westerharde** (Westföhr und Amrum) verblieb hierbei direkt beim dänischen Königreich, die **Osterharde** wurde Schleswig zugeschlagen. Von da an rangen rund 450 Jahre lang das dänische Königshaus und die holsteinischen Grafen in einem erbitterten Erbfolgestreit um die Macht im Herzogtum Schleswig.

Für die Osterharde kam es am 17. Juni 1426 auf Föhr zu einer denkwürdigen Versammlung. Um ihre politische Eigenständigkeit weiterhin zu wahren und auch zu dokumentieren, kamen in der St.-Nicolai-Kirche in Boldixum Vertreter von sieben nordfriesischen Harden zusammen und beschlossen mit der **Siebenhardenbeliebung** ein eigenständiges Landrecht. Damit wurde das überlieferte Recht erstmals aufgezeichnet, das in 23 Artikeln vor allem das Vermögensrecht (z. B. Strandrecht), Erbrecht (Erbfolge der Verwandten) und das Strafrecht (z. B. vererbbare Blutrache bzw. deren Ablösung durch ein Sühnegeld) regelte. In der Westerharde hingegen galt weiterhin das unter dem Dänenkönig Waldemar II. in Kraft getretene, bemerkenswert fortschrittliche jütische Recht (das auch im restlichen Herzogtum Schleswig bis 1864 gültig blieb).

Im Oktober des Jahres 1634 kam es mit der **„Zweiten Groten Mandränke"** (Burchardiflut) zu einer weiteren verheerenden Sturmflut und damit abermals zu einer gewaltigen Landveränderung in den Uthlanden, bei der die Inseln in etwa ihre heutige Form bekamen. Mitten in der für die Insulaner ohnehin schon furchtbaren Zeit, als etwa zwei Drittel der Bevölkerung von Pestepidemien dahingerafft wurden und dazu noch der Dreißigjährige Krieg tobte, wurden durch die etwa 4 m hohe Flut die meisten Deiche überspült oder sie brachen. Häuser und Windmühlen wurden zerstört, und das für das Überleben so wichtige Vieh ertrank. Der „Zweiten Groten Mandränke" fielen etwa 15.000 Menschen zum Opfer, davon allein 9000 in Nordfriesland. Zwei Halligen gingen unter, vor allem aber verschwanden zwei Drittel der großen Insel Strand in den Fluten. Diese zerfiel in die heutigen Inseln Nordstrand und Pellworm sowie in die Halligen Nordstrandischmoor und Südfall.

Zeit der Walfänger, der Handelskapitäne und der Strandräuberei

In Folge der schweren Sturmfluten war jahrhundertelang für die Insulaner ein nur kärgliches Leben möglich. Dann, im 17. und 18. Jh., begann mit dem aufkommenden **Walfang** in nördlichen Gewässern eine ungeahnte Blütezeit, die als das „Goldene Zeitalter" in die Inselgeschichte einging. Wie in einer Art Goldgräberstimmung versprach die Beteiligung der Inselfriesen am Walfang einerseits schnellen Reichtum, andererseits aber auch große Strapazen und Gefahren.

Ab etwa 1650 heuerten vor allem die Föhringer massenhaft auf holländischen Walfangschiffen an, denn die niederländische Grönlandflotte kontrollierte zunächst fast den gesamten Walfang in arktischen Gewässern; bald kamen einige englische und auch Hamburger Schiffe hinzu. Doch nicht nur Hamburg, auch der damals zu Dänemark gehörende Lokalrivale Altona rüstete eine Walfangflotte aus. Die Amrumer Walfänger standen seltener in Diensten der Holländer, sondern fuhren vorwiegend auf Hamburger und Altonaer Schiffen.

Die Tüchtigkeit und Unerschrockenheit der seemännisch erfahrenen Nordfriesen in diesem nautischen Gewerbe war sprichwörtlich, und so arbeiteten sich auf den Walfangschiffen viele Insulaner vom Bootsmann, Speckschneider oder Harpunier hoch bis zum Offizier oder Kapitän (der auf den Walfangschiffen Commandeur hieß). Im Winter bildeten

Erinnerung an ein Seefahrerleben:
Grabstein in Nieblum

ehemalige Commandeure oder Pastoren die jungen Seeleute im Navigieren aus, sodass die Voraussetzungen für eine seemännische Karriere günstig waren. Und im Sommer waren fast alle arbeitsfähigen Männer und sogar Knaben ab etwa 12 Jahren in jener Zeit auf den Schiffen tätig – das war etwa ein Drittel der Gesamtbevölkerung.

Natürlich hatte die Sache auch eine Kehrseite. Schon die Reise auf sog. Schmackschiffen zu den Ausgangshäfen (meist Amsterdam) war gefährlich, auch die weite Fahrt in das Nordmeer forderte aufgrund von heftigen Frühjahrsstürmen zahlreiche Opfer. Und natürlich war der Walfang selber, der von kleinen Beibooten (Schaluppen) mit einfachen Harpunen durchgeführt wurde, ein Unterfangen auf Leben und Tod. Es gab Zeiten, da kam die Hälfte aller Seefahrer nicht mehr von ihrer Reise zurück. Dementsprechend lebten zur Zeit der Walfänger auch viele Witwen und Waisen auf den Inseln. Nach jedem Winter mussten die Frauen und Kinder wieder voll Angst von ihren Männern Abschied nehmen (→ Biikebrennen S. 45).

Wer erfolgreich von seiner gefährlichen Arbeit heimkehrte, dem winkte ein stattlicher Sold, sofern er nicht einfacher Matrose war. Heute wird leicht vergessen, dass zweifellos die meisten Seefahrer als Bootsmänner oder Speckschneider unterwegs waren und mit ihrem bescheidenen Lohn kaum die Familien ernähren konnten. Von sich reden machten jedoch vor allem diejenigen, die bis zum Schiffsführer aufstiegen, weil ihr Wohlstand Spuren in Form schöner Friesenhäuser (Kapitänshäuser) oder „sprechender Grabsteine" hinterließ. Bekanntester Walfänger war Matthias Petersen aus Oldsum, der insgesamt 373 Wale harpunierte und daher auf seinem Grabstein als „der glückliche Matthias" bezeichnet wird.

Übrigens beruht der Begriff Grönlandfahrer eigentlich auf einem geografischen Missverständnis. In Wirklichkeit waren die Walfänger zunächst nur in den Buchten Spitzbergens unterwegs, welches sie für Grönland hielten. Die dort überwiegend vorkommende Walart bekam somit den Namen Grönlandwal. Dieser bis zu 18 m lange Wal war als langsamer Schwimmer relativ leichte Beute, und seine dicke Speckschicht sorgte dafür, dass das erlegte Tier auf dem Wasser trieb. Der Speck der Wale war überaus wertvoll, weil aus ihm der Tran, also das Lampenöl gewonnen wurde. Der Tran war aber auch Rohstoff für die Herstellung von Margarine, Kerzen, für Seifen und verschiedene Kosmetika. Deshalb wurden auch die gewaltigen Kinnladen mitgenommen, denn sie enthielten ebenfalls kostbaren Tran. Dieser lief bei der langen Rückfahrt langsam aus den aufgehängten Knochen heraus und wurde mit Eimern aufgefangen. Die Knochen dienten in der Heimat als prestigeträchtiges Baumaterial für Gartenzäune und Torbögen (wie im Friesenmuseum Wyk). Auch die langen Barten aus dem riesigen Kiefer des Wales (die dem Ausfiltern von Krill dienen) waren sehr begehrt, weil sie als „Fischbein" für figurgebende Korsetts Verwendung fanden. Erst ab etwa 1750, als durch den ungezügelten Walfang in den Gewässern um Spitzbergen der Grönlandwal fast ausgerottet war, fuhren die Walfänger tatsächlich bis nach Grönland, um auch andere Wale zu jagen. Doch auch deren Bestände waren rasch erschöpft; zuletzt (bis 1850) verlegte man sich mangels Walen auf den weniger lukrativen Robbenfang und knüppelte große Mengen der Tiere von den grönländischen Eisflächen.

Aus Mangel an Walen und Robben mussten sich bald immer mehr seemännisch erfahrene Föhringer nach anderen Erwerbsquellen umsehen und verdienten ihr Geld nun vorwiegend in der **Handelsschifffahrt**, so wie es die benachbarten Amrumer seit Beginn der Handelsschifffahrt im 18. Jh. ohnehin schon mehrheitlich taten (und ebenfalls oft bis zum Kapitän aufstiegen). Bald waren sehr viele Insulaner auf den Meeren der Welt zu Hause, aber eben nicht mehr auf ihrer Insel. Das hatte einen gravierenden Einfluss auf die Bevölkerungsentwicklung, denn die Männer kamen nun nicht mehr jeden Herbst in die Heimat zurück, sondern blieben teilweise jahrelang fort. Viele kamen überhaupt nicht mehr zurück, und so ging die Geburtenzahl der Inseln in dieser Zeit um etwa ein Drittel zurück.

Zu Beginn des 19. Jh. hatten die Seefahrt und speziell der Walfang immer mehr an Bedeutung verloren, und die Inseln verarmten zusehends. Notgedrungen verlegten sich die Insulaner verstärkt auf die lange vernachlässigte **Landwirtschaft.** War früher das Land weitgehend Gemeinschaftsbesitz (Allmende), so kam es bis 1780 in Osterland-Föhr und bis 1803 in Westerland-Föhr und Amrum zu einer Landaufteilung, bei der die Insulaner Land zugewiesen bekamen. Fortan wurde das nun eigene Land kultiviert bzw. effektiver bewirtschaftet und durch Gräben und Wege erschlossen. Dennoch war mit den landwirtschaftlichen Erträgen und dem Nebenerwerb durch die Fischerei für die Inselbevölkerung nur ein karges Leben möglich, erst recht auf der weniger fruchtbaren Düneninsel Amrum.

Nicht verschweigen darf man, dass jahrhundertelang auch die **Strandräuberei** den Insulanern, besonders den Amrumern, ein willkommenes Zubrot war, auch wenn dies durch einen Strandvogt streng reglementiert wurde. Die Schifffahrtsstraßen im nordfriesischen Wattenmeer führten seit jeher an Amrums sandbanktückischer Westküste vorbei, und zur Orientierung gab es weder einen Leuchtturm noch einen Kirchturm auf der Insel. Zahlreiche Schiffe liefen auf Grund; deren an den Strand gespülte Ladung war leichte Beute, die oft genug auch ohne Wissen des Strand-

„Der glückliche Matthias"
in der gleichnamigen Kneipe

vogts gesichert wurde. Es gibt Berichte, nach denen die Strandpiraten bei Sturm Feuer am Kniepsand anzündeten, um Schiffe in die Irre zu führen. Tatsächlich wurden in den letzten 250 Jahren gut 250 Strandungsfälle gezählt; im Schnitt also jährlich eine Strandung.

Auch das Wiederflottmachen gestrandeter Schiffe war ein lukrativer und zudem legaler Nebenverdienst, mit dem manch Amrumer ein Vermögen verdiente. Denn eine erfolgreiche Bergung konnte schon einmal ein Drittel bis die Hälfte des Wertes des auf Grund gelaufenen Schiffes kosten. Heute haben sich die Verhältnisse gründlich geändert. Dank satellitenunterstützter Navigation gibt es kaum noch Strandungen vor den Inseln, und wenn doch, dann können die Amrumer gerne auf die Hinterlassenschaften moderner Schiffe verzichten. Der letzte große Strandungsfall ereignete sich im Jahr 1998, als der unter der Flagge der Bahamas fahrende Holzfrachter „Pallas" nach einem Brand vor Amrum auf Grund lief und dessen auslaufender Treibstoff eine mittlere Umweltkatastrophe im sensiblen Wattenmeer auslöste.

Historischer Badekarren: heute die Strandkorbvermietung Wyks

Entwicklung des Badetourismus und Angliederung an Preußen

Es war Hans Friedrich Carl von Colditz, Land- und Gerichtsvogt von Wyk, der im Jahr 1819 einige Geldgeber mit der aus England auf den Kontinent übergreifenden Idee begeistern konnte, aus Wyk auf Föhr das **erste nordfriesische Seebad** zu machen.

Badekuren waren zu dieser Zeit ein heikles und vor allem sittenstrenges Gewerbe, für das man sog. Badekarren verwendete. In diesen komplett geschlossenen Gefährten wurde man von Pferden ins hüfttiefe Wasser gezogen. Dort angelangt, konnte man seine mobile Umkleidekabine nach hinten verlassen, selbstverständlich in langer Badekleidung und geschützt von einer ausladenden Markise, die wirklich jeden neugierigen Blick verhinderte. Nachbauten solcher Badekarren werden heute aus Nostalgiegründen wieder von der Wyker Strandkorbvermietung verwendet. Damals waren sie eine Investition in die Zukunft, ebenso wie ein eigens gebautes Badehaus für warme Meerwasser-Wannenbäder. Zur Enttäuschung der Investoren blieb der erhoffte Besucheransturm gut betuchter Badegäste jedoch hinter den Erwartungen zurück – auch wegen der überaus schwierigen Anreise.

Zu einem unverhofften touristischen Aufschwung kam es jedoch, als sich der dänische König Christian VIII. im Jahr 1842 dazu entschloss, auf einer Nordfriesischen Insel zu kuren. Immerhin gab es im Herzogtum Schleswig offenkundige Autonomiebestrebungen und da galt es, gewissermaßen Flagge zu zeigen. Also verbrachte der König bis zu seinem Tode im Jahr 1848 seine jährliche Sommerfrische in Wyk und mit ihm etwa 100 Personen des königlichen Hofstaates bzw. der Dienerschaft. Infolge der königlichen Präsenz wurde Föhr über Nacht en vogue. Sogar Dänemarks berühmtester Schriftsteller Hans-Christian Andersen machte dem

König seine Aufwartung und weilte im Sommer 1844 als königlicher Gast auf der Insel. Schnell fanden sich vermögende Geldgeber für den weiteren Ausbau des Seebades, die aber nach des Königs Ableben ebenso schnell wieder verschwunden waren. Der kleine Bade- und Hafenort Wyk versank nun erneut in eine Art Dornröschenschlaf. Auch auf Amrum dachte zu dieser Zeit wohl noch niemand ernsthaft an die Gründung eines Seebades.

Dann aber kam es zu großen politischen Veränderungen auf den Inseln. Als 1848 die endgültige Einverleibung ins dänische Königreich drohte, erhoben sich die – durch den zunehmenden Deutschnationalismus ermutigten – Holsteiner, aber auch die deutschsprachigen Einwohner im südlichen Herzogtum Schleswig gegen die dänischen Gesamtstaatspläne und bildeten eine provisorische schleswig-holsteinische Regierung in Kiel. Doch die Revolte scheiterte zunächst. 1852 wurde in einem völkerrechtlich geschlossenen Vertrag (Londoner Protokoll) festgehalten, dass die Herzogtümer Schleswig und Holstein zwar weiterhin unter dänischer Verwaltung stehen, aber eine eigene Erbfolge haben, und als einerseits dänisches und andererseits deutsches Lehen ihre Eigenständigkeit bewahren sollten, also nicht näher an den dänischen Staat zu binden seien. Als Dänemark 1864 versuchte, sich zumindest den Landesteil Schleswig vollends einzuverleiben, nutzte das mächtige **Königreich Preußen** die Gelegenheit und erklärte Dänemark den Krieg. Preußische Truppen und eine große Kompanie der mit ihnen verbündeten Österreicher rückten ein und besiegten nach hartem Kampf die Dänen in der Entscheidungsschlacht an den Düppeler Schanzen (am Brückenkopf zur dänischen Insel Als). Zwischenzeitlich wurden Föhr und Amrum von der österreichischen Marine besetzt. Doch schon im Jahr 1866 kam es zum erneuten Krieg, diesmal zwischen den beiden kurz zuvor noch eng verbündeten Großmächten Preußen und Österreich. Obwohl Preußen kleiner war als seine mächtigen Kontrahenten des Deutschen Bundes unter Führung Österreichs, war es wegen der 1813 eingeführten allgemeinen Wehrpflicht von der Truppenstärke her ebenbürtig und gewann den Krieg, in dessen Folge ganz Schleswig-Holstein im Jahr 1867 preußische Provinz wurde.

Die Insulaner – jahrhundertelang von Dänemark verwaltet – wurden nun preußische Bürger mit allen Rechten und Pflichten, auch der Pflicht zum Kriegsdienst. Das alte Privileg der Insulaner, dass die jungen und meist zur See fahrenden Männer nicht zum mehrjährigen Militärdienst eingezogen wurden, galt nun nicht mehr. Auch gab es mit einem Mal wesentlich schärfere Auflagen zur Erlangung des Kapitänspatents (mit dem Besuch von staatlichen Festland-Navigationsschulen). Zudem war es schon seit Beginn des 19. Jh. wegen des Niedergangs der Handelsschifffahrt Arbeit auf den Inseln knapp. Und so versprach sich die Mehrheit der jungen

Entdeckt in Alkersum: Erinnerung an den (Nicht-)Besuch Hans Christian Andersens

Insulaner ein besseres Leben in der Neuen Welt, wodurch das gesamte 19. Jh. durch eine Auswanderungswelle nach Nordamerika geprägt war, in deren Folge etwa ein Viertel der Bevölkerung den Inseln den Rücken kehrte.

In preußischer Zeit begann insofern ein ungeahnter wirtschaftlicher Aufschwung auf den Inseln, als Ende des 19. Jh. überall an der Küste und auf den Inseln neue Seebäder und Heilkurorte entstanden. Auf Amrum erhielt 1889 ein einheimischer Kapitän die Konzession für ein Hotel auf der „weißen Düne" (Wittdün), der bis dahin unbewohnten Südspitze; ein Jahr später entstand ein christliches Hospiz in Norddorf. Auch in Wyk auf Föhr wurde 1889 ein Sanatorium am bis dahin noch unbebauten Südstrand errichtet. Schnell entstanden weitere Hospize, aber auch Hotels und Pensionen; der Badetourismus auf beiden Inseln war nun nicht mehr aufzuhalten. Die alten Badekarren hatten längst ausgedient. Was folgte, war das Zeitalter der Badeanstalten, und zwar in Form von fest installierten Badehäusern, die auf Holzpfählen gebaut wurden und vom Strand bis weit ins Meer hineinreichten. Von einer Plattform konnte man dann ins kühle Nass gelangen. Natürlich musste all dies streng nach dem Gebot der Geschlechtertrennung geschehen, das heißt, man baute Badehäuser für Männer und Frauen, die an verschiedenen Strandabschnitten in gebührendem Abstand voneinander platziert wurden, damit man sich nicht ins Gehege kam.

Zu dieser Zeit wurde auch ein geregelter **Fährbetrieb** eingerichtet, was eine unabdingbare Voraussetzung für florierenden Tourismus war. 1873 gründete sich die Wyker Fährgenossenschaft und ermöglichte einen planmäßigen Fährverkehr. Ursprünglich waren es sogar drei konkurrierende Unternehmen, die mit Dampfschiffen von Dagebüll bzw. von Husum aus eine Verbindung zur Insel Föhr herstellten. Nach einem zunächst harten Konkurrenzkampf ging schließlich die (1885 gegründete) Wyker Dampfschiffs-Reederei (W.D.R.) als Sieger hervor und besitzt bis heute (mit der jährlichen Beförderung von 2 Mio. Passagieren und 240.000 Fahrzeugen) eine Art Monopolstellung im Fährverkehr zu den Inseln und Halligen.

Husum war zunächst als Fährhafen interessant, weil die Bahnlinie (ab 1856) nur bis dort reichte. 30 Jahre später wurde die Trasse bis in das (heute wieder dänische) Tondern erweitert, worauf 1895 auch die Bahnlinie von Niebüll nach Dagebüll gebaut wurde. Auch auf Amrum entstanden schnell Fähranleger; und zwar in Wittdün und Norddorf, die zunächst auch noch von den von Hamburg nach Sylt fahrenden Dampfern bedient wurden.

Auch die Infrastruktur der Badeorte wurde um die Jahrhundertwende rasant ausgebaut. Immer mehr Sanatorien, Kinderheime, erste private Ferienunterkünfte entstanden auf den Inseln. 1889 erbaute man in Wyk für die katholischen Feriengäste sogar eine Kapelle, und schon ab 1894 gab es ein Krankenhaus. Auch auf Amrum bemühte man sich durch den Bau von Kureinrichtungen um Gäste. Sogar eine Inselbahn wurde im Jahr 1893 gebaut, die zunächst nur für den Transport der Wittdüner Gäste auf den Kniepsand und zum Leuchtturm geplant war, dann aber über die ganze Insel bis nach Norddorf verlängert wurde (und bis 1939 in Betrieb war).

Dementsprechend stieg die Anzahl der Feriengäste beständig von Jahr zu Jahr. Selbst während des **Ersten Weltkriegs** war das so. Wyk war das einzige Nordseebad, das während des Krieges offiziell geöffnet hatte und seinen Kur- und Badebetrieb ungestört weiterführte.

Infolge des Krieges wurde 1920 für die nördlichen Bereiche Schleswigs eine Volksabstimmung zum Verbleib im deutschen Staatsgebiet durchgeführt. Nordschleswig mit Tondern wurde daraufhin an Dänemark abgetreten. Mittelschleswig mit Föhr und Amrum blieb bei Deutschland. Als eine geschichtliche Anekdote sei erwähnt, dass sich als einzige Gemeinden Mittelschleswigs die westlandföhrer Nachbardörfer Utersum, Hedehusum und Witsum mehrheitlich für einen Wechsel zum Staatsgebiet von Dänemark aussprachen. Weil sie aber dann zur Enklave geworden wären, blieben sie bei Deutschland; aus dem gleichen Grund wurde eine durchaus beachtliche Anzahl von Gemeinden Nordschleswigs dem Staat Dänemark zugeschlagen, obwohl sie für Deutschland votiert hatten.

Im **Zweiten Weltkrieg** war es allerdings nicht nur auf Amrum, sondern auch auf Föhr mit der Herrlichkeit vorbei. An einen geregelten Kurbetrieb war nicht mehr zu denken. In den ersten Nachkriegsjahren wurden, wie überall in Schleswig-Holstein, die Ferienunterkünf-

Am Glockenturm Wyk: Gedenktafel zur Volksabstimmung 1920

te der Inseln durch Flüchtlinge aus den deutschen Ostgebieten belegt. Doch ab etwa 1950 entwickelte sich der Badetourismus in einem bemerkenswerten Tempo. Von nun an beschränkten sich die Gäste nicht mehr nur auf Wyk, Wittdün und Norddorf; alle Dörfer stellten ab dieser Zeit mehr und mehr auf den Fremdenverkehr um, weil immer mehr Erholungssuchende die Schönheit der Inseln für sich entdeckten.

Eine Flurbereinigung in den 1960er-Jahren mit dem Bau von befestigten Wirtschaftswegen sorgte dafür, dass auch die Landwirtschaft neu und effektiv geregelt wurde, vor allem im fruchtbaren Marschland von Föhr. Über 100 bäuerliche Großbetriebe wurden neu geordnet. Um deren Bewirtschaftung zu vereinfachen, wurden auf Föhr zu dieser Zeit 22 Aussiedlerhöfe in die Föhrer Marsch verlegt.

In den 1970er-Jahren kam es in den meisten Ländern der Bundesrepublik zu einer **Gebietsreform** mit dem Zusammenschluss vieler ehemals selbstständiger Gemeinden. In Schleswig-Holstein war das jedoch nicht so. Die meisten kleinen Gemeinden wollten und durften ihre Unabhängigkeit bewahren, weshalb es auf Föhr und Amrum auch heute noch viele eigenständige Gemeinden gibt. Dennoch wurde im Zuge der schleswig-holsteinischen Verwaltungsreform eine Art Zwischenstufe eingerichtet und 1970 aus den ehemaligen Kreisen Südtondern, Eiderstedt und Husum der neue Kreis Nordfriesland gebildet. In diesem wurden das seit jeher existente und auch von der von der preußischen Verwaltung eingerichtete Amt Westerland-Föhr und das Amt Osterland-Föhr zum Amt Föhr-Land vereinigt. Damit waren auf Föhr die Dörfer der ehemaligen Westerharde und der Osterharde erstmals in ihrer Geschichte (seit über 700 Jahren) auch rechtlich vereint. Am 1. Januar 2007 kam auch Amrum hinzu, indem aus den Ämtern Amrum, Föhr-Land und der bis dahin amtsfreien Stadt Wyk das neue Amt Föhr-Amrum gebildet wurde. Es hat seinen Sitz in Wyk und eine Außenstelle in Nebel (Amrum).

Malerisches Friesendorf: Nieblum

Friesische Lebensart

Auf den Nordfriesischen Inseln haben sich im Laufe der Jahrhunderte zahlreiche Sitten und Gebräuche entwickelt, die wie das Biikebrennen oder das Ringreiten auch noch heute gepflegt werden. Aufgrund der exponierten Lage konnte sich zudem eine eigenständige friesische Sprache entwickeln. Auch die Tracht der Inselfrauen hat für viele Insulaner einen identitätsstiftenden Charakter.

Auf den Inseln kümmern sich insbesondere die Heimatvereine (Fering Ferian und Öömrang Ferian) mit viel Engagement um die Erhaltung der friesischen Natur, Kultur und Sprache.

Uthlandfriesische Häuser

Die Friesenhäuser, auch uthlandfriesische Häuser genannt, geben den Inseldörfern ihren ganz eigenen Charakter. Bereits in der Bronzezeit entwickelte sich die Urform dieses länglichen Haustyps, der dadurch gekennzeichnet ist, dass Mensch und Vieh unter einem (Reet-)Dach lebten. Die Häuser waren zunächst eine frei stehende Holzständerkonstruktion, die somit in der sturmflutgefährdeten Region einen besseren Schutz vor Unterspülung bot als ein Haus mit tragenden Wänden. Hinter den Ständern wurde eine Außenwand errichtet, die nur sich selbst trug und zunächst aus Grassoden oder Lehm bestand, später aus Ziegelsteinen aufgemauert wurde. Beispielhaft für eine solche Konstruktion ist das **Haus Olesen** im Friesenmuseum Wyk (→ S. 90). Um den vorherrschenden Westwinden möglichst wenig Angriffsfläche zu bieten, wurden die Häuser vorwiegend in West-Ost-Richtung errichtet, wobei sich der Wohnbereich in der windabgewandten Seite befand, und die Dächer tief herabgezogen.

Reetdächer – funktional und malerisch

Nirgendwo in Deutschland gibt es mehr reetgedeckte Häuser als auf den Nordfriesischen Inseln. Nicht nur die alten Friesenhäuser, vor allem auch die neu im friesischen Stil erbauten Ferienhäuser werden der Idylle wegen neuerdings wieder mit Reet gedeckt.

Doch Reetdächer sehen nicht nur malerisch aus, sie sind auch funktional, denn im Winter sorgen sie für Wärme und im Sommer für angenehme Kühle. Sie sind regen- und schneedicht, frostbeständig und atmungsaktiv, luftfilternd und feuchtigkeitsregulierend und bei Sturm elastisch. Früher galten Reetdächer als billige Lösung für arme Leute, heute sind sie wegen der teuren Handarbeit purer Luxus geworden. Hinzu kommen noch die Kosten für eine teure Brandversicherung, denn das Material ist relativ leicht entzündbar. Aus diesem Grund übrigens wurden der Verkauf und das private Abbrennen von Feuerwerkskörpern auf Föhr und Amrum grundsätzlich verboten. Die Inseln sind damit an Silvester feuerwerkfrei (nur am Hafen von Wyk findet ein organisiertes Feuerwerk statt).

Die Reetdachdecker arbeiten sich von der Traufe zum First hoch. Die Halme werden gleichmäßig in einer Dicke von gut 30 cm auf dem Unterbau verteilt, mit einer etwa 1 m langen Stahlnadel und Bindedraht an die Dachlatten genäht und dann ordentlich geschnitten. Ein Reetdach ist dann ebenso lange haltbar wie ein gewöhnliches Ziegeldach. Heute wird hochwertiges Reetgras mangels geeigneter Schilfgürtel nur noch an wenigen Stellen Schleswig-Holsteins geerntet und kommt deshalb meist aus Osteuropa. Alteingesessene Reetdachdecker schwören allerdings auf die Qualität des heimischen, ausschließlich bei Frost geernteten Reets, das zwar ein wenig gebogener ist als die Importware, dafür aber umso haltbarer.

Typisch für das uthlandfriesische Haus ist der spitze Giebel über der Eingangstüre – aus zweckmäßigen Gründen: Zum einen befand sich im Spitzgiebel eine Luke, durch die Heu und Getreide auf den Dachboden gebracht werden konnten. Zum anderen wurde durch diese Bauart aber auch verhindert, dass bei einem Dachbrand brennendes Reet vor den Eingang fiel und den Bewohnern den rettenden Weg versperrte. Die oft als „Klöntür" zweigeteilte Eingangstüre war überdies eine sehr praktische Lösung. Man konnte die obere Hälfte separat öffnen und auf diese Weise lüften, ohne dass die Tiere (oder Kleinkinder) entwischten. Hinter der Türe befand sich der Flur bzw. Mistgang, der die meisten Häuser ziemlich genau in der Mitte in einen Wirtschaftsbereich mit Stall und Dreschtenne und einen Wohnbereich teilte. Der Wohnbereich umfasste normalerweise vier kleine Räume: Küche, Kammer, Pesel und Dörnsk (bzw. Döns). Pesel ist seit jeher die Bezeichnung für den schönsten Raum, also die gute Stube der Friesenhäuser, die im Gegensatz zum Dörnsk, dem täglich beanspruchten Wohn- und Schlafraum, nur zu besonderen Anlässen genutzt wurde. Geheizt wurde meist durch einen Bilegger (Beilegeofen), der von der Küche aus befeuert wurde. Geschlafen wurde in Alkoven, also in mit Vorhängen oder Holzluken abgetrennten, etwa 1,60 m langen Bettnischen, in denen gewissermaßen halb im Sitzen geschlafen werden musste. All das kann man sehr schön im **Öömrang Hüs** in Nebel auf Amrum sehen (→ S. 147).

Erst Ende des 18. Jh. wurde die reine Ständerkonstruktion mehr und mehr durch Ziegelbauten abgelöst, bei denen die Dach- und Deckenbalken direkt auf der Außenwand auflagen. Mit dem zunehmenden Wohlstand durch den Walfang bauten sich viele Kapitäne schöne Friesenhäuser als Altersruhesitz. Schmiedeeiserne Maueranker beziffern häufig das Baujahr und Buchstaben die Initialen der Erbauer. Mit ihren abgewalmten Reetdächern, kleinsprossigen Fenstern und den nach wie vor typischen Giebeln über den blau-weiß oder grün-weiß bemalten Eingangstüren sind die sog. Kapitänshäuser noch heute ortsbildprägend. Für das Vieh wurden ab dieser Zeit oft separate Backsteinställe und -scheunen erbaut.

Umgeben werden viele der Häuser mit ihren kleinen Bauerngärten auch heute noch von einer aus Feldsteinen errichteten Mauer, dem sog. Friesenwall. Dieser Steinwall ist oft mit Gräsern oder Büschen bewachsen.

Haus Olesen in Wyk auf Föhr (im Friesen- museum), Juli/Aug. tägl. 10–17 Uhr, Mitte März bis Okt. Di–So 10–17 Uhr, Nov. bis Mitte März Di–So 14–17 Uhr. **Öömrang Hüs** in Nebel auf Amrum, Mo–Fr 10.30–12.30 und 15–17 Uhr, Sa nur 15–17 Uhr.

Friesische Sprache – Fering und Öömrang

Schon die seltsamen Straßennamen wie Triibergem (drei Hügel), Taarepswoi (Dorfstraße) oder Uasterstigh (Ostweg) im Westen Föhrs und auf Amrum deuten darauf hin, dass Sie sich in einer fremdsprachigen – nämlich friesischen – Region befinden.

Friesisch ist eine eigenständige westgermanische Sprache und keinesfalls – wie Plattdeutsch – ein Dialekt des Niederdeutschen. Seine sprachlich nächsten Verwandten sind das Dänische, aber mehr noch das Englische (*wai* bedeutet beispielsweise Weg, *green* bedeutet grün und *knif* heißt Messer). Weil im Friesischen in den letzten hundert Jahren kaum neue Wörter gebildet wurden, hat es zahlreiche Begriffe aus dem Hochdeutschen übernommen, besonders jene, die aufgrund des technischen Fortschritts entstanden sind (z. B. Bus). Dies hat die „Reinheit" des Friesischen sicherlich etwas verfälscht.

Erst im Jahr 2004 hat der Kieler Landtag verfügt, dass Friesisch für den Kreis Nordfriesland (und für Helgoland) nun die zweite anerkannte Amtssprache neben Hochdeutsch ist, weshalb sich auf vielen Ortsschildern die Dorfnamen in beiden Sprachen finden.

Insgesamt gesehen teilt sich das Friesische in drei Sprachgruppen: das Westfriesische (gesprochen noch von etwa 400.000 Menschen in der niederländischen Provinz Friesland), das Ostfriesische (im eigentlichen Ostfriesland ausgestorben, wird aber noch von etwa 2000 Menschen im Saterland aktiv beherrscht) und das Nordfriesische (das von etwa 9000 Menschen vorwiegend auf den Inseln Föhr und Amrum gesprochen wird). Überdies hat jede Region in Nordfriesland, ja fast jedes Dorf seinen eigenen Dialekt. Es gibt natürlich auch einen Unterschied zwischen dem Föhrer Friesisch, das die Föhringer (also friesisch sprechende Föhrer) *Fering* nennen, und dem Amrumer Friesisch, das *Öömrang* heißt.

Gemein ist den meisten friesischen Dialekten, dass es mit Ausnahme der Namen keine Großschreibung gibt und dass ein lang gesprochener Laut durch die Doppelschreibung des Vokals angezeigt wird (*Feer* für Föhr oder *Öömrang* für Amrum).

Lewer duad üs Slaav! (Lieber tot als Sklave!)

So steht es allenthalben unter dem nordfriesischen Wappen auf der gelb-rot-blau gestreiften Flagge. Doch dieser an das Unabhängigkeitsgefühl der Nordfriesen appellierende Spruch ist viel jünger, als viele glauben. Er wird dem evangelischen Pastor Christian Feddersen (1786–1874) zugeschrieben, der sich als Begründer der „friesischen Bewegung" für die (friedliche) Bewahrung der friesischen Kultur und Sprache einsetzte. Diesen Spruch verwendete er jedoch als Warnung vor dem Knechtsein der eigenen Begierden. Umgedeutet als antidänische Parole, wurden diese Worte vor allem bekannt durch eine Ballade des deutschen Lyrikers Detlev von Liliencron (1844–1909). In dieser beschreibt er den Widerstand eines tapferen Sylter Fischers gegen einen adeligen dänischen Amtmann im 15. Jh. Der arme Hörnumer Fischer Pidder Lüng verweigert mit dem Verweis auf die Friesische Freiheit die Zahlung seiner Steuern. Es kommt zum Tumult in der Fischerhütte Pidder Lüngs, in dessen Folge der Amtmann verächtlich in des Fischers Essenstopf mit Grünkohl spuckt. Wutentbrannt packt daraufhin Pidder Lüng den dänischen Amtmann und drückt dessen Gesicht in eben jenen Topf,  bis dieser erstickt. Natürlich wird der Fischer Lüng daraufhin von den Häschern des Amtmanns ebenfalls zur Strecke gebracht und haucht noch im Sterben: „Lewer duad üs Slaav!"

In einer Zeit, als Dänemark bestrebt war, das nominell zum Deutschen Bund gehörende Herzogtum Schleswig seinem Staatsgebiet einzuverleiben, wurde diese Legende geradezu zum Symbol für den Kampf gegen die dänische „Fremdherrschaft". Und auch der Grünkohltopf aus der Erzählung ziert (zusammen mit der dänischen Krone und dem halben Reichsadler) noch heute das Wappen Nordfrieslands.

Gesprochen wird die friesische Sprache vor allem in Westföhr, aber auch auf Amrum, während in Ostföhr das Plattdeutsche und heute mehr noch das Hochdeutsche vorherrschen. Erst in jüngster Zeit wird Friesisch wieder verstärkt an Kindergärten und Schulen unterrichtet. Es gibt sogar die Möglichkeit (in Kiel bzw. Flensburg), „Friesische Philologie" als eigenständiges Fach zu studieren bzw. als Ergänzungsfach für die Lehrerausbildung zu belegen.

Der bekannte friesische Ausspruch „*Rüm hart – klaar kimming*" bedeutet „Weites Herz, klarer Horizont" und gilt als Wahlspruch der Nordfriesen, ebenso wie die Parole „*Lewer duad üs Slaav!*" („Lieber tot als Sklave!"), im Dialekt „*Liiwer düüdj as slaaw*" (→ Kasten S. 43).

Beim Standardgruß „*moin, moin*" übrigens, mit dem sich die Inselfriesen zu jeder Tages- und Nachtzeit begrüßen, ist es allerdings nicht ganz klar, ob es sich um einen plattdeutschen oder friesischen Ausdruck handelt. Jedenfalls ist er keinesfalls eine Entstellung des Wortes „Morgen", sondern leitet sich wahrscheinlich vom niederdeutschen *mooi* her, was „gut" und „schön" heißt. Man wünscht sich also schlicht einen „Guten", lässt im Sprachgebrauch das folgende „Morgen", „Tag" oder „Abend" einfach weg und verdoppelt stattdessen das „Guten" bzw. „*moin*".

Friesische Tracht

Trachten werden auf den Inseln seit dem 16. Jh. getragen. Im Gegensatz zu anderen Landesteilen sind sie auf Föhr und Amrum (sowie der Hallig Hooge) jedoch nie ganz aus der Mode gekommen. Ursprünglich waren die Trachten etwas farbiger; bei der heutigen, etwa ab der Mitte des 19. Jh. getragenen Tracht dominieren dunkle Stoffe und Weiß, was ihr ein würdevolles Aussehen verleiht. Allerdings hat sich auf den Inseln nur für Frauen eine eigenständige Tracht entwickelt, wahrscheinlich deshalb, weil die Männer die meiste Zeit des Jahres zur See fuhren. Die meist von Generation zu Generation vererbten Trachten sind gelebte Tradition auf den Inseln und werden zum ersten Mal zur Konfirmation angelegt. Aber auch an hohen kirchlichen Feiertagen und zu gesellschaftlichen Ereignissen wie Hochzeiten, ja selbst bei Dorffesten werden sie getragen.

Föhrer Tracht (ohne den wertvollen Silberschmuck): Stelly's Hüüs Oldsum

Dabei ist das Anlegen der friesischen Tracht eine zeitaufwendige Prozedur, die nicht alleine zu bewältigen ist. Die Festtagstracht besteht aus einem dunkelblauschwarzen und kunstvoll gefalteten Kleid, das im Kontrast zu einer langen weißen Schürze steht. Hinzu kommen ein dreieckiges Schultertuch mit geknoteten Fransen und ein schwarzes, reich verziertes Kopftuch, das haubenartig verschlungen wird. Wohl infolge des lukrativen Walfangs bzw. durch die Handelsschifffahrt wurde die ehemals einfache Tracht um einen prunkvollen – wahrscheinlich an die Festkleidung südeuropäischer Länder angelehnten –, kettenartigen Brustschmuck aus Silber ergänzt. An diesem hängen die heute so charakteristischen, filigran gefertigten silbernen Knöpfe sowie Kreuz, Herz und Anker als Symbole für die drei christlichen Tugenden Glaube, Liebe und Hoffnung.

Friesische Traditionen

Das **Biikebrennen** (auf Amrum: Biakebrennen) ist uraltes Brauchtum und noch heute vor allem das Fest der Einheimischen, auch wenn die Tourismusverbände diesen Termin längst als Attraktion (zu Hauptsaisonpreisen) vermarkten. Dabei werden jedes Jahr am 21. Februar, dem Vorabend des Petritages, überall auf den Inseln riesige Feuer entzündet. Wochenlang werden zu diesem Zweck Hölzer und Sträucher gesammelt und zu einem großen Haufen auf dem Biikeplatz aufgeschichtet.

Das Fest hatte in seiner langen Geschichte verschiedenartige Sinngehalte. Ursprünglich wurde es wahrscheinlich schon in heidnischer Zeit als Mitwinterfest oder Opferfest zur Vertreibung der Wintergeister gefeiert. Mit der Christianisierung der Insulaner hat man es zweckmäßigerweise mit dem Gedenktag für den Apostel Petrus verbunden. Heute wird mit dem Feuer das Ende des rauen Winters eingeleitet. Dabei ist es Brauch, den *Piiader* (Petermann) – dargestellt als lebensgroße Strohpuppe – in die Flammen zu werfen. Auf diese Weise wird symbolisch der Winter verbrannt bzw. vertrieben.

Zur Zeit der großen Seefahrten soll das Biikebrennen auch zur Verabschiedung der Walfänger für ihre lange und gefährliche Jagd veranstaltet worden sein. Wahrscheinlicher ist, dass am Petritag nicht nur das Feuer entzündet wurde, sondern auch ein Frühjahrsthing (Volks- und Gerichtsversammlung) stattfand, bei dem sich auch die Seefahrer trafen, um die Heuerverträge für die nun bald beginnende Walfangsaison zu verhandeln. Denn die Seefahrt ruhte aufgrund eines mittelalterlichen Beschlusses der Hansestädte traditionell zwischen dem Martinstag (11. November) und dem Petritag (22. Februar). Je nach Wetterlage haben dann die tapferen Seefahrer in den darauffolgenden Wochen die Inseln verlassen.

Biike kommt vom Wort Bake und bedeutet soviel wie (Feuer-)Zeichen. Vor allem nach dem Zweiten Weltkrieg wurde der alte Brauch des Biikebrennens wieder neu belebt und hat sich zu einer Art nordfriesischem Volksfest entwickelt. Nach Einbruch der Dunkelheit wetteifert man geradezu in fast jedem Inseldorf um das schönste Feuer, und es ist ein schöner Anblick, wenn man überall auf den Inseln (und Halligen) den Feuerschein erblickt. Auf Föhr brennen an diesem Tag 14 Biikefeuer, auf Amrum sind es fünf Biakefeuer. Gelegentlich können Sie am Feuer Glühwein oder auch eine Bratwurst erstehen, doch nach dem Biikebrennen trifft man sich traditionell in den Gaststätten zum Grünkohlessen.

Was andernorts das Schützenfest ist, ist in Nordfriesland das **Ringreiterturnier** und gewissermaßen der Nationalsport auf den Inseln. Bei den beliebten Ringreiterveranstaltungen werden auf den Wiesen etwa 4 m hohe Pfähle aufgestellt, zwischen denen eine locker gespannte Leine hängt, an der ein Metallring von einem Magneten gehalten wird. Es gilt nun, diesen an der Schnur aufgehängten Ring mit einer etwa 1,50 m langen Lanze im Galopp aufzuspießen. Zunächst haben die kleinen, mit roten Bändern gekennzeichneten Ringe einen Durchmesser von ca. 3 cm; doch im Verlauf des Turniers werden die Ringe noch kleiner bis etwa zur Größe eines 1-Cent-Stücks. Es geht darum, möglichst viele Ringe zu „erstechen". Dem Reiter, dem dies am besten gelingt, wird beim jährlichen Höhepunkt vieler Ringreitervereine, dem Königsreiten, dann die Königswürde zuteil.

Traditionell wird zu Beginn des Ringreitens – begleitet durch eine Musikkapelle – in einem Umzug zum Wettkampfplatz geritten, wobei der amtierende Ringreiterkönig abgeholt wird. Angesichts der dabei üblichen Umtrunke ist die Zielsicherheit der galoppierenden Reiter durchaus erstaunlich. Denn natürlich erfordert das Ringreiten Geschicklichkeit und eine gute Beherrschung des Pferdes. Und selbstverständlich wird auch nach dem Ringreiten noch gebührend gefeiert.

Auf Amrum werden für Kinder und Erwachsene Ringreitveranstaltungen vom Reitverein Amrum angeboten. Auf Föhr gibt es vier Ringreitervereine, davon ein reiner Frauenverein. Alle richten verschiedene Wettkämpfe von Vereinsmeisterschaften bis hin zum inselinternen Bundesreiten aus, aber auch Turniere, bei denen ausdrücklich auch die Feriengäste aufgefordert sind, sich an dem Sport zu versuchen – Pferde werden dabei zur Verfügung gestellt.

Die Ursprünge des Ringreitens liegen wohl im Mittelalter, denn bei den Ritterspielen ist auch das verwandte Ringstechen verbürgt. Auf den Inseln jedoch ist die Tradition anscheinend nicht so alt. Erst seit dem Ende des 19. Jh. wird dieser Sport hier vereinsmäßig betrieben.

Höhepunkt im Föhrer Vereinsleben: Ringreitturnier (hier in Utersum)

Grabsteinkultur auf den nordfriesischen Inseln: „sprechende Grabsteine"

Inselarchitekturen

Neben den schönen Stränden sind die malerischen Friesenhäuser (→ S. 40) nicht von den Inseln wegzudenken, vor allem in den Reetdach-Dörfern Nieblum (Föhr) und Nebel (Amrum). Doch auch mittelalterliche Kirchen, auffällige Leuchttürme, historische Windmühlen und als Überbleibsel der Vorzeit auch Hügelgräber gehören zu den architektonischen Besonderheiten Föhrs und Amrums. Als besondere Inselattraktionen sind sie in diesem Buch bei den jeweiligen Orten eingehend beschrieben.

Kirchen und „sprechende Grabsteine"

Föhr besitzt drei eindrucksvolle mittelalterliche **Kirchen**, Amrum eine. Sie sind alle schon im 13. Jh. errichtet worden, die St.-Laurentii-Kirche in Süderende auf Föhr sogar schon um 1150, bald nach der erfolgreichen Christianisierung. Wegen der oft stürmischen Winde baute man die Kirchen und deren Türme etwas wuchtiger; die hohen Satteldächer ihrer Türme kann man von fast jedem Punkt der Inseln aus sehen. Kein Wunder, dass sie früher wichtige Landmarken für die Schifffahrt waren (mit Ausnahme der Kirche von Amrum, die genau aus diesem Grund lange auf einen Turm verzichtete). Bemerkenswert ist auch die Lage der Gotteshäuser, die sich zunächst keineswegs inmitten eines Ortskernes befanden, sondern an den Grenzen der jeweiligen Gemarkung. Auf diese Weise war der Gang zum sonntäglichen Gottesdienst von jedem Dorf des Kirchspiels in etwa gleich weit. Erst in späterer Zeit wurde auch in der Nähe der Kirchen gesiedelt.

Auf Föhr und Amrum hat sich eine bemerkenswerte **Grabsteinkultur** entwickelt, die es so nur auf den Nordfriesischen Inseln gibt. Alle stattlichen Inselkirchen sind von großen Friedhöfen umgeben, auf denen Grabsteine und Stelen vorwiegend aus dem 18. und 19. Jh. erhalten sind. Auf diesen erzählen ausführliche Inschriften die

Lebensgeschichten der (meist männlichen) Verstorbenen, weshalb sie im Volksmund „sprechende Grabsteine" genannt werden. Beschriftet sind sie überwiegend auf Hochdeutsch und nicht etwa auf Friesisch, wohl weil die Alltagssprache als nicht fein genug galt. Zusätzlich zu den penibel angegebenen Lebensdaten („da er 61 Jahre, 8 Monate, 15 Tage hienieden gelebt hatte") wurden Texte, Gedichte, Leitsprüche und vor allem spannende Lebensläufe eingemeißelt („lebten in einer vergnügten Ehe, und zeugten 7 Kinder").

Nur wohlhabende Insulaner konnten sich diese Steinplatten leisten, deshalb finden sich auf den künstlerisch anspruchsvollen und damit teuren Grabsteinen meist nur die Namen von führenden Inselpersönlichkeiten. Gekrönt werden die meisten Grabmale mit schönen Motiven, die als „sprechende Zeichen" auf den Beruf hindeuten – eine eingemeißelte Mühle steht für einen Müller oder ein Schiff für einen der zu Wohlstand gekommenen Kapitäne (Commandeure). Das häufig zu sehende Schiff steht außerdem in der christlichen Symbolik für den Lauf des Lebens. Manchmal ist es mit vollen Segeln dargestellt, häufig aber auch mit abgetakelten Masten, weil die Lebensfahrt zu Ende gegangen ist. Daneben gibt es noch das Dreiersymbol „Kreuz, Herz und Anker", das für die christlichen Tugenden Glaube, Liebe, Hoffnung steht.

Mitunter schmückt den Grabstein auch ein eingemeißelter Blumenstrauß – ein inseltypisches Symbol für die Familie: Die Blüten deuten auf die Anzahl der engeren Familienmitglieder hin, abgeknickte Blüten kennzeichnen verstorbene Abkömmlinge. Die Ehepartner stellen die obersten Blüten, dann folgen die Kinder, wobei männliche Familienmitglieder links und weibliche rechts dargestellt werden.

Die Steine selbst kamen meist von weit her, denn die Kapitäne unterhielten schließlich Handelsbeziehungen. Und so stammt das Material vorwiegend aus den Sandsteinbrüchen des Wesergebietes und aus belgischen Steinbrüchen. Das war jedoch sehr teuer, weshalb die Grabmale häufig mehrfach verwendet wurden. Dort, wo die alte Inschrift abgeschliffen wurde, ist der Stein erkennbar dünner. Die kunstvollen Verzierungen am Rand und das krönende Symbol hat man aber meistens unangetastet gelassen.

Die **Friedhöfe** und **Kirchen** sind ganzjährig für Besucher geöffnet. Auf dem Friedhof von St. Clemens (Amrum) und zum Teil auch auf dem in Wyk-Boldixum wurden die Grabsteine als Inselkulturgut nebeneinander aufgestellt, in Süderende und Nieblum stehen sie weiterhin auf dem Friedhof verteilt nach neben neuen Gräbern. In der Saison werden fachkundige Friedhofsführungen angeboten. Infos beim Tourismusservice oder im Kirchenaushang.

Leuchttürme

Leuchtturm ist nicht gleich Leuchtturm. Jedes Exemplar auf der Welt ist in dreierlei Hinsicht einzigartig und unverwechselbar: in Form, farblicher Markierung und hinsichtlich des Lichtsignals.

Auch wenn durch moderne Satellitennavigation viele Leuchtfeuer an Deutschlands Küsten ihre Existenzberechtigung verloren haben, sichern einige Türme nach wie vor als visuelle Zeichen die Schifffahrtswege. Und weil es rings um die Inseln viel befahrene und gefährliche Wasserstraßen gibt, sind auf Föhr noch zwei Leuchtfeuer, auf Amrum sogar vier Leuchtfeuer und der alles überragende Amrumer Leuchtturm in Betrieb. Die Besteigung des Turms gehört wegen des grandiosen Rundblicks zu den Höhepunkten eines Amrumurlaubs.

Leitfeuer nennt man die Turmfeuer, die durch verschiedenfarbige Kennungen ein Fahrwasser markieren wie der historische Leuchtturm Amrum und die beiden modernen, kleinen Türme in Nebel und Nieblum. Ein Untertyp dieses Feuers zur besseren Ansteuerung ist das Richtfeuer (Amrum Hafen). Quermarkenfeuer hingegen leuchten quer zum Kurs der Schiffe und markieren den Bereich, in dem die Schiffe eine Kursänderung vornehmen müssen (auf Amrum in Norddorf und am Wriakhörn sowie der Turm Ölhörn in Wyk auf Föhr). Leuchtturmwärter gehören allerdings endgültig der Vergangenheit an; die Lichtzeichen sind heute voll automatisiert und werden vom zuständigen Wasser- und Schifffahrtsamt in Tönning fernüberwacht.
Nur der (sehenswerte) **Leuchtturm Amrum** ist zu besichtigen, Mo–Fr 8.30–12.30 Uhr (letzter Einlass), Mi erst ab 9 Uhr, feiertags geschlossen.

Windmühlen

Was wäre der Norden ohne die so charakteristischen historischen Windmühlen? Ältester Mühlentyp ist die **Bockwindmühle,** die schon seit 500 Jahren in Friesland nachgewiesen ist und auch Deutsche Windmühle genannt wird. Hier ruht die ganze Mühle auf einem hölzernen Pfahl oder Ständer, der wiederum in einem Stützgestell, dem sog. Bock, sitzt. Auf diesem Bock kann die komplette Mühle in den Wind gedreht werden. Ein (besonders kleines) Exemplar dieses Mühlentyps können Sie auf dem Freigelände des Friesenmuseums Wyk bewundern (→ Foto S. 10).

Weitaus verbreiteter sind aber die **Kappenwindmühlen,** die auch Holländerwindmühlen genannt werden, weil sie in den Niederlanden entwickelt wurden. Bei diesem Typ — meist ein achteckiger Holzbau — ist nur die obere Kappe drehbar. Das geschah zunächst von Hand mithilfe des *Steerts*, eines mit der Kappe verbundenen Balkens, der vor allem beim sog. Erdholländer heute vereinzelt noch zu sehen ist. Bei vielen Erdholländern, aber vor allem bei den höher gebauten Galerieholländern hat man mit der Zeit fast immer eine Windrose angebracht, welche die Kappe der Mühle samt Flügeln über ein Zahnradgetriebe selbstständig in den Wind dreht.

Auf den Inseln fanden hauptsächlich Segelflügel Verwendung. Die nur aus einem Holzgitter bestehenden Flügel wurden – je nach Windstärke ganz oder teilweise – mit Segeltuch bespannt. Gemahlen wurde fast ohne Unterbrechung, bei Tag und bei Nacht.

Seinerzeit hatte die Stellung der Windmühlenflügel auch eine Informationsfunktion und verkündete durch unterschiedliche Positionen Geburten, Hochzeiten, Trauerfälle, aber auch schlichtweg die Ruhezeiten der Mühle. Noch heute bilden bei einem Todesfall die Flügel mitunter ein senkrechtes Kreuz.

Landschaftsprägend:
die Inselwindmühlen (hier in Wrixum)

Von den einst 45 Mühlen der Inseln sind noch sieben erhalten, während auf der Nachbarinsel Sylt nicht eine einzige das Mühlensterben überlebt hat. Lediglich die Mühle von Wrixum (Föhr) und die Amrumer Mühle (Nebel) können Sie auch von innen besichtigen, denn deren Mühlentechnik ist noch weitgehend im Originalzustand vorhanden.

Bockwindmühle in Wyk auf Föhr (im Friesenmuseum), Juli/Aug. tägl. 10–17 Uhr, Mitte März bis Okt. Di–So 10–17 Uhr, Nov. bis Mitte März Di–So 14–17 Uhr. **Wrixumer Mühle** (Kellerholländer auf Föhr), in der Saison i. d. R. 10–13 Uhr, oft auch zusätzlich 16–18 Uhr. **Amrumer Windmühle** (Erdholländer), tägl. 11–17 Uhr.

Windkrafträder

Anstelle der historischen Windmühlen schießen an der Küste heute Windkrafträder wie Pilze aus dem Boden, teilweise ist der Horizont geradezu von Windrädern übersät. Doch auf den Inseln sind es derzeit nur rund 20 dieser Anlagen, die sich im Nordwesten und Westen Föhrs beständig drehen. Amrum blieb bislang von Windkraftanlagen verschont.

Bundesweit werden mittlerweile 6 % der Stromversorgung durch Windenergie gedeckt, langfristig sind bis zu 25 % geplant, an der Küste sind es bereits heute schon 18 %. Das technische Hauptproblem dieser sauberen Energiequelle ist der unstete Wind und damit die ständig schwankende Energieleistung der Windkrafträder. Diese muss kontinuierlich durch andere in Bereitschaft stehende Kraftwerke dem ebenfalls wechselnden Stromverbrauch angepasst werden.

Trotz der offenkundigen ökologischen Vorteile der Windkraft sind auch vermehrt kritische Stimmen von Landschafts- und Naturschützern zu hören. Denn die kolossalen, bis zu 180 m hohen Windkraftanlagen stehen im Verdacht, Zugvögel und Fledermäuse zu verwirren oder gar zu erschlagen. Durch ihren Schlagschatten und den tieffrequenten Schall sowie den nicht hörbaren, aber weit reichenden Infraschall beeinträchtigen sie darüber hinaus das Wohlbefinden der Anwohner. Und natürlich stören sie das Landschaftsbild. Zur Abhilfe sind gigantische Windparks im Meer (auch westlich von Amrum) geplant.

Hünen- und Hügelgräber

Ursprünglich waren Föhr und Amrum geradezu übersät mit knapp 700 Gräbern aus der Stein-, Bronze- und Eisenzeit. Jahrtausendelang wurden diese mangels geeigneter Maschinen, aber insbesondere auch aus Respekt gegenüber den Vorfahren nicht angetastet. Doch spätestens ab dem 19. Jh. hat man die meisten von ihnen geplündert und die großen Findlinge als willkommenes Baumaterial unter anderem für den Deichbau verwendet. Vor allem aber mit Beginn der industriellen Landwirtschaft wurden die meisten dieser Gräber eingeebnet, weil sie beim Pflügen der großen Äcker störten oder wegen ihrer oft exponierten Lage Baumaßnahmen im Wege standen. So ist es fast erstaunlich, dass dennoch besonders im hügeligen Südwesten Föhrs und auch auf Amrum einige dieser Zeugen der Vergangenheit erhalten geblieben sind.

Nur Hünen – so die dem volkstümlichen Namen zugrunde liegende Vorstellung – konnten in der Lage gewesen sein, die riesigen Steine herbeizuschaffen und zu Gräbern aufzuschichten. Tatsächlich errichteten die Menschen der Jungsteinzeit ihre aufwendigen Begräbnisstätten mithilfe von Zugtieren und einfachsten Karren. Entstanden sind die Gräber im Zeitraum zwischen 4000 und 2000 v. Chr. In der Wissenschaft heißen sie **Megalithgräber** (Gräber aus großen Steinen). Die Gräber waren ursprünglich von einem Erdhügel überdeckt, doch die Erde wurde im Laufe der Zeit abgespült. Sie bargen in ihrem Inneren rechteckige Grabkammern aus riesigen Findlingen. Auf einer Seite gab es einen tief liegenden Zugang, sodass die Ruhestätten meist über mehrere Generationen Verwendung fanden. Für ein Leben nach dem Tode wurden den Verstorbenen Tongefäße, Schmuck und Waffen mitgegeben. Auf Föhr ist bis auf die Reste eines 4000 Jahre alten Megalithgrabes in Utersum leider keines von ehemals 17 erhalten. Auf Amrum sind von ursprünglich 15 solchen Grabanlagen noch zwei zu bewundern, nämlich bei der Vogelkoje und in Steenodde.

Relikt aus der Steinzeit:
Megalithgrab bei Norddorf

In der nachfolgenden Bronzezeit (etwa 2200–800 v. Chr.) wurden die Menschen in einer anderen, augenscheinlich ähnlichen Form bestattet, den **Hügelgräbern**. Man legte sie in ausgehöhlte Eichenstämme, umgab diese mit weniger großen Steinen und überwölbte das Ganze schließlich mit Erde. Kostbare Grabbeigaben wie Schmuck und Waffen waren dabei nicht selten. Über die schon bestatteten Verstorbenen wurden auch nachfolgende gelegt, sodass im Laufe der Zeit ein riesiger Hügel entstand. In der späten Bronzezeit ging man dann dazu über, die Toten zu verbrennen und in von Steinen umgebenen Urnen in den schon vorhandenen Grabhügeln beizusetzen (z. B. in Hedehusum, Utersum und Steenodde).

Auch in der Eisenzeit (800–15 v. Chr.) behielt man die Verbrennung der Leichen bei und begrub die Urnen in – allerdings flacheren – Hügelgräbern. Die Grabbeigaben waren nun längst nicht mehr so prächtig wie in der Bronzezeit. Lediglich Nadeln und etwas Schmuck wurden den Toten mitgegeben. Die Grabhügel wurden mit der Zeit fast alle eingeebnet – waren nach dem Zweiten Weltkrieg noch über 100 eisenzeitliche Hügel auf den Inseln nachweisbar, so sind heute kaum welche übrig geblieben. Auch in der Wikingerzeit (793–1066 n. Chr.) wurden auf den Inseln die Menschen noch in solch hügeligen Urnenfriedhöfen bestattet (z. B. bei Süderende, Hedehusum und Steenodde).

Abschied vom Festland: auf der Fähre ab Dagebüll

Reisepraktisches

Anreise

Trotz hoher Spritpreise reisen fast alle Föhr- und Amrumurlauber mit dem Auto an. Das verwundert ein wenig, denn auch mit der Bahn ist der Fährhafen Dagebüll verhältnismäßig gut und vor allem auf eine entspannte Art und Weise zu erreichen.

Sofern Sie nicht zu viel Gepäck mitnehmen müssen oder körperbehindert sind, benötigen Sie eigentlich auch auf den Inseln keinen fahrbaren Untersatz und können diesen am besten in Dagebüll im bewachten Park-Center stehen lassen. Gerade auch der Abstand vom Auto macht den Urlaub ja mitunter so erholsam. Mit Bus, Fahrrad und auch zu Fuß lässt sich Ihre Insel problemlos erkunden. Zur Not kann man auch einmal ein Taxi nehmen.

… mit dem Auto

Anfahrt: Das Nadelöhr auf dem Weg nach Föhr und Amrum ist eindeutig Hamburg, an dem kaum ein Weg vorbeiführt. Wenn Sie nicht das Glück haben, vom Nordosten der Republik über die A 20 (oder A 24) bis Bad Segeberg anzureisen (und somit weiter nördlich über Neumünster auf die A 7 fahren), müssen Sie sich bei der Anreise durch Hamburg quälen, und das bedeutet fast zwangsläufig, auf der A 7 den stauträchtigen Elbtunnel zu passieren.

Danach haben Sie drei fast gleichwertige Möglichkeiten: Erstens, Sie fahren die Autobahn A 7 ganz durch bis fast zur dänischen Grenze und nehmen die Ausfahrt „Flensburg/Harrislee". Von dort sind es noch 52 km über die B 199 und Niebüll bis Dagebüll-Hafen.

Zweitens, Sie sparen 30 km auf der A 7 und fahren schon drei Abfahrten früher in „Schleswig/Schuby" ab, machen einen Abstecher über die B 201 nach Husum (Umgehungsstraße) und erreichen von dort über die B 5 nach insgesamt 72 km auf der Landstraße Dagebüll.

Die dritte – vielleicht angenehmste, aber nicht schnellste – Möglichkeit ist, vom Nordwestdreieck Hamburg aus über die A 23 gut 100 km bis Heide und von dort aus über die B 5 (Westküstenstraße) noch einmal 88 km, an Husum vorbei und weiter über Bredstedt nach Dagebüll zu fahren. Wenn Sie etwas Zeit mitbringen, lohnt dann übrigens ein kurzer Abstecher ins nordfriesische „Holländerstädtchen" Friedrichstadt, das fast auf dem Weg liegt.

> Bedenken Sie bitte, dass in allen Gemeinden der Inseln **Tempo 30** gilt und fast überall die Vorfahrtsregel „rechts vor links" zu beachten ist.

Sollten Sie Ihr Auto mit auf die Insel nehmen wollen, müssen Sie unbedingt die Fähre im Voraus buchen (→ Autofähren S. 56), denn in der Hochsaison sind Fährplätze für Pkw knapp.

Inselparkplatz Dagebüll: Wenn Sie Ihr Auto in Dagebüll stehen lassen, fahren Sie am zweiten Kreisel auf den hafennahen Inselparkplatz, das sog. Park-Center, mit 2500 Plätzen, Bistro und WC. Ähnlich wie in einem Parkhaus erhalten Sie bei der Einfahrt an der Parkschranke einen Chip, den Sie am Abreisetag am Schalter oder Automaten bezahlen. Sie sollten im Park-Center auch gleich die Schiffstickets kaufen. Fünf Minuten vor der Abfahrt der Fähre werden Sie samt Gepäck von hier aus mit dem kostenlosen Shuttlebus zum Fähranleger gebracht (und wieder zurück). Sie können die 600 m aber auch zu Fuß gehen.

> Parkgebühr pro Tag 7 € (ab dem 8. Tag 6 €, ab dem 15. Tag kostenlos), Zuschlag für einen Garagenplatz 2 €/Tag (Extraschranke vor der Halle), für angefangene Tage bis 3 Std. 3 €. Keine Platzreservierungen. Am Schalter oder am Automaten sollten Sie hier auch gleich die Schiffstickets kaufen. Inselparkplatz Dagebüll GmbH, Fährhafenstr. 2, ☎ 04667-942512, www.inselparkplatz-dagebuell.de.

… mit der Bahn

Die Bahn ist eine echte Alternative für eine entspannte Anreise nach Föhr und Amrum, denn die Züge rollen direkt auf die Mole in Dagebüll. Von dort sind es nur wenige Schritte auf die Fähre. Es gibt übrigens auch eine Nachtzugverbindung ab Basel (über Frankfurt und Dortmund).

Die Züge fahren normalerweise bis Niebüll, wo Sie nach Dagebüll-Hafen umsteigen müssen. Mit dem Sommerfahrplan verkehren aber auch einige durchgehende Kurswagen direkt bis Dagebüll, vor allem ab Hamburg/Hbf. Zudem gibt es einmal am Tag eine direkte Verbindung ab Hannover bis zum Fährhafen.

Die letzten 14 km der Bahnstrecke von Niebüll bis zur Hafenmole von Dagebüll werden üblicherweise von der privaten NEG (Norddeutsche Eisenbahngesellschaft Niebüll) bedient, und zwar etwa im Stundentakt. Teilweise verkehren von Niebüll bis Dagebüll statt der NEG-Züge auch Shuttlebusse.

Mit dem Schleswig-Holstein-Ticket der Bahn (gilt auch für Hamburg und Mecklenburg-Vorpommern) können bis zu fünf Personen einen Tag lang alle Nahverkehrszüge der Bahn und der NEG nutzen (1. Person 26 €, bis zu vier weitere Mitfahrer jeweils 3 €). Die Reise mit dem öffentlichen Personennahverkehr in Schleswig-Holstein ist auch sehr gut über die Homepage der Landesweiten Verkehrsservicegesellschaft mbH (LVS) zu planen (www.nah.sh).

Infos unter www.bahn.de. Fahrplan und Tarife der NEG für die Strecke Niebüll – Dagebüll unter www.neg-niebuell.de.

Tipp: Bahnreisende erhalten an jedem DB-Schalter auch eine durchgehende Seefahrkarte, die nicht nur im Zug und auf der Fähre gilt, sondern zudem am An- und Abreisetag in den Linienbussen auf Föhr und Amrum (Bushaltestelle direkt am Hafen). Lösen Sie Ihre Fahrkarte also direkt bis Wyk oder Wittdün, das erspart beim Umsteigen vom Zug auf die Fähre den Gang zum Fahrkartenschalter. Alternativ können Sie in den Zügen der NEG auch direkt beim Zugbegleiter (ohne Aufpreis) die Fährfahrkarte lösen.

Gepäckbeförderung: Wenn Sie auf das Kofferschleppen verzichten möchten, können Sie z. B. den Haus-zu-Haus-Gepäcktransport der Bahn in Anspruch nehmen (nur in Verbindung mit einem Bahnticket am Fahrkartenschalter oder beim Föhr-Amrumer-Reisebüro Wyk, Mittelstr. 3, ✆ 04681-3129). Auch die Deutsche Post AG (DHL, ✆ 01805-3452255) und der Hermes-Reisegepäck-Service (✆ 0900-1311211) befördern Ihr Gepäck bis zum Urlaubsquartier auf Föhr oder Amrum. Auf Amrum gibt es zudem einen Gepäck-Service, der nach der Ankunft die Koffer zu Ihrem Feriendomizil bringt (✆ 04682-2211).

… mit der Fähre auf die Inseln

Der Transport auf die Inseln liegt fast ausschließlich in Händen der Wyker Dampfschiffs-Reederei (W.D.R.). Die Fährverbindungen nach Föhr und Amrum erfolgen unabhängig von den Gezeiten von Dagebüll aus nach einem festen Fahrplan.

Wyk auf Föhr wird von den Fähren der W.D.R. von etwa 5 bis 19 Uhr fast stündlich bedient (am Wochenende von etwa 7 bis 20 Uhr). Fahrtdauer gut 45 Minuten.

Wittdün auf Amrum wird etwa alle zwei Stunden von den W.D.R.-Fähren angelaufen. Die meisten machen in Wyk auf Föhr einen Zwischenstopp (Fahrtdauer insgesamt 2 Stunden). Es gibt auf dieser Linie aber auch täglich zwei Direktverbindungen auf die Insel (13 und 16.30 Uhr, Fahrtdauer 90 Minuten). Für den reinen Personenverkehr existieren zudem zwei Alternativen: Sie können auch die Fähre von

Erholsame Anreise mit den Fähren der W.D.R.

Nur Fliegen ist schöner …

Die wenigsten werden auf diese Weise anreisen, dennoch ist es möglich, Föhr direkt anzufliegen, während man für Amrum einen Umweg über Sylt in Kauf nehmen muss.

Föhr: Am westlichen Ortsrand von Wyk gibt es bereits seit 1926 einen Flugplatz, auf dem besonders am Wochenende ein wenig An- und Abreiseverkehr herrscht. Allerdings sind auf der Rasenlandebahn nur Kleinflugzeuge bis zu 5700 kg zugelassen. Einige Gäste kommen tatsächlich direkt mit dem Flieger an, beispielsweise per Charterflug ab Hamburg. Normalerweise reisen Fluggäste jedoch über Westerland/Sylt an, denn vor allem Air Berlin und Lufthansa landen mit recht großen Maschinen aus acht deutschen Städten auf Föhrs nördlicher Nachbarinsel (Infos unter www.flughafen-sylt.de). Von Westerland aus geht es mit einem Bedarfsliniendienst bzw. einem Charterflug direkt nach Wyk. Alternativ kann der etwas kompliziertere Weg mit der Bahn über Niebüll und Dagebüll und dann per Fähre auf die Insel gewählt werden.

Flugplatz am Südstrand in Wyk/Föhr, Flugplatzcafé und Restaurant vor Ort. ✆ 04681-5504 (PPR Telefon/Tower), www.flugplatz-wyk.de.

Buchungsbüros: Westküstenflug Lange GmbH, Bedarfsliniendienst von Westerland/Sylt nach Wyk, auch Charterflüge (Taxiflüge) bzw. Inselrundflüge, ✆ 04681-8139, www.westkuestenflug.de; Hanseflug GmbH, täglich 2- bis 4-mal Flugtransfer von Westerland/Sylt nach Wyk, Infos und Online-Buchung über die Reederei Adler-Schiffe, www.hanseflug.de. Der Preis für Hin- und Rückflug liegt bei 140 € (Kinder 110 €).

Amrum: Die kleine Insel hat keinen eigenen Flughafen. Fluggäste fliegen im Regelfall nach Westerland/Sylt, fahren dann nach Hörnum an die Inselsüdspitze und von dort mit einem Adler-Express-Schiff entweder um 12 oder um 17.15 Uhr nach Wittdün. Infos unter ✆ 01805-123344, www.adler-schiffe.de.

Schlüttsiel aus nehmen (in der Hauptsaison täglich 10 Uhr mit Zwischenstopp auf Hallig Hooge oder Langeneß). Zudem verkehrt von Nordstrand bis Amrum täglich um 9.15 Uhr und um 14.35 Uhr die MS „Adler-Express".

Personenfähren: Wenn Sie mit öffentlichen Verkehrsmitteln anreisen oder Ihr Auto am Inselparkplatz in Dagebüll stehen lassen, benötigen Sie keine Reservierung und kommen von Dagebüll aus mit jeder Fähre bequem auf beide Inseln. Fahrkarten gibt es im Reedereigebäude am Hafen bzw. im Park-Center jeweils am Schalter oder am Automaten.

Fahrplan und Infos bei Wyker Dampfschiffs-Reederei (W.D.R.), Servicenummer (tägl. 8–18 Uhr) ✆ 01805-080140, www.faehre.de.

Föhr: Hin- und Rückfahrt Dagebüll – Wyk/Föhr, Erw. 13 €, Kinder (6–14 J.) 6,50 €, Fahrrad 5 €.

Amrum: Hin- und Rückfahrt Dagebüll – Wittdün/Amrum, Erw. 18,50 €, Kinder (6–14 J.) 9,25 €, Fahrrad 6,50 €.

Im Sommerhalbjahr auch Hin- und Rückfahrt Schlüttsiel – Wittdün/Amrum, Erw. 19,10 €, Kinder (6–14 J.) 9,55 €, Fahrrad

6,90 €. Inselparkplatz Schlüttsiel bis 3 Tage 5 €, bis 7 Tage 10 €, bis 30 Tage 15 € oder Bustransfer tägl. ab Niebüll (um 9.05 Uhr) oder Dagebüll-Mole (um 9.25 Uhr).

Im Sommerhalbjahr zudem mit dem Adler-Schiff von Nordstrand nach Amrum. Hin- und Rückfahrt Erw. 26 €, Kinder (6–14 J.) 19,50 €, Fahrrad 13 € (dann Reservierung erforderlich). Parken in Nordstrand 3,50 €/Tag oder nur 10 € pro Monat. Infos für diese Variante ab Nordstrand unter ✆ 01805-123344 und www.adler-schiffe.de.

Autofähren: Sofern Sie Ihr Auto mit auf die Inseln nehmen, sollten Sie unbedingt rechtzeitig im Voraus einen Platz reservieren. Und zwar online unter www. faehre.de oder telefonisch bei der Wyker Dampfschiffs-Reederei (W.D.R) unter ✆ 01805-080140 (täglich 8–18 Uhr). Ansonsten müssen Sie in der Hochsaison Wartezeiten in Kauf nehmen.

Wie an einer Mautstation fahren Sie in Dagebüll spätestens 15 Minuten vor der Abfahrt einfach an den Schalter. Aufgrund Ihres Autokennzeichens hat der Mitarbeiter der Reederei längst den Wagen identifiziert und wird Ihnen die Fahrkarte aushändigen oder Ihr E-Ticket einscannen.

Wyker Dampfschiffs-Reederei (W.D.R.), Servicenummer (tägl. 8–18 Uhr) ✆ 01805-080140, Fahrplan, Infos und Online-Buchung unter www.faehre.de.

Der **Preis für einen Pkw** ist abhängig von der Länge des Fahrzeugs (genau in Millimetern angeben). Beispiel: Hin- und Rückfahrt für ein Auto mit 4200 mm Länge nach Föhr kostet 89 €; nach Amrum 104 €. Die Höhe spielt keine Rolle. Ein Heckgepäckträger kostet 9 € Aufschlag.

Bei der **Online-Buchung** werden Sie über die freien Fährabfahrten informiert und buchen dann problemlos die Wunschabfahrt. Sie können sogar nachträglich noch Abfahrtszeiten ändern oder stornieren. Bei der Buchung sind Sie gebeten, sich mit Namen und dem Kfz-Kennzeichen zu registrieren. Die Bezahlung der Buchung erfolgt durch Lastschriftverfahren (und wird 4 Wochen vor dem Ankunftstermin belastet). Mit der Buchung wird ein E-Ticket erstellt, das Sie sich ausdrucken können und das (wegen der für den Fahrpreis benötigten Länge des Pkw) nur in Verbindung mit dem Kfz-Schein gilt.

… mit dem Bus vom Fährhafen zum Quartier

Sollten Sie in Wyk/Föhr oder Wittdün/Amrum wohnen, dann sind nach Ankunft der Fähre die meisten Quartiere sogar zu Fuß zu erreichen. Darüber hinaus gibt es einen geregelten Busverkehr. Die modernen Linienbusse auf Föhr und Amrum werden ebenso wie die Fähren von der Wyker Dampfschiffs-Reederei (W.D.R.) betrieben.

Linienbusse auf Föhr: Es gibt vier Buslinien, die alle am Hafen beginnen und enden und die zwei Rundkurse bedienen – jeweils in beide Richtungen. Linie 1 und Linie 2 fahren im Rundkurs etwa alle 1,5 Stunden durch alle Dörfer der Insel. Linie 1 bedient die Strecke Wyk – Utersum – Nieblum – Wyk und Linie 2 die entgegengesetzte Richtung (Fahrzeit von Wyk bis Utersum etwa 45 Minuten). Vor allem in den Morgenstunden und Abendstunden wird Linie 1 zu Linie 11 und Linie 2 zu Linie 22, weil am Ende bzw. zu Beginn der Fahrt nicht mehr die Schleife durch Wyk gedreht wird. Linie 3 und Linie 4 fahren nur in der Hauptsaison und bedienen zu den Hauptverkehrszeiten im Rundkurs nur den Stadtverkehr von Wyk, einmal links herum und einmal rechts herum.

Linienbusse auf Amrum: Es gibt auf der Insel nur eine Verkehrsader und daher auch nur eine Linie von Wittdün-Hafen über den Leuchtturm, Süddorf und Nebel bis nach Norddorf und wieder zurück (Steenodde wird nicht angefahren). Der Bus fährt im Schnitt einmal in der Stunde. Die Fahrtzeit von Wittdün nach Norddorf beträgt 20 Minuten.

Einfache Fahrt je nach Strecke auf Föhr 1,60–3,20 €, auf Amrum 1,60–2,40 €, Tageskarte auf Föhr 7 €, auf Amrum 5 € (Familientageskarte Föhr 17,40 €, Amrum 12,40 €), Wochenkarte auf Föhr 18,20 €, auf Amrum 17 €. Leider können in den Bussen keine Fahrräder oder Bollerwagen befördert werden. Busfahrpläne liegen in den Touristeninformationen aus oder sind unter www. faehre.de einsehbar.

Aktiv auf den Inseln

Der klassische Inselurlauber ist mit dem Fahrrad unterwegs. Gut ausgeschilderte Radwege führen kreuz und quer über die Inseln. Aber auch darüber hinaus bieten Föhr und Amrum genug Freizeitmöglichkeiten: Vom Angeln übers Windsurfen bis zum Beachvolleyball-Turnier wird alles geboten – dem Aktivurlaub sind kaum Grenzen gesetzt.

Angeln

Föhr und Amrum sind keine klassischen Angelreviere, dennoch ist das Brandungsangeln oder das Prielangeln rund um die Inseln möglich. Voraussetzung ist lediglich ein Jahresfischereischein. Falls Sie diesen nicht besitzen, können Sie bei der Amtsverwaltung einen „Touristenschein" erhalten.

Auf **Föhr** sind eine Kanalstrecke bei Oldsum und kleine Teiche am Deich bei Utersum an den örtlichen Sportfischerverein verpachtet, der Gastkarten ausstellt. Auf **Amrum** stehen die Vereinsgewässer des Angelvereins nur Mitgliedern zur Verfügung, gelegentlich wird allerdings ein Preisangeln für Gäste veranstaltet (wird im Veranstaltungskalender bekannt gegeben).

Jahresfischereischein für die Nordsee: Ein 40 Tage gültiger „Touristenschein" ist für 20 € erhältlich bei der Amtsverwaltung Föhr-Amrum in Wyk/Föhr, beim Gästeservice in Utersum/Föhr oder in der Amtsverwaltung in Nebel/Amrum.

Angelkarten für die Binnengewässer auf Föhr: Erhältlich im Geschäft „Eisen-Gustav" in Wyk (Gewerbegebiet, Ziegeleiweg 1, ℡ 04681-2507) oder in der Touristeninformation. Tageskarte 8 €, Wochenkarte 15 €, Monatskarte 25 €. Infos auch unter www. sfv-foehr.de.

Beachvolleyball

An den feinsandigen Stränden finden Beachvolleyballer optimale Bedingungen. An vielen Stränden gibt es daher entsprechende Stellflächen mit Netz, die rege frequentiert werden. Besonders beliebt ist dieser Strandsport in Wyk auf Föhr, wo es direkt an der Mittelbrücke abgesteckte Plätze gibt, auf denen regelmäßig Gästeturniere stattfinden. Hier hat sich eine regelrechte Volleyballszene etabliert. Aber auch an den anderen Plätzen der Inseln wird für Jugendliche und Erwachsene zuweilen ein Beachvolleyball-Turnier organisiert.

Beachvolleyball am Strand von Wyk

Inselurlaub ist Fahrradurlaub: gut ausgeschilderte Fahrradwege auf Amrum

Fahrradfahren samt Verleih

Kein Zweifel, Föhr und Amrum sind Fahrradinseln, zumal viele Gäste ihr Auto auf dem Festland zurücklassen. Das Fahrrad ist das am meisten in Anspruch genommene Verkehrsmittel auf den übersichtlichen Inseln, die dementsprechend durch ein breites Wegenetz erschlossen sind. Reine Fahrradwege gibt es allerdings selten. Mit etwas Verkehr muss man daher hier und dort rechnen, auch wenn man auf einem der gut befahrbaren (allerdings nicht immer geteerten) Wirtschaftswege unterwegs ist. Entlang der wenigen größeren Verbindungsstraßen verlaufen allerdings Fahrradwege.

Zur Orientierung sind auf **Föhr** die bundesweit bekannten Schilder mit dem grünen Fahrradsymbol und der Entfernungsangabe des jeweiligen Zieles aufgestellt. Auf **Amrum** weisen vorwiegend weinrot-beige Schilder den Weg. Fast jeder Punkt der Insel Föhr ist demnach mit dem Fahrrad erreichbar. Gleiches gilt für Amrums östliche Hälfte, der dünenreiche Westen aber ist nur durch Bohlenwege erschlossen und damit den Fußgängern vorbehalten.

Fahrradverleihe gibt es in fast jedem Ort, etwa 20 sind es auf Föhr und 10 auf Amrum. Dennoch sollten Sie Ihr Rad in der Hochsaison besser rechtzeitig vorbestellen (Adressen im Reiseteil) oder den eigenen Drahtesel mit auf die Insel bringen. Die Mietpreise für Leihfahrräder liegen je nach Ausstattung bei 5–8,50 € pro Tag und 25–35 € pro Woche. Viele Verleiher bieten einen (teils kostenlosen) Hol- und Bringservice vom/zum Urlaubsquartier an. Spezielle Radfahrkarten mit Tourenvorschlägen erhalten Sie bei den Touristeninformationen. Zudem werden im „Kleinen (Rad-) Wanderführer" (ab S. 178) fünf ausgewählte Radtouren beschrieben.

Es liegt allerdings in der Natur der Sache, dass Sie beim Radfahren auf einer Nordseeinsel mit teils heftigem (Gegen-)Wind und auch schon einmal mit einem Regenschauer rechnen müssen. Vor allem bei stürmischen Westwinden wird die Tour dann mitunter zur „Tort(o)ur". Leider nehmen die Linienbusse keine Fahrräder mehr mit.

Golf/Crossgolf/Swinggolf

Amrum besitzt keinen Golfplatz. Auf Föhr gibt es jedoch einen zwischen Wyk und Nieblum gelegenen sehr etablierten 27-Loch-Platz, den zweitältesten Schleswig-Holsteins (gegründet 1926). Ein Golfshop und eine Clubgaststätte (mit großer Terrasse) dürfen natürlich nicht fehlen.

In jüngster Zeit wird auf den Inseln das unkomplizierte Crossgolf immer beliebter. In Oevenum gibt es auf einer ehemaligen Kuhweide einen 18-Loch-Kurzbahn-Platz, der auch von Gästen bespielt werden darf. Auch in Dunsum gibt es einen 9-Bahnen-Crossgolf-Spaß. Auf Amrum wird das Grün einfach durch den breiten Kniepsand ersetzt.

Golf Club Föhr e. V., Greveling, Grevelingstieg 6, 25938 Nieblum, ✆ 04681-580455. Ganzjährig geöffnet. Mitglieder anderer Golfclubs sind willkommen. 18 Löcher 55 €. Gäste mit einer Clubvorgabe von 46–54 dürfen in der Saison nur zu eingeschränkten Zeiten spielen. www.golfclubfoehr.de.

Par-Tee-People Oeventown, 18-Loch-Kurzbahn-Golfplatz der rustikalen Art. Gäste können den Platz mit eigener Ausrüstung für 5 € bespielen. Vereinshütte mit Getränken vor Ort. Gruppen sollten sich anmelden. Buurnstrat 16 (Hof Jensen), Oevenum, ✆ 0162-8962467.

Eilun Moolk (Föhrer Hofmolkerei), 9-Bahnen-Swinggolf-Spaß mit größeren Golfbällen. Dunsum, Aussiedlung 23, ✆ 04683-9634979.

Mein Inselhotel in Norddorf auf Amrum organisiert Crossgolf im Rahmen eines Arrangements. ✆ 04682-94500.

Inlineskating

Vor allem Föhr eignet sich hervorragend für ausgedehnte Inliner-Touren, weil sich viele Wirtschaftswege durch die Insel ziehen, die gut zu befahren sind. Inlineskating wird auf dieser Insel vom Tourismusservice sogar ausdrücklich empfohlen. Nur das schöne Nieblum sollten Sie in diesem Fall großräumig umfahren, weil es hier auf den Straßen fast ausschließlich grobes Kopfsteinpflaster gibt. Besonders empfehlenswert sind die paradiesisch geteerten und schnurgeraden Strecken entlang der Deiche (ab Wyk oder Utersum).

Nordic Walking/Jogging

Speziell ausgewiesene Nordic-Walking-Strecken gibt es (noch) nicht auf den Inseln, dennoch können Sie selbstverständlich auf allen Wegen diesem gelenkschonenden Sport nachgehen und die schöne Insellandschaft mit Fuß und Stock erkunden. Und für eine Jogginrunde durch Föhrs Wiesen und Felder oder Amrums Dünenlandschaft und den Inselwald findet sich allemal eine schöne Strecke. Auf Föhrs Deichen oder Stränden und vor allem auf Amrums breitem Kniepsand zu laufen gehört ohnehin zu den größten Joggerfreuden.

Lauftreff: Di und Do 19 Uhr (45–60 Min.), Treffpunkt Aquaföhr Wyk. Infos unter ✆ 04681-3131.

Nordic-Walking-Treff: Di und Do 18.15 Uhr, Treffpunkt Wyk-Südstrand, Badestr. 111, ✆ 04681-3454.

Gymnastik-Kursangebote im Aquaföhr Wyk und im AmrumBadeland in Wittdün.

Reiten

Am endlosen, flachen Strand oder auf dem Wattboden entlangzugaloppieren oder im Schritt auf dem Pferderücken gemütlich durch das Watt zu reiten gilt als Traum eines jeden Reiters – vielleicht nur übertroffen von einem Vollmond-Ausritt am Strand. Auf Föhr und Amrum haben Sie zu alldem die Gelegenheit. Selbst Ausritte über das Watt zur jeweiligen Nachbarinsel werden mitunter angeboten. Aber auch im Inselinneren hat man sich längst auf Reiterurlauber eingestellt: Es gibt auf beiden Inseln ein Reitwegenetz, das die Möglichkeit bietet, einen Teil der Inselnatur vom Pferderücken aus zu genießen.

Auf Amrums breitem Kniepsand gibt es sogar spezielle „Pferd-&-Reiter-Badestellen". Und natürlich können auf Reiterhöfen oder bei den Insel-Reitschulen Kinder und Erwachsene das erlernen, was für viele das Glück auf Erden bedeutet. Das Angebot reicht vom Ponyreiten für Kinder bis zur Dressur- oder Pferdeausbildung. Meist werden die Pferde gestellt, Sie können Ihr Pferd aber auch mit in den Urlaub nehmen (es gibt Gastpferdeboxen).

Auf Amrum dominieren Islandpferde. Föhr ist mit Hunderten Pferden aller Rassen ohnehin längst zur Pferdeinsel geworden. Tradition hat auf den Inseln vor allem auch das Ringreiten (→ S. 45).

Traum für Pferdefreunde: Ausritt ins Watt

Reiterhöfe auf Föhr Reiterhof Jacobs, Alkersum, Nieblumweg 1, ☎ 04681-3721, www.foehr-reiterhof.de; Reitstall Christiansen, Alkersum, Kirchweg 9, ☎ 04681-3967, www.inselgestuet-christiansen.de; Grevelinghof, Nieblum, Grevelingstieg 12, ☎ 04681-59184, www.grevelinghof.de; Reitimpulse, Nancy Petersen, Wrixum, Bi de Kark 13, Reitanlage am Königsdenkmal an der Rundföhrstraße (L 214), ☎ 04681-501588, www.reitimpulse.de; Der lütte Peerhof, Wrixum, Möhlensteig 1 (Freilandhof Ortsausgang Richtung Alkersum), ☎ 04681-747786; Ponyhaus Lerchenhof, Wyk, Lerchenweg 17 (auch Reiterpension am Südstrand), ☎ 04681-4433, www.ponyhaus-lerchenhof.de.

Reiterhöfe auf Amrum Islandpferde faan Stianood, Hilke & Tim, Steenodde, ☎ 0177-4811807, www.inselreiter.de; Reiterhof Andresen, Norddorf (hinter dem Gewerbegebiet), ☎ 04682-1632 und 0170-9669254, www.reiterhof-andresen.de; Reiten für Jedermann, bei Gerhild, Norddorf (Fahrradweg Richtung Nebel), ☎ 0175-9779574.

Wassersport (Wind- und Kitesurfen, Segeln)

Die Inseln gelten als ein schönes, wenn auch nicht ganz ungefährliches Segel- und Surfrevier; ideale Segelwinde sind fast immer garantiert. Zahlreiche Segel oder die Lenkdrachen der Kitesurfer kreuzen vor den Stränden – vor allem bei starkem Wellengang zeigen die Profis gerne, was sie können. Aber Sie müssen kein Fortgeschrittener sein, um auf Föhr und Amrum der Faszination des Wassersports zu erliegen. Für Surfer, Kitesurfer und Katamaransegler bieten die flachen (Steh-)Gewässer vor allem bei Niedrigwasser geradezu ideale Voraussetzungen zum Einstieg in diese Sportarten. Natürlich kann vor den Inseln auch mit Jollen oder Jachten gesegelt werden. Segler sind allerdings auf die Häfen in Wyk und Wittdün (Seezeichenhafen) angewiesen.

Windsurfing Föhr, auch Kitesurfen und Katamaransegeln samt Verleih, Peter Schaper, Wyk/Strandabschnitt 13 (Höhe Stockmannsweg) sowie in Utersum am Kurstrand, ☎ 04681-747812 und 0170-9006776, www.windsurfing-foehr.de.

Schapers Wassersport Center, Michael Schaper, Wyk. Windsurfing am Strandabschnitt 20 (Ende Strandstraße). Jollen-, Jachtsegeln und auch Sportbootvermietung im Binnenhafen. Wyk, Hafendeich 11–13, ✆ 04681-580087 und 0177-3127062, www.schapers.net/html.

Nieblumer Windsurfing Schule, Surf-, Katamaran- und Kiteschulungen sowie Verleih, Kite- und Kitebuggykurse für Rollstuhlfahrer (hierfür deutschlandweit die bislang einzige Schule) in Nieblum (Badestrand, Ende Heidweg), Dirk Hückstädt, J.-J.-Eschels-Str. 27, ✆ 04681-4766 und 0171-8315546, www.nws-foehr.de.

Surfschule Amrum, Windsurfen, Katamaransegeln und Kitesurfen mit Schulung und Verleih (zudem Trampolinspringen und Kiosk). Norddorfer Strand, ✆ 04682-4276084 und 0171-4849316, www.surfschule-amrum.de.

Surfschule Randow und Wruck, Nebel (Strand), ✆ 0170-2949670 (nur Juli/Aug.).

Jachthäfen: Gastliegeplätze Hafen Wyk (Hafenamt), ✆ 04681-580656, www.hafen-wyk.de; Gastliegeplätze Seezeichenhafen Amrum (Amrumer Yachtclub), Wittdün, ✆ 04682-968590, www.amrumeryachtclub.de.

Wattwandern/Wandern

Die Nordfriesischen Inseln sind keine typischen Wanderinseln, zu sehr dominieren die Freizeitradler. Dennoch können Sie an der frischen Nordseeluft ausgiebige **Wanderungen** durch die Inselnatur unternehmen. Und natürlich bieten sich beide Inseln für kilometerlange Strandspaziergänge an. Weil der Westen Amrums nur aus Dünen und dem riesigen Kniepsand besteht, kommt man hier ohnehin nur auf Schusters Rappen weiter. Durch die Dünen führen zahlreiche schöne Bohlenwege, und das Laufen am endlos weiten Strand ist ohnehin ein Erlebnis. Auch Föhr lässt sich eindrucksvoll zu Fuß erkunden, vor allem die Strände im Inselsüden sind bei Spaziergängern beliebt. Im Nordteil der Insel bieten sich lange Deichwanderungen an, um die herrliche Weite der Nordsee zu erleben. Fünf ausführlich beschriebene Wanderungen finden Sie im „Kleinen (Rad-)Wanderführer" (ab S. 179).

Eine Besonderheit sind natürlich die **Wattwanderungen.** Auf dem Meeresboden unterwegs zu sein ist gerade auch für Kinder ein faszinierendes Erlebnis, denn es gibt entgegen dem ersten Eindruck immer etwas zu entdecken – und nicht nur

Segeln im Wattenmeer

Muscheln und Krebse. Weil die Priele bei einsetzender Flut unerwartet schnell voll laufen und den Rückweg abschneiden können, sollte eine Wattwanderung allerdings keinesfalls ohne Führer unternommen werden. Zudem kann selbst bei schönem Sommerwetter urplötzlich Seenebel auftreten und die Orientierung erschweren. Daher bieten staatlich geprüfte Wattführer/innen ihre Dienste an. Gelaufen wird mit kurzen Hosen und barfuß (Gummistiefel sind für den weichen Schlick ungeeignet). Weil in jüngster Zeit jedoch immer mehr scharfkantige, von Sylts Muschelfarm ausgewilderte Pazifische Austern den Wattboden bevölkern, ist Vorsicht geboten (evtl. helfen auch feste Badeschuhe; alternativ dicke Socken oder waschbare Turnschuhe).

Die Angebote an Wattwanderungen sind vielfältig und reichen von kleinen naturkundlichen Führungen im Watt bis hin zu mehrstündigen Wanderungen zu den Halligen (Oland, Langeneß oder Norderoog; bei letzteren allerdings beginnt und endet der Ausflug mit einer Fährfahrt). Der Klassiker unter den Wattwanderungen ist jedoch die Wanderung zwischen Föhr (Dunsum) und Amrum (Norddorf), die Sie ausführlich beschrieben im hinteren Teil dieses Buches finden (→ S. 190).

Wyker Dampfschiffs-Reederei (W.D.R), vielfältiges Angebot an gut organisierten Watt- und Halligführungen. Infos beim Tourismusservice am W.D.R.-Schalter, unter ☎ 04681-80147 bzw. 01805-080140 oder unter www.faehre.de.

Wattführer Hans-Jürgen Fischer, hauptsächlich die Tour Föhr – Amrum (auch mit Inselführung), Utersum/Föhr, ☎ 04683-1485 und 0175-4607292.

Wattenwanderungen Reinhard Boyens, Norddorf/Amrum, ☎ 0160-93545900 und 04682-1669 (Infos auch bei der Strandkorbvermietung Boyens am Norddorfer Strand).

Schutzstation Wattenmeer, vorwiegend Kinderwattführungen, Infos und Programm unter ☎ 04681-1313 (Wyk/Föhr), ☎ 04682-2718 (Wittdün/Amrum) oder www.schutzstationwattenmeer.de.

Nationalpark-Haus Föhr, naturkundliche Wattwanderungen ab Nieblum, ☎ 04681-4290, www.nph-foehr.nationalparkservice.de.

Ärztliche Versorgung

Eine gute ärztliche Versorgung auf Föhr und Amrum ist – trotz der Insellage – rund um die Uhr gesichert; auf Föhr gibt es bereits seit 1893 die **Inselklinik Föhr-Amrum,** in der es heute neben der Notfallambulanz und den Abteilungen Innere Medizin, Chirurgie sowie Gynäkologie auch eine kleine Intensivstation gibt.

Zudem existieren auf **Föhr** zahlreiche Arztpraxen. Die Palette reicht von Hausärzten über Internisten und Badeärzte (auch Ärzte in verschiedenen Kurkliniken) bis hin zu Zahn- und Tierärzten. Apotheken gibt es nur in Wyk; Facharztpraxen natürlich vor allem ebenfalls in Wyk, aber auch in Midlum und Utersum, außerdem einen Zahnarzt in Nieblum.

Auf **Amrum** ist das Angebot an Ärzten etwas eingeschränkter. Hausärzte und Zahnärzte gibt es aber auch hier.

Föhr Arztpraxen: Eine informative Übersicht über die Arztpraxen Föhrs und den Apotheken-Notdienst finden Sie unter www.inselarzt.de; **ärztlicher Notdienst:** ☎ 04681-580058 (rund um die Uhr); **Inselklinik Föhr-Amrum** (Klinikum Nordfriesland), Rebbelstieg 24, Wyk auf Föhr, ☎ 04681-480.

Amrum Bernhard Breymann, Dünemwai 21, Norddorf, ☎ 04682-1010; **Dr. Claudia Derichs**, Waaserstigh 36, Nebel, ☎ 04682-9614999 (Zweigpraxis im AmrumBadeland in Wittdün); **Dr. Hannelore Kerler** (privat), Mittelstr. 39, Wittdün, ☎ 04682-531; **Zahnarzt Helmut Drews**, Möwenweg 8, Wittdün, ☎ 04682-2288; **Zahnarzt Jost Jahn**, Smäswai 4, Nebel, ☎ 04682-9614474.

Die Deutsche Gesellschaft zur Rettung Schiffbrüchiger (DGzRS)

Mitte des 19. Jh. gerieten vor den deutschen Küsten jährlich Dutzende Schiffe in Seenot, doch fehlende Ausrüstung und das seit dem Mittelalter geltende Strandrecht, nach dem – sofern es keine Überlebenden gab – das angeschwemmte Strandgut den Küstenbewohnern gehörte, verhinderten häufig die Rettung der Verunglückten. Furchtbare Schiffskatastrophen, wie die des Auswandererschiffs „Johanne" mit 77 Toten im November 1854 vor der Insel Spiekeroog, führten jedoch zu einem Umdenken und letztlich im Jahr 1865 zur Gründung der DGzRS. Schon seit dem Gründungsjahr gibt es auf der Insel Amrum eine Rettungsstation. Anfangs fuhren die wagemutigen Retter (vom Kniephafen aus) noch in offenen Ruderbooten hinaus; heute gilt die Gesellschaft als einer der modernsten Seenotrettungsdienste der Welt. Die Zentrale, von der aus die Rettungsdienste aller 54 sich in ständiger Einsatzbereitschaft befindenden Stationen entlang der Nord- und Ostseeküste koordiniert werden, befindet sich in Bremen. 800 Freiwillige und 186 Festangestellte stehen in Diensten der DGzRS, mehr als 77.000 Menschen konnten bis heute mithilfe der Seenotkreuzer und Seerettungsboote aus (lebens-)gefährlichen Situationen befreit werden.

Sehr bemerkenswert ist, dass die Seenotretter seit nunmehr fast 150 Jahren unabhängig von staatlicher Unterstützung sind. Die Gesellschaft finanziert sich ausschließlich durch Spenden.

Information: Auf Föhr gibt es keine Rettungsstation, aber im Seezeichenhafen von Amrum ist der Seenotkreuzer „Vormann Leiss" stationiert, ein Boot der 23,3-Meter-Klasse. Mit einer Stammbesatzung von 9 Mann ist das Boot rund um die Uhr einsatzbereit (✆ 04682-2004).

Im Notfall ist die Seenotleitung in Bremen über ✆ 0421-536870 zu erreichen. Alarmierungen können aber auch über die Notrufnummer ✆ 112 oder über die deutschen Mobilfunksysteme unter der ✆ 124-124 erfolgen.

Badespaß pur: Mittelbrücke Wyk auf Föhr

Baden und Strände

Die Strände von Föhr und Amrum sind das große Kapital der Inseln. Auf **Föhr** erstreckt sich der Strand auf 15 km Länge im Inselsüden von Wyk bis Utersum. Im Gegensatz zur Nachbarinsel Amrum ist das Föhrer Strandufer allerdings nicht sehr breit und vielfach dicht mit Strandkörben belegt; dennoch wirkt der Strand nie allzu voll, verteilen sich die Urlauber doch auf etliche Kilometer. Insgesamt gesehen sind die Strände Föhrs sehr flach und brandungsarm. Ideal also für Familien mit Kindern. Begeisterte Schwimmer werden jedoch – wenn überhaupt – nur in Wyk auf ihre Kosten kommen, weil man sich an den anderen Stränden (Nieblum und Utersum) wegen der Gezeiten teilweise weit nach draußen wagen muss, bis das Wasser tief genug ist.

Der **Tidenhub** zwischen Niedrig- und Hochwasser beträgt auf den Inseln etwa 2,5 m. Auf Föhrs und auf Amrums Wattseite kann man somit tagsüber im Schnitt mit etwa 3,5 Stunden Badezeit rechnen. An Amrums Kniepsand endet das flache Wattenmeer, hier ist der Tidenhub weniger stark – bei Ebbe weicht das Meer nur etwa 100 m zurück.

Der unendlich weite Kniepsand von **Amrum** ist geradezu legendär. Die der Insel unmittelbar angelagerte, 15 km lange Sandbank gilt immerhin als einer der breitesten Strände Europas, und der Sand ist hier sogar noch etwas feinkörniger als auf der Nachbarinsel Föhr. Allerdings sind auch die Wege zum Wasser entsprechend länger als auf Föhr: Etwa 1 km müssen Sie zum Ufer laufen, dabei erleichtern im Sand verlegte Bohlen teilweise den Zugang. Angesichts der gewaltigen Breite des Strandes wirken – von Norddorf einmal abgesehen – die vielen Strandkörbe fast ein wenig verloren. Sollten Sie die Strandabschnitte bevorzugen, an denen es keine Körbe zu mieten gibt, dann sind kleine Strandzelte zum Schutz vor Wind und

Sonne sehr zu empfehlen. Sie müssen auf Amrum ohnehin immer damit rechnen, dass Sie auf dem Kniepsand in Bodennähe einer kräftigen Sandstrahl-Brise ausgesetzt sind. Zur Überbrückung der Entfernung vom Ferienquartier zum Kniepsand empfiehlt sich das Fahrrad oder für die lieben Kleinen der altbewährte Bollerwagen, der ebenfalls an vielen Fahrradstationen ausgeliehen werden kann. Vor den Strandzugängen wurden deshalb große Fahrradparkplätze angelegt.

Die Inseln haben auch ein Herz für Anhänger der Freikörperkultur, **FKK.** Zwei Strände Föhrs sind für sie reserviert. Einer im Westen Wyks (beim Flugplatz), ein zweiter bei Goting. Auf Amrum gibt es den ältesten (und größten) FKK-Strand Deutschlands. Jede der drei Gemeinden (Wittdün, Nebel, Norddorf) hat einen entsprechenden Strandbereich ausgewiesen. Zudem gibt es einen herrlich-weitläufigen FKK-Campingplatz in den Dünen.

Der Strandkorb

Er gehört zum Bild der Küste wie der Strand und das Meer. Ein Strandkorb erlaubt es, den Tag bei jedem Wetter zu genießen, er ist Windschutz und Schattenspender zugleich. In ihm kann man sogar einen kurzen Regenschauer abwettern, und das schon seit über 130 Jahren.

Im Jahr 1882 ging die rheumakranke Elfriede Maltzahn aus Kühlungsborn (ein damals schon bekanntes mecklenburgisches Seebad) zum Rostocker Hof-Korbmacher Wilhelm Bartelmann. Sie beauftragte ihn, ihr einen Korbstuhl zu fertigen, mit dem sie die Seeluft windgeschützt genießen konnte. Damit war der Strandkorb geboren und feierte schon bald auch an der Nordseeküste durchschlagende Erfolge. Mit der Zeit wurden die Strandkörbe immer komfortabler und bekamen ein bewegliches Oberteil. Zuletzt musste das Rohrgeflecht weichen und wurde durch witterungsbeständigeren Kunststoff ersetzt. Doch trotz aller Vorteile: Diese ausgesprochen praktische Erfindung ist eine ganz und gar deutsche Eigenheit und konnte sich

im Ausland nie richtig durchsetzen. Wer es ausprobieren will: Mit einer Tagesmiete von 7 bis 8 € sind Sie dabei. Und Auswahl gibt es reichlich: 70.000 Körbe warten an den deutschen Küsten auf Urlauber – auf Föhr sind es 2.500 und auf Amrum 1.500. Teilweise sind sie schon von zu Hause aus per Internet buchbar.

Die Adressen der Strandkorbvermieter auf Föhr und Amrum finden Sie im Infoteil der jeweiligen Badeorte.

Es gibt darüber hinaus spezielle **Hundestrände,** an denen die lieben Vierbeiner unangeleint toben dürfen: auf Föhr in Wyk beim Flugplatz, in Nieblum und Utersum. Auf Amrum sind in jeder Gemeinde spezielle Strandabschnitte für Hunde ausgewiesen.

Wie bereits erwähnt ist das **Baden** in den flachen Gewässern Föhrs und Amrums bei auflaufendem Wasser auch für Kinder vergleichsweise ungefährlich. Bei beginnender Ebbe sollte man jedoch niemals ins Wasser gehen, weil der gewaltige Sog des seewärts ablaufenden Wassers auch für den stärksten Schwimmer lebensgefährlich sein kann. Glücklicherweise sind Badestrände in der Saison tagsüber von 10 bis 18 Uhr durch die DLRG bewacht. Wenn eine rot-gelbe Flagge am Beobachtungsturm weht, ist die Station besetzt. Eine zusätzliche gelbe Flagge an den Beobachtungsstationen bedeutet Gefahr beim Baden und Schwimmen. Ist eine rote Flagge aufgehängt, herrscht allgemeines Badeverbot.

Die **Wasserqualität** ist im Allgemeinen gut und wird ständig überwacht. Aktuelle Daten zur Wasserqualität sind im Internet unter www.badewasserqualitaet.schleswig-holstein.de zugänglich. Infos und Vorhersagen über **Wassertemperaturen,** Wind und Wasserstände bekommt man unter www.bsh.de.

Einkaufen

Die Versorgung mit frischen Lebensmitteln ist auf den Inseln kein Problem, allerdings zu etwas höheren Preisen als auf dem Festland. Längst haben sich auch große Discounter auf den Inseln angesiedelt. Eindeutig beherrscht die Edeka-Kette den Markt (Amrum: 2x in Wittdün, in Nebel und in Norddorf; Föhr: in Utersum, Oldsum und 3x in Wyk), zuletzt hat sich in Wyk auf Föhr auch ein Lidl-Markt angesiedelt.

Wenn Sie im Urlaub gerne auf große Shopping-Tour gehen wollen, sind Sie auf der Nachbarinsel Sylt wahrscheinlich besser aufgehoben. Aber immerhin gibt es auch in Wyk auf Föhr eine wirklich nette Fußgängerzone, und auch in den übrigen Inseldörfern können Sie einige geschmackvolle Boutiquen, Schmuckläden und Töpfereien entdecken – auf Föhr beispielsweise die Boutique „Inge Haferkorn" in Oldsum, das „Schäferlädchen" in Midlum und das bunte Teegeschäft „Altes Friesisches Theehaus" in Nieblum; auf Amrum beispielsweise die „Biodüne" in Wittdün oder das „Keramik Atelier Cornelia Schau" in Norddorf.

In der Hauptsaison herrscht in allen Geschäften auch am Wochenende ein reges Treiben. Doch in der Nebensaison wird es schlagartig ruhiger; im Winter bleiben viele Läden (und Restaurants) sogar ganz geschlossen oder haben nur sehr eingeschränkte Öffnungszeiten.

Straßenantiquariat am
Haus des Gastes in Nieblum (Föhr)

Essen und Trinken

In Nordfriesland wird passend zum rauen Klima vorwiegend deftige Hausmanns-kost gegessen. Wahre Touristenfallen mit fettigen Schnitzeln oder Bratfischgerich-ten und ebensolchen Pommes gibt es aber immer weniger. Stattdessen eröffnen mehr und mehr gute Gaststätten, gelegentlich sogar Spezialitätenrestaurants. Ei-nem kulinarischen Erlebnis auf den Inseln steht also nichts entgegen, allerdings gilt für fast alle Restaurants gerade in der Hochsaison: Eine Reservierung ist unerlässlich.

Wer die etwas ungewöhnlichere regionale Küche ausprobieren möchte, dem seien folgende Gerichte empfohlen: zunächst der **Mehlbüddel.** Dieser große Mehlteig-kloß wird etwa eine Stunde – in ein Leinentuch gehüllt – im kochenden Wasser gegart und dann zu deftigem Essen wie geräucherter Schweinebacke (oder Koch-wurst) gereicht, oft in Kombination mit etwas Süßem wie Kirschsoße oder Rosinen-soße. Der kulinarische Klassiker schlechthin ist im ganzen Norden (ausschließlich im Winter) jedoch der **Grünkohl.** Die Grünkohlsaison beginnt nach dem ersten Frost, wenn dieser die Bitterstoffe der Pflanze in Zucker umgewandelt hat. Passend zum rauen Klima gibt es dann Grünkohl mit Schweinebacke, Kochwurst oder Rauchfleisch, wobei alte Grünkohlesser sagen, „Schweinebacke muss, Kochwurst kann, Kasseler braucht nicht".

Typisch für die Region ist auch das **Labskaus,** das wohl bekannteste Seemannsge-richt. Ursprünglich handelte es sich um ein typisches Restegericht, mittlerweile ist dessen Zusammensetzung natürlich standardisiert: Matjes, gepökeltes Fleisch, Rote Bete und Kartoffeln werden vermengt und mit einem Spiegelei gekrönt. Wenn Sie gerne frischen **Matjes** essen, also den einige Tage in eine milde Salzlauge eingeleg-ten Hering, dann ist dafür der Frühsom-mer die beste Zeit, denn die Matjes-He-ringe werden (wegen des erhöhten Fett-gehalts vor ihrer Fortpflanzungszeit) nur Ende Mai bis Anfang Juni gefischt. Le-cker ist auch die **Porrenpann** (Krabben-pfanne) in Petersiliensoße. Noch eher selten stehen **Austern** auf dem Speise-plan, obwohl das Wattenmeer voll von diesen scharfkantigen Muscheln ist, die aus der Zuchtanlage vor Sylt ausge-büchst sind und sich – ohne natürliche Feinde – prächtig vermehren. Vereinzelt stehen sie als „Wildaustern" auf der Speisekarte; dann gibt es sie weniger roh, denn beliebt ist die Auster auch als Grillspezialität.

Seefisch wird natürlich fast allerorts an-geboten, weil es die Touristen so erwarten. Die Gerichte unterscheiden sich zumeist nicht wesentlich von den gängigen Fischspezialitäten an-derer deutscher Küstenregionen. Und Fischkutter gibt es so gut wie keine auf

Lecker: Eisessen auf der
Promenadenterrasse in Wyk

den Inseln, allenfalls einige Miesmuschelkutter. Scholle, Butt, Dorsch und anderes Meeresgetier, das auf den Tellern landet, gelangt daher im Regelfall genauso tiefgekühlt von großen Fangschiffen per Lkw auf die Inseln wie auch im Rest der Republik.

Bei den Fleischgerichten sieht das schon anders aus. In vielen Restaurants wird **Deich**- oder **Salzwiesenlamm** angeboten. Hier können Sie relativ sicher sein, dass es sich dabei um heimisches Lammfleisch handelt. Erwähnenswert ist in diesem Zusammenhang die Vermarktung gesunder tierischer Lebensmittel aus der Region. Unter dem geschützten Label „Uthlande" verkaufen einige (Lebensmittel-)Geschäfte der Inseln Fleisch- und Wurstwaren von Schaf und Rind, die ausschließlich von Tieren der Nordfriesischen Inseln und Halligen stammen. Und auch in einigen Restaurants werden vornehmlich diese Produkte verarbeitet. Zudem wird besonders auf Föhr ein hervorragender **Ziegenkäse** hergestellt und allerorts angeboten.

Egal ob Fisch oder Fleisch gegessen wird, was den Nachtisch angeht, so ist eine Speise in ganz Norddeutschland überhaupt nicht wegzudenken: die aus verschiedenen Beeren zubereitete **rote Grütze** (*rode grütt*), die gerne mit Vanillesoße serviert wird. Typisch und vielerorts im Angebot ist auch die **Friesentorte,** von der es verschiedene Rezepte gibt. Zumeist besteht sie aus dünnen Schichten von Blätterteig (oder Brandteig), reichlich Sahne, Pflaumenmus und Nüssen oder Mandeln. Fast überall bekommen Sie auch frische **Waffeln** mit warmen Sauerkirschen und Sahne.

Zur Kaffeezeit gibt es dann noch Besonderheiten wie Tote Tante oder Pharisäer. Der **Pharisäer** verdankt seine Entstehung angeblich dem „Sündenfall" in einer nordfriesischen Inselgemeinde des 19. Jh. (auf Nordstrand). Dort nämlich soll der Pastor heftig gegen die schlechte Angewohnheit seiner Gläubigen gewettert haben, Alkohol zu trinken. Also nahmen die Einwohner ihre tägliche Ration Rum heimlich zu sich, indem sie ihn in den Kaffee schütteten, den sie mit einer als Geruchsbremse dienenden Sahnehaube garnierten. Als man dem Pastor irrtümlich auf einer Feier auch eine Tasse dieses „Kaffees" servierte, flog der Schwindel auf, und der Geistliche rief daraufhin entrüstet: „Ihr Pharisäer!" Von da an hatte das Getränk, das vor allem an kalten Tagen auch heute noch gerne getrunken wird, seinen Namen. Bei der **Toten Tante,** die in anderen Regionen eher als Lumumba bekannt ist, wird im Unterschied zum Pharisäer Kakao statt Kaffee verwendet und die Sahnehaube mit Schokostreuseln verziert.

Ein besonders in der dunklen Jahreszeit gern getrunkenes Getränk der Norddeutschen ist der **Grog,** also Rum mit heißem Wasser und Zucker. Er schmeckt besonders an kalten, stürmischen Wintertagen und wärmt von innen. Der Grog ist aber keineswegs eine norddeutsche Erfindung, sondern hat seinen Ursprung in der englischen Seeschifffahrt des 18. Jh., als zur Erhaltung der Moral an Bord große Mengen Rum verteilt wurden. Dies allerdings hatte eine zunehmende Trunkenheit auf den Schiffen zur Folge. Ein gewisser Admiral Vernon ordnete daher an, den Rum mit Wasser zu strecken, was den Matrosen gar nicht gefiel, und weil dieser Admiral stets ein wasserfestes Gewand aus derbem Grogramstoff trug, wurden er und später dann das Getränk „Old Grog" genannt. Vielleicht kommt der Name aber auch einfach vom englischen „*groggy*", denn zu viel vom leckeren Rum, dem aus Zuckerrohr hergestellten Alkohol, macht auf Dauer wirklich „müde".

Gerne stärken sich die Insulaner auch mit einem kräftigen **Teepunsch,** also einem mit Zucker oder Kandis gesüßten Tee mit Köm (Kümmel bzw. Aquavit). Und natürlich ist weniger der Schnaps als vielmehr der Tee für einen Nordfriesen nicht wegzudenken. Spätestens seitdem im Jahr 1735 vor Amrum ein Tee-Clipper auf

Grund lief und massenhaft Teekisten an den Strand gespült wurden, aber auch wegen der frühen Handelsbeziehungen mit England. Der Teeverbrauch auf den Inseln erreicht bis heute fast britische Verhältnisse. Die Tasse **Tee** gehört zum täglichen Leben. Natürlich gibt es ein festes Zeremoniell beim Teetrinken: Serviert wird die dünnwandige Kanne immer mit Stövchen. Zuerst kommt der echte Kluntje (Kandiszucker) in die Tasse, dann bringt der heiße Tee den Zucker zum Knistern. Nun wird mit dem silbernen Löffel die Sahne in den Tee geschüttet. Die kalte Sahne läuft im heißen Tee nach unten und steigt dann – warm geworden – wieder auf. Keinesfalls darf man den Tee umrühren; das wäre wahrer Frevel und würde Sie sofort als Dilettanten entlarven. Der Friese genießt seinen Tee gewissermaßen dreistöckig. Zunächst die milde Sahne, dann den herben Tee und schließlich den süßen Kandiszucker.

Wie kommt die Krabbe aufs Brötchen?

Eigentlich ein Etikettenschwindel. Die Nordseekrabbe ist gar keine Krabbe, sondern die kleinste Speisegarnele der Welt. Die kleinen Garnelen sind eine hochwertige Delikatesse mit süßlich-nussigem Aroma und werden auf den Inseln auch „Porren" genannt. Sofort nach dem Fang werden sie noch an Bord in Seewasser gekocht und bekommen dadurch ihre typische rotbraune Farbe. Am besten kauft man sie frisch vom Kutter und pult sie dann selber. Gelegenheit dazu hat man auf den Inseln aber nur eingeschränkt (z. B. in Steenodde/Amrum auf der Landungsbrücke am „Steuerhaus Nr. 1" oder von Zeit zu Zeit im Hafen von Wyk). Denn wegen der Lohnkosten werden über 80 % der in Nordfriesland gefangenen Krabben zum Pulen nach Marokko (und zu einem kleinen Teil auch nach Polen) gebracht. Krabbenpulmaschinen haben nie die Marktreife erreicht. So ist es sehr wahrscheinlich, dass die Krabben auf dem angeblich frischen Fischbrötchen schon den langen Weg per Kühllaster von der Nordsee nach Marokko und wieder zurück hinter sich haben – haltbar gemacht mit Konservierungsstoffen. Eine holländische Firma beherrscht diesen Markt. Das nennt man dann Globalisierung!

Feste und Veranstaltungen

Auf den Inseln bemüht man sich um einen Ganzjahrestourismus. Demzufolge werden auch das ganze Jahr über zahlreiche Veranstaltungen angeboten. Die Bandbreite ist riesig und reicht von Dorffesten über Sportveranstaltungen bis zu Konzerten, Vorträgen und Kinovorführungen. Einen detaillierten Überblick erhalten Sie auf **Föhr** in der monatlich erscheinenden Broschüre „Veranstaltungen und Ausflüge" und auf **Amrum** im sogar wöchentlich erscheinenden Veranstaltungskalender „Amrum aktuell". Beide liegen in den Touristeninformationen, aber auch in den meisten Unterkünften, Restaurants und vielen Geschäften kostenlos aus. Für Ihre Urlaubsplanung finden Sie natürlich eine entsprechende Übersicht über die Veranstaltungen auch im Internet unter www.foehr.de/kultur/veranstaltungen sowie auf www.amrum.de/aktuelles/veranstaltungen.

Besondere Höhepunkte im jährlichen Veranstaltungskalender sind das auf beiden Inseln allerorts stattfindende Biikebrennen (am 21. Februar) sowie die Ringreiter-Turniere und auf Föhr das seit 1998 im Juli stattfindende Festival „Jazz goes Föhr" sowie das Wyker Hafenfest im August (mit spektakulärem Feuerwerk). Auf Amrum werden zudem in den Sommermonaten mehrere Open-Air-Konzerte (Reggae, Soul, Rock) veranstaltet.

Internetseiten zu den Inseln

Die Inseln sind nicht nur außerordentlich häufig, sondern auch sehr informativ im Internet vertreten. Auf den offiziellen Seiten der Tourismusbüros **www.foehr.de** und **www.amrum.de** finden Sie gebündelt alles Wissenswerte von der Vermittlung von Ferienwohnungen bis zu Ausflugs- und Sportmöglichkeiten. Wenn Sie sich ein aktuelles Bild von den Inseln machen wollen, können Sie auch Webcams aufrufen unter **www.foehr-cam.de** sowie unter **www.amrum.de/?id=104.**

Wolkenspiel vor Amrum

Unter **www.shz.de/nachrichten/lokales/der-inselbote.html** kommen Sie auf die Seite der Tageszeitung von Föhr und Amrum. Für Amrum gibt es sogar eine eigene Online-Zeitung unter **www. amrum-news.de.**

Nützliche Informationen über Land und Leute bekommen Sie zudem unter folgenden Adressen: **www.foehr-digital. de, www.rundumfoehr.de** und **www. foehr-im-netz.de** für Föhr und **www. kleiner-insulaner.de** und **www.amrum. org** für Amrum. Über Links sind bei diesen Adressen teilweise auch Unterkünfte buchbar.

Viele Adressen zielen gerade auf die Vermittlung von Ferienunterkünften ab, z. B. **www.jswis.de** (überwiegend für Föhr), **www.inseldoerfer.de** (für Föhr), **www.foehr-travel.de, www.amrum-reservierung.de** und **www.amrum-travel.de.**

Klima und Reisezeit

Entgegen ihrem Ruf ist die Nordseeküste in Wirklichkeit ein Schönwettergebiet. Der warme Golfstrom und die Wärmespeicherung des Meeres sorgen für ausgeglichene Temperaturen mit milden Wintern und mäßig warmen Sommern.

Aufgrund der stabilisierenden Wirkung des Meeres weisen die Küstenregionen häufig eine geringere Bewölkung als das Hinterland auf, weshalb sie zu den sonnenscheinreichsten Gebieten Deutschlands zählen. Auch wenn es auf dem Festland noch regnerisch ist, scheint auf Föhr und Amrum bereits wieder die Sonne, selbst wenn der Wetterbericht für Schleswig-Holstein etwas anderes vorhergesagt hat. Heiße, schwüle Sommer erlebt man allerdings nicht; immer weht ein Lüftchen. Und natürlich weht die Seeluftbrise häufig auch stärker, und dann geht es auf den Inseln ganz schön stürmisch zu. Wegen der ständigen Brise ändert sich das Wetter oft schlagartig, manchmal stundenweise, was den Vorteil hat, dass lange Regenperioden eher rar sind.

Die vorwiegend aus Westen kommende staubfreie, jod- und salzkristallhaltige Luft gilt als gesundheitsfördernd, vor allem für Allergiker. Diese heilende Wirkung wird auf den Inseln vermarktet als eine stoffwechselaktivierende natürliche Sole-Inhalation, die Atemwegsbeschwerden, Herz- und Kreislauferkrankungen und Störungen des vegetativen Nervensystems sowie die Schilddrüsenfunktion normalisiert. Unabhängig davon werden durch das milde Reizklima und das erfrischende Meerwasser auf jeden Fall die Abwehrkräfte mobilisiert.

Föhr und Amrum sind daher nicht nur im Sommer eine Reise wert. Auf den Inseln ist das ganze Jahr über Saison. Badetemperaturen werden in Nordfriesland aber natürlich nur im Hochsommer erreicht. Dann lässt sich vor allem bei Ebbe beim Blick über das Wattenmeer ein Phänomen beobachten, das man nur von der Wüste her zu kennen meint, nämlich eine echte Fata Morgana. An heißen Sommertagen sind diese Luftspiegelungen besonders häufig zu sehen; dann muten ferne Boote oder auch die Halligen wie übers Wasser schwebende Geisterschiffe an.

Kunst und Kultur

Dr.-Carl-Haeberlin-Friesenmuseum in Wyk auf Föhr, Heimatmuseum und Freilichtmuseum in einem, mit dem ältesten Friesenhaus der Insel, Haus Olesen. Rebbelstieg 34, ✆ 04681-2571.

Museum Kunst der Westküste in Alkersum auf Föhr, Gemäldesammlung u. a. mit Werken von Emil Nolde, Edvard Munch und Max Liebermann. Hauptstr. 1, ✆ 04681-747400.

Ferring-Stiftung in Alkersum auf Föhr, Literatursammlung und Archiv mit Karten, Handschriften sowie Bildarchiv und Mikrofilmen. Hauptstr. 7, ✆ 04681-741200.

Öömrang Hüs in Nebel auf Amrum, Heimatmuseum in einem alten Kapitänshaus des 18. Jh. Waaswai 1, ✆ 04682-2118.

Heimatmuseum in der Amrumer Windmühle in Nebel, vom Walfang über Seefahrt, Tierwelt und Vogelfang bis zu Vor- und Frühgeschichte. Waasterstigh, ✆ 04682-872.

Carl-Zeiss-Naturzentrum Amrum in Norddorf, alles über den Lebensraum Wattenmeer und die Inseln sowie zur Lebenswelt von Seefahrern und Tagelöhnern. Strunwai 31, ✆ 04682-1635.

Kurabgabe

Zur Finanzierung und Unterhaltung der zur Erholung dienenden öffentlichen Einrichtungen und zur Unterstützung der Rettungsschwimmer am Strand wird überall auf den Inseln von Erwachsenen (bis 18 Jahre frei) eine Kurabgabe erhoben. Gäste von Ferienwohnungen entrichten den Beitrag beim Vermieter (mit dem Ausfüllen des Meldescheins) oder bei den jeweiligen Touristeninformationen. Hotels und Pensionen sind gehalten, die Kurabgabe gleich mit der Übernachtung abzurechnen. Mit der erhaltenen Kurkarte (Gästekarte) erhält man zahlreiche Vergünstigungen. Die nachfolgenden Preise gelten pro Person und Tag.

Kurabgabe auf Föhr **Wyk**: April bis Okt. 2,50 €, Nov. bis März 1,50 €.

Utersum: April bis Okt. 2,30 €, Nov. bis März 1 €.

Alle Landgemeinden (Alkersum, Borgsum, Dunsum, Midlum, Nieblum, Oevenum, Oldsum, Süderende, Witsum und Wrixum): April bis Okt. 1,80 €, Nov. bis März 1 €.

Kurabgabe auf Amrum März bis Okt. 2,60 €, Nov. bis Febr. 1,30 €.

Touristeninformationen

Wenn auch die meisten Inselgemeinden noch eine eigene Gemeindevertretung und auch eine Homepage mit einem Gastgeberverzeichnis haben, so gibt es für alle Föhrer bzw. Amrumer Gemeinden doch jeweils einen zentralen Gästeservice.

Föhr Tourismus GmbH Postfach 1511, 25933 Wyk auf Föhr. Inselweite Servicerufnummer mit zentraler Zimmervermittlung (tägl. 9–21 Uhr) ☎ 04681-300, urlaub@foehr.de, www.foehr.de.

Wyk: Tourist-Information im Servicegebäude der Reederei W.D.R., Am Fähranleger 1, tägl. 10–14 Uhr. Nebenstellen der Tourist-Information im Veranstaltungszentrum (Sandwall 38) und im Aquaföhr (Stockmannsweg 1).

Nieblum: Tourist-Information in der Gemeinde- und Kurverwaltung (Dörpshus), Poststraat 2, Mo–Fr 9–17 Uhr.

Utersum: Tourist-Information im Haus des Gastes, Klaf 2.

AmrumTouristik 25946 Wittdün auf Amrum. Servicerufnummer ☎ 04682-94030, info@amrum.de, www.amrum.de. Buchung von Unterkünften auch beim Amrum-Reservierungsdienst unter ☎ 04682-19433 oder 94640 und unter www.amrum-reservierung.de.

Wittdün: im Servicegebäude der Reederei W.D.R. am Fähranleger, ☎ 04682-94030, Mo–Do 8.30–17 Uhr, Fr bis 17.30 Uhr.

Nebel: Hööwjaat 1 a, ☎ 04682-94300, Mo–Fr 10–15 Uhr.

Norddorf: Ual Saarepswai 7 (hinter der zentralen Bushaltestelle), ☎ 04682-94700, Mo–Fr 9–16 Uhr.

Übernachten

Besonders in der Hochsaison verwandeln sich die Inseln – salopp formuliert – in eine einzige große Ferienwohnanlage, denn der Tourismus ist nun einmal die Haupteinnahmequelle der Insulaner. Auch hier gilt, wie überall, besonders gute Lagen haben natürlich ihren Preis. Ohnehin ist ein Inselurlaub aufgrund der hohen Transportkosten für die Dinge des täglichen Bedarfs kein preiswertes Vergnügen. Zudem gibt es auf Föhr und Amrum besonders viele Stammgäste, weshalb es ratsam ist, sehr frühzeitig zu buchen. In der Hauptreisezeit werden Sie ansonsten keine Unterkunft mehr bekommen. Die besten Ferienwohnungen sind für die Hauptsaison manchmal schon über Jahre hinaus reserviert. In Hotels und Pensionen können Sie aber auch kurzfristig Erfolg haben. In der Nebensaison übersteigt das Angebot natürlich auch auf Föhr und Amrum die Nachfrage. Dann offerieren viele Vermieter Sonderpreise. Ein Unterkunftsverzeichnis erhalten Sie bei den Touristeninformationen. Sie können sich dieses Gastgeberverzeichnis auch zusenden lassen oder online einsehen.

Hotels/Pensionen/Privatzimmer: Ein Hotelurlaub ist kein typischer Inselurlaub, weshalb das Angebot hier eher einschränkt ist. Längst wurden viele ehemalige Hotels zu Apartmentanlagen umgebaut. Im Gegensatz zu Sylt sind Föhr und Amrum auch keine Schickeria-Inseln, weshalb es so gut wie keine Luxushotels gibt. Und auch sonst ist das Angebot eher überschaubar, insgesamt gibt es nur etwa 10 Hotels und 10 Pensionen auf Föhr, und auf Amrum stehen ebenfalls nur etwa 10 Hotels, dafür 20 Pensionen zur Verfügung. Die Mehrheit dieser Hotels und Pensionen sind in diesem Buch jeweils unter der betreffenden Ortschaft aufgeführt. Alle genannten Preise für Doppelzimmer (DZ) sind inklusive Frühstück und beziehen sich auf die Hauptsaison. Eine preiswerte Alternative sind die Anbieter von einfach ausgestatteten Privatzimmern, von denen es auf jeder Insel auch nur etwa 20 gibt. In der Regel haben diese Vermieter mehr als nur ein einziges Zimmer im Angebot, Frühstück ist inklusive.

Ferienwohnungen: Wegen der wirklich unüberschaubaren Fülle von Ferienwohnungen wird im Reiseteil dieses Buches auf entsprechende Hinweise verzichtet. Jede Auswahl würde nur auf Zufall beruhen. Gelegentlich bieten private Vermittlungsbüros Wohnungen an, üblicherweise übernehmen diese Aufgabe jedoch die örtlichen Fremdenverkehrsbüros.

Wer entsprechende Angebote einholen möchte, ist bei Letzteren an der richtigen Adresse. Gut informieren können Sie sich zudem im Internet (→ S. 70).

Jugendherbergen: Auf Föhr und Amrum gibt es jeweils eine Jugendherberge, in denen vor allem Jugendgruppen unterkommen, die aber auch von Familien gebucht werden können (Ein- und Zweibettbelegung möglich). Föhrs Jugendherberge liegt am westlichen Ortsrand von Wyk, etwa 3,5 km vom Fähranleger entfernt (Busverbindung vorhanden). Von der 162-Betten-Herberge sind es 400 m bis zum Strand. Amrums 223-Betten-Jugendherberge hat eine lange Tradition und liegt in Wittdün, nur 300 m vom Fähranleger entfernt in schönster Lage oberhalb des Badestrandes. Voraussetzung für die Übernachtung in einer Jugendherberge ist ein gültiger Jugendherbergsausweis (bis 26 J. 12,50 €/Jahr, für Senioren oder Familien 21 €/Jahr). Infos unter djh-nordmark.de.

Jugendherberge Föhr, Fehrstieg 41, 25938 Wyk auf Föhr, ☎ 04681-2355. Übernachtung mit Frühstück 21,20 €, mit Vollpension 27,70 €. Zuschlag für Gäste ab 27 J. 4 € pro Nacht, Ein- und Zweibettbelegung gegen Aufschlag möglich.

Jugendherberge Amrum, Mittelstr. 1, 25946 Wittdün auf Amrum, ☎ 04682-2010. Übernachtung mit Frühstück 21,20 €, mit Vollpension 30,70 €. Zuschlag für Gäste ab 27 J. 4 € pro Nacht, Ein- und Zweibettbelegung gegen Aufschlag möglich.

Zelten in den Dünen:
Campingplatz Amrum

Camping: Derzeit gibt es auf Föhr keinen Campingplatz. Es sind allerdings Überlegungen im Gange, hier Abhilfe zu schaffen. Auf Amrum hingegen gibt es zwei Dünenplätze, davon ist einer ein reiner FKK-Zeltplatz. Auf dem „Textilplatz" gibt es auch einige wenige Wohnmobil- bzw. Wohnwagenstellplätze (→ S. 133).

Strandleben in Norddorf (Amrum)

Auf die Inseln!

Föhr

Wie herrlich ist es doch, sich auf den Drahtesel zu schwingen – den man sich allerorts mieten kann – und die Insel zu erkunden. Föhr wird dank seiner geschützten Lage von grüner Vegetation und fruchtbaren Feldern dominiert. Die Dörfer liegen fast alle in der Südhälfte der Insel, und zwar entlang der für Föhr so charakteristischen Grenze zwischen dem fruchtbaren Marschland im Norden und der weniger ertragreichen, aber hügeligen Geest im Süden. Hier war man einigermaßen sicher vor Überflutungen und hatte doch die ergiebigen Weiden und Felder der Marsch schnell erreicht. Denn das Marschland ist bis auf ein paar Aussiedlerhöfe unbesiedelt. Verwaltungstechnisch gehören die ertragreichen Felder verschiedenen Dörfern des nördlichen Geestrands, obwohl diese viele Kilometer entfernt liegen. Jedes

Dorf hat also einen ordentlichen Teil dieses fruchtbaren Landes abbekommen, das von einem mächtigen Seedeich vor den Nordseefluten geschützt wird. Das Plus im Süden: Die komplette Südküste ist von einem 15 km langen, vergleichsweise schmalen Strand gesäumt.

Insgesamt gibt es neben Wyk auf Föhr 16 Orte, die sich auf 11 rechtlich selbstständige Gemeinden verteilen. Allen Dörfern gemein ist ihre recht weitläufige Bebauung mit vielen reetgedeckten, typisch spitzgiebeligen Friesenhäusern. Die Grundstücke und ihre blühenden Vorgärten sind häufig mit den für Föhr so typischen Feldsteinen eingefasst, die Friesenwall genannt werden.

Nur an wenigen Punkten merkt man noch, dass Föhr einmal zweigeteilt war: Die Orte im Osten Föhrs – Wyk, Wrixum, Oevenum, Midlum, Alkersum, Nieblum und Goting – gehörten als sog. Osterharde (später Osterland-Föhr) zum Herzogtum Schleswig. Die Dörfer Borgsum, Witsum, Hedehusum, Utersum, Dunsum, Süderende und Oldsum bildeten die sog. Westerharde (später Westerland-Föhr) und gehörten zum Königreich Dänemark. Die damalige Grenze verlief mitten durch Nieblum. Heute wird vor allem in Westerland-Föhr mit seinem touristischen Zentrum Utersum noch vergleichsweise häufig Friesisch gesprochen – ansonsten spiegelt sich die Trennung nur noch in den unterschiedlichen Telefonvorwahlen.

Steckbrief Föhr

Fläche: Die Insel ist etwa 12 km lang und 7 km breit und damit nach Sylt Deutschlands zweitgrößte Nordseeinsel. Zwei Fünftel der 82 km² großen Insel sind sanft hügeliges Geestland und drei Fünftel flache Marsch.

Küstenlänge: 37 km, davon 15 km zusammenhängender Sandstrand an der Südküste von Wyk bis Utersum. Die komplette Inselnordhälfte, also das Marschland, wird von einem 22 km langen Seedeich geschützt.

Höchste Erhebung: der Hügel Salwert am östlichen Rand von Witsum, sagenhafte 11 m hoch.

Gewässer: Es gibt sogar ein kleines Flüsschen auf Föhr, die Godel, die bei Hedehusum entspringt und keine 3 km später bei Witsum in die Nordsee mündet. Sie ist der einzige Fluss auf einer deutschen Nordseeinsel.

Ortschaften: Neben der Stadt Wyk gibt es 16 Dörfer, die sich auf 11 eigenständige Gemeinden verteilen. Zusammen mit Amrum bilden sie verwaltungstechnisch das „Amt Föhr-Amrum". Lokalhistorisch wird die Insel unterteilt in Westerland-Föhr (Borgsum, Witsum, Hedehusum, Utersum, Dunsum, Süderende und Oldsum) und Osterland-Föhr (Wyk, Wrixum, Oevenum, Midlum, Alkersum, Nieblum und Goting).

Einwohner: Auf der Insel leben etwa 8500 Menschen, von denen 4500 Bürger von Wyk sind, der „Hauptstadt" Föhrs. Im Sommer leben allerdings allein in Wyk über 20.000 Menschen. Zudem zählt die Insel etwa 10.000 Rindviecher, gut 800 Pferde, ca. 35.000 Schafe und Millionen von Zugvögeln.

Unterkünfte: Föhr-Urlauber schlafen für gewöhnlich in Ferienwohnungen und -häusern. Derer gibt es etwa 2000, während die Insel nur etwa 10 Hotels, 10 Pensionen und etwa 20 Vermieter von Privatzimmern aufweist. Einen Campingplatz gibt es auf der Insel (noch) nicht.

Telefonvorwahlen: Gemäß der alten Aufteilung in Osterland-Föhr und Westerland-Föhr gibt es zwei Telefonvorwahlen: ☎ 04681 für Wyk, Wrixum, Oevenum, Midlum, Alkersum, Nieblum und Goting sowie ☎ 04683 für Borgsum, Witsum, Hedehusum, Utersum, Dunsum, Süderende und Oldsum.

Im Wechsel der Gezeiten: Ebbe am Strand von Wyk

Wyk

4500 Einwohner

Das Meer ist allgegenwärtig und Lebensmittelpunkt. Wyk liegt im geschützten Südosten Föhrs und ist wegen seines Hafens Dreh- und Angelpunkt der Insel. Die Kleinstadt ist jedoch nicht nur Verkehrsknoten, Einkaufs- und Verwaltungs- sowie kulturelles Zentrum, sondern mit seinem weiten, nach Süden ausgerichteten Badestrand auch Föhrs beliebtestes Urlaubsziel.

In Föhrs Hauptort legen die vom Festland kommenden Fähren an, hier wird auch der Verkehr nach Amrum abgewickelt und es gibt es sogar einen regen Schiffsverkehr zu den Halligen. Das alles macht Wyk nicht nur zum einzigen **Hafen Föhrs,** sondern gleichzeitig zum größten Hafen der Nordfriesischen Inseln. Ein Besuch lohnt, nicht nur wegen der vielen an- und ablegenden Fähren, denn im sturmflutsicher auf einem Hügel erbauten Reedereigebäude am Fähranleger befindet sich auch Föhrs zentrale Touristeninformation. Daneben gibt es ebenfalls einen großen Sportboothafen. Ab und zu liegen ein paar Fischkutter und große Muscheltrawler an der Mole, wo es fangfrischen Fisch und frische Krabben zu kaufen gibt. Eine Fischbude beim Hafenamt sorgt auf jeden Fall für frischen Matjes, Räucherfisch oder leckere Fischbrötchen. Im Sommerhalbjahr findet auf dem Hafengelände jeden Sonntag (10–15 Uhr) ein beliebter **Fischmarkt** statt. Aber entgegen seinem Namen wird hier nur wenig Fisch angeboten, vielmehr ist er eine Mischung aus Bauern- und Flohmarkt mit allerlei Essen und Trinken, Obst, Textilien, Kunsthandwerk, Kinderkarussell und anderem mehr. Am Vorhafen erinnert der von einem Schiffsrelief gekrönte **Pfahl mit Sturmflutmarken** von 1825 bis 1981 an die tosenden Gewalten der Nordsee. Den höchsten Pegelstand erreichte die Sturmflut von 1825 mit satten 4,67 m über normal.

Alle Sehenswürdigkeiten lassen sich in Wyk bequem zu Fuß erkunden. Wer nicht mit dem Pkw unterwegs ist oder nach der Ankunft auf der Insel in einen der dort wartenden Busse steigt, erreicht südlich des Hafens nach nur wenigen Schritten die von einem Deich (mit Fluttor) geschützte **Altstadt** mit ihrer ausgedehnten Fußgängerzone. Diese Hauptflaniermeile erstreckt sich vom promenadenartigen Sandwall bis zum Glockenturm, lädt zum Bummeln ein und bietet neben einigen netten Läden reichlich Freiluftgastronomie. Der Glockenturm selbst ist das Wahrzeichen von Wyk und wacht an der Stelle über die Altstadt, wo die beiden Einkaufsstraßen Große Straße und Mittelstraße aufeinandertreffen.

Inmitten der ausgedehnten Fußgängerzone bildet die klinker- und natursteingepflasterte **Carl-Häberlin-Straße** mit ihren kleinen, denkmalgeschützten Spitzgiebelhäusern ein besonders schönes Ensemble. Hier sind noch einige der sog. Kapitänshäuser weitgehend original erhalten geblieben. Die kleinen, rosenberankten Häuser, in denen sich hier und dort nette Restaurants befinden, geben einen Eindruck davon, wie Wyk in alter Zeit ausgesehen haben mag. Entlang der Prachtpromenade Sandwall ist dagegen noch ein wenig von der Bäderarchitektur (Gründerzeitstil) der vorletzten Jahrhundertwende anzutreffen. Ansonsten dominieren den Ort niedrige, eher unspektakulär verklinkerte Giebelhäuser modernerer Vorortbauart und nicht allzu große Apartmentkomplexe. Von voluminösen Bausünden aus den 1970er- und 80er-Jahren ist Wyk weitgehend verschont geblieben.

Westlich des Fußgängerbereichs, in der Nähe der **Windmühle** (Galerieholländer), erstreckt sich ein Viertel mit einigen schönen, alten Villen. Dort ist mit dem Park an der Mühle ein wahres Kleinod mit gepflegtem Rosengarten, Brunnen und Teich entstanden, und sogar ein Storchenpaar brütet hier.

Überhaupt ist Wyk eine erstaunlich grüne Stadt. Schon früh hat man vielerorts mit umfangreichen Baumanpflanzungen begonnen. So zieht sich ein grünes, von schattigen Bäumen flankiertes Wegenetz vor allem durch den Westen Wyks. Es beginnt beim kleinen Storchengehege in der Feldstraße (nahe dem Friesenmuseum) und führt – mit zwei großen Spielplätzen – nicht nur zum Nordsee-Kurpark, sondern sogar fast bis zum Flugplatz am Ortsausgang Richtung Nieblum. Die Einheimischen sagen, sie gehen „durch den Wald", wenn sie diese wegen des dichten Bewuchses wunderbar windgeschützten Wege nutzen. Auch der **Nordsee-Kurpark,** der heute längst kein klassischer Kurpark mehr, sondern ein stattlicher Wald geworden ist mit über hundertjährigen seltenen Bäumen wie Zypressen, riesigen Fichten und auch Ginkgos, untermauert den Ruf Föhrs als grüne Insel. Die alten Blockhütten im Park dienen als Dienstunterkünfte des (jungen) Teams der Schutzstation Wattenmeer.

Trotz seiner nur 4500 Einwohner hat Wyk kleinstädtischen Charakter, denn zur Hochsaison füllt sich der Ort merklich. Dann leben hier etwa 20.000 Menschen, weil die meisten Ferienwohnungen der Insel im Stadtgebiet zu finden sind – und das aus gutem Grund: Vom Hafen aus erstreckt sich über die gesamte Südostspitze der Insel ein kilometerlanger, feinsandiger **Strand.** Dieser ist zum Glück nicht übervoll mit Strandkörben belegt, hat aber an den Zugängen reichlich Duschen, um nach dem Baden den Sand abzuspülen. Zusammen mit der guten Infrastruktur der Stadt sind das ideale Voraussetzungen für einen Urlaubsort, der trotz allem nicht überfüllt wirkt. Denn auch wenn in der Hochsaison kaum eine freie Unterkunft in Wyk zu ergattern ist und kein Urlauber an der im Vergleich zur übrigen beschaulichen Insel recht betriebsamen „Hauptstadt" vorbeikommt, so ist doch abseits von

Föhr → Karte vorderer Umschlag

Fußgängerzone und Hauptstrand selbst im Hochsommer vieles von jener erholsamen Ruhe zu spüren, für die ganz Föhr berühmt ist.

Gäste, die eine gewisse Betriebsamkeit schätzen, kommen dennoch auf ihre Kosten. Gerade an der ersten Adresse im Ort, der belebten **Uferpromenade Sandwall,** ist immer etwas los. Hier gibt es Hotels, Straßencafés, Geschäfte, Gastronomie, ein Kino und den Kurgartensaal für kulturelle Veranstaltungen. Dazwischen steht ein kleiner, reetgedeckter Musikpavillon, in dem die Kurkapelle aufspielt (i. d. R. zweimal täglich). Auf der Uferpromenade standen einst 1000 prächtige Ulmen, die jedoch – wie überall in Europa – der Ulmenkrankheit zum Opfer fielen und dann durch eine Reihe von Kastanien, Akazien und Ginkgos ersetzt wurden. „Sehleute" genießen von hier aus den Blick auf das Wattenmeer und die am Horizont wie Perlen an einer Schnur aufgereihten Warften der Halligen Oland und Langeneß. Auch sonst gibt es hier allerlei zu sehen: den Gezeitenbrunnen auf dem Seebrückenvorplatz, am Strand ragt die sog. Mittelbrücke als kleine Seebrücke ins Wattenmeer, davor tummeln sich Beachvolleyballer auf drei Feldern und messen sich fast den ganzen Tag im Pritschen und Baggern. Von einer kleinen Tribüne, die gerne von Zuschauern belagert wird, kann man dem sportlichen Treiben zuschauen. Ein Stück weiter gibt es noch eine zweite kleine Seebrücke, die sog. Seglerbrücke. Hier geht der geschäftige Sandwall in eine ruhigere Strandpromenade über, die zunächst bis zum Meerwasserwellenbad „Aquaföhr" und dann kilometerlang am strandkorbbestückten Südstrand entlangführt.

Eine der wichtigsten Sehenswürdigkeiten Wyks ist die **St.-Nicolai-Kirche.** Sie wurde im Mittelalter knapp 2 km westlich des Hafens im heutigen Ortsteil **Boldixum** erbaut. Die engen und gemütlichen Gassen nordöstlich der Kirche am Übergang zwischen Geest und Marschland geben noch einen Eindruck von der ursprünglichen Struktur des alten, früher selbstständigen Friesendorfs.

Schutzstation Wattenmeer

Die Station wird von Mitarbeitern des Bundesfreiwilligendienstes oder Teilnehmern des Freiwilligen Ökologischen Jahres betreut. Diese wohnen in der hölzernen Villa Konrad im waldähnlichen Nordsee-Kurpark. Die Schutzstation betreibt von Mai bis Sept. außerdem eine kleine Außenstelle im Oldsumer Vorland (im Bauwagen). Von der Wattwerkstatt „Watt & Mee(h)r" werden tägl. etwa 1,5-stündige Veranstaltungen für Urlaubsgäste angeboten (Treffpunkt vor der Werkstatt). Die Palette reicht von Strandwanderungen, Watt- oder Kinderwattführungen über spezielle Vogelführungen, Fahrradtouren (5 Std., nach Voranmeldung), Kutterfahrten und Bernsteinschleifen bis zu Diavorträgen. Der Eintritt zu allen Veranstaltungen ist frei, es gibt aber eine Spendenempfehlung von 5–8 € (Kinder 2,50–5 €). Wattwerkstatt beim Café Südstrand, Badestr. 111, So 14–17 Uhr und zu den zahlreichen Veranstaltungen geöffnet. Infos und Programm unter ☎ 04681-1313 oder www.schutzstation-wattenmeer.de.

Geschichte

Der Ursprung des kurzen und auf den ersten Blick ungewöhnlichen Namens „Wyk" ist wenig spektakulär. Er kommt vom niederdeutschen *wik* oder skandinavischen *vik* und bedeutet schlichtweg „Bucht". Denn genau diese wurde schon im Mittelalter als **natürlicher Hafen** genutzt. Trotz dieser günstigen Lage war Wyk ursprünglich nur ein Vorort von Boldixum (heute ist es umgekehrt), was erklärt, weshalb auch die für Wyk zuständige und fast 400 Jahre vor dessen Gründung erbaute St.-

Nicolai-Kirche in Boldixum und nicht in der Ortsmitte von Wyk zu finden ist.

„Bey de Wicke" wurde erstmals im Jahr 1611 urkundlich erwähnt und bestand anfänglich nur aus wenigen Häusern und Hütten, deren Bewohner vom Fischfang lebten. Überlebende Halligbewohner der verheerenden Sturmflut von 1634 (Zweite Grote Mandränke) siedelten sich auf der vermeintlich sicheren Geest im Süden der Bucht an und sorgten für einen bedeutenden Bevölkerungszuwachs. Das rasch anwachsende Wyk bekam 1704 von Fürstin Hedwig Sophie die **Hafengerechtigkeit** zuerkannt, durfte damit also einen eigenen Hafen anlegen. Denn mit zunehmender Bedeutung der Schifffahrt, vor allem des Walfangs, wurde auch die Notwendigkeit eines großen Inselhafens erkannt. Schon 1706 folgte die **Fleckengerechtigkeit,** was nichts anderes hieß, als dass der Ort nun nicht mehr vom damals noch dänischen Verwaltungsbezirk Osterland-Föhr regiert wurde. 1710 kam die **Marktgerechtigkeit** hinzu. Somit war der Aufschwung Wyks nicht mehr aufzuhalten; zahlreiche Händler und Handwerker siedelten sich nun an.

Flutmarker am Wyker Hafen

Die Bewohner von Osterland-Föhr waren von dieser **Sonderstellung Wyks** wenig begeistert, befürchteten sie doch zu Recht, ins Hintertreffen zu geraten. Vor allem der Hafen war ihnen ein Dorn im Auge, und so verlegten die Osterland-Föhrer kurzerhand ihren Abwasserkanal nach Norden, was für eine verminderte Durchspülung des neuen Hafens und damit für dessen allmähliche Verschlickung sorgte. Immer wieder musste der Hafen kostspielig verändert werden, zumal auch Sturmfluten zur Zerstörung der Anlegestelle beitrugen. Finanziell gesehen war der Hafen lange Zeit eine große Belastung für den Ort. Als es endlich im Jahr 1806 gelang, den mittlerweile dritten Hafen etwas weiter südlich sicher anzulegen, war die große Zeit der Wal- und Handelsschifffahrt bereits vorbei. Das hoch verschuldete Wyk fiel vorübergehend in eine Art Dornröschenschlaf, und viele Einwohner kehrten mangels Verdienstmöglichkeiten der Insel den Rücken. Überdies war infolge des Krieges zwischen England und Dänemark der dänische Staat bankrott und verlangte auch von dem zur dänischen Provinz Schleswig gehörenden Flecken Wyk erhebliche Steuern. Die Schuldenlast drückte immer stärker, weshalb Überlegungen im Gange waren, Wyk wieder mit Osterland-Föhr zu vereinigen. Dessen überwiegend von der Landwirtschaft lebende Bewohner waren etwas weniger vom Niedergang der Schifffahrt betroffen – doch sie lehnten vehement ab.

Aber die Rettung nahte, und zwar in Gestalt des Land- und Gerichtsvogts von Wyk, Hans Friedrich Carl von Colditz. Von dem Einfall inspiriert, dass sich Wyk ideal

Das „Who's who" des 19. Jahrhunderts

An manchen Häusern erinnern Gedenktafeln an berühmte Persönlichkeiten, die dem Kurort die Ehre gaben. Allen voran der Märchendichter Hans Christian Andersen, der als Gast des dänischen Königspaares im Jahr 1844 zwei Wochen in der Großen Straße 16 residierte (im Vorgängerbau des Hauses der Tageszeitung „Der Insel-Bote"). Im Kurgartenhaus (Sandwall 38, gegenüber der Konzertbühne) residierte der Walzerkönig Johann Strauß im Jahr 1879 und komponierte in Wyk den Walzer „Nordseebilder". Auch der Dichter Theodor Fontane genoss für einige Wochen im Sommer 1891 am Sandwall (Ecke Süderstraße) das Badeleben. Und nicht weit entfernt wohnte ab 1902 für 50 Jahre in schönster Lage am Sandwall 11 bis zu seinem Tod Föhrs Badearzt und Heimatforscher Dr. Carl Haeberlin (1870–1954).

zum Seebad eigne, begeisterte er einige Aktionäre für diese Idee und gründete mit ihrer Hilfe im Jahr 1819 das **erste nordfriesische Seebad.** Schnell wurde ein Haus am Sandwall erbaut, das als Badeeinrichtung für Warmbäder diente, hinzu kamen einige Badekutschen für ein Heilbad in der Nordsee. Doch weil es überaus mühsam war, die abseits gelegene Insel zu erreichen, blieben die erhofften Gäste zunächst aus und die Aktionäre mussten ihr Geld abschreiben. Immerhin dauerte die Reise von Hamburg nach Föhr mangels geeigneter Eisenbahnverbindung mehr als einen Tag. Doch die Verhältnisse änderten sich schlagartig, als sich im Jahr 1842 der dänische König Christian VIII. dazu entschloss, in Wyk jährlich eine sommerliche

Badekur einzulegen, was er auch bis zu seinem Tod im Jahr 1848 tat. Mit dem Tod König Christians war es aber wenige Jahre später schon wieder vorbei mit der Herrlichkeit, zumal zwei **Feuersbrünste** in den Jahren 1857 und 1869 fast den ganzen Ort zerstörten. Deshalb sind ältere Friesenhäuser im Stadtzentrum so gut wie nicht erhalten. Und wieder erholte sich Wyk nur langsam von einem Tiefschlag.

Als jedoch die Heilwirkung des Nordseeklimas Ende des 19. Jh. immer mehr in Mode kam, war der wirtschaftliche Aufschwung entgültig auf der nun preußisch gewordenen Insel angekommen. Im Jahr 1885 wurde die **Wyker Dampfschiffs-Reederei** (W.D.R.) gegründet und sicherte den Fährverkehr. Nach wie vor ist die von 560 Gesellschaftern getragene Reederei der größte Arbeitgeber der Insel.

Bereits im Jahr 1883 hatte der Marburger Pathologe Prof. Friedrich Wilhelm Beneke ein Kinderhospiz am

Wahrzeichen Wyks:
der Glockenturm

Sandwall (das heutige Hamburger KinderJugendHaus) gegründet. Damit war der Grundstein für den **heilklimatischen Kurort** Wyk gelegt. Der Badebetrieb blühte merklich auf durch den Einsatz der beiden schwäbischen Ärzte Dr. Karl Gmelin (1863–1941) und Dr. Carl Haeberlin (1870–1954). Dr. Karl Gmelin gründete 1898 ein Sanatorium am bislang unbebauten Wyker Südstrand mit einem sehr ausgedehnten Kurpark, von dem heute allerdings nur ein vergleichsweise kleiner, waldartiger Rest erhalten ist. Schon bald folgten hier weitere Bauten. Gmelins Freund und Kollege **Dr. Carl Haeberlin** kam 1902 auf die Insel und eröffnete in Wyk eine Praxis. Er war nicht nur Badearzt und führender Meeresheilkundler seiner Zeit, sondern wurde auch zum enthusiastischen Heimatforscher. Haeberlin veröffentlichte Chroniken über das Seebad Wyk und gründete 1908 das im Jahr 1927 nach ihm benannte Friesenmuseum, das sich mit Geschichte und Brauchtum der Insel beschäftigt.

Infolge dieser Entwicklung erhielt Wyk im Jahr 1910 das **Stadtrecht**. 1924 wurde unter einem gewissen politischen Druck Boldixum eingemeindet, weil sich die junge Stadt immer mehr in Richtung des gemeinderechtlich zu Boldixum gehörenden Südstrandes ausbreitete.

Im zweiten Weltkrieg kamen verständlicherweise alle Kuraktivitäten zum Erliegen. Doch bereits 1949 wurde Wyk anerkanntes **Seeheilbad**. Danach folgte die rasante Entwicklung zu einem modernen Bade- und Kurort. In den 1960er-Jahren wurde das Hafenbecken vergrößert und ein neuer Fähranleger gebaut. 1995 wurde der Fährhafen abermals erweitert und 2011 (ebenso wie Dagebüll und Wittdün) mit neuen Fährbrücken für den Seiteneinstieg für Fußgänger versehen.

Föhr → Karte vorderer Umschlag

„Ungewiss ist, wohin das Schicksal führt"

Markig ist der meist unter dem Stadtwappen angefügte Spruch – dann natürlich auf Latein: „Incertum quo fata ferunt". Das Wappen von Wyk hebt die Gefahren der Seefahrt deutlich hervor. Es zeigt auf blauen Wellen einen havarierten, goldenen Dreimaster ohne Segel und mit abgebrochenen Stengen (oberste Abschnitte der Masten). Am roten Himmel des Wappenhintergrundes leuchtet als Symbol der Hoffung ein goldener Stern.

Basis-Infos

Information   Föhr Tourismus GmbH (FTG), Postfach 1511, 25933 Wyk auf Föhr, www.foehr.de. Hotline (tägl. 9–21 Uhr) ☎ 04681-300. **Tourist-Information** im Servicegebäude der Reederei W.D.R., Am Fähranleger 1, tägl. 10–14 Uhr. **Nebenstelle** der Tourist-Information im Veranstaltungszentrum, Sandwall 38, im Sommerhalbjahr tägl. 14–18 Uhr. **Infos** auch im Aquaföhr, Stockmannsweg 1.

Fahrradverleih   Deichgraf, Hafenstr. 5, ☎ 04681-2487, www.fahrrad-deichgraf.de; **Föhrrad am Südstrand**, Gmelinstr. 22 a, ☎ 04681-7471031, www.foehrrad.de; **Fehr**, Badestr. 6, ☎ 04681-3864 (kostenloser Hol- und Bringservice), www.fahrrad-fehr.de;

Ingo's Fahrradverleih, Boldixumer Str. 9 (neben Edeka), ☎ 04681-741545, www.ingos-fahrradverleih.de; **Rolf Martens**, Rugstieg 19 a, ☎ 04681-3481; **Theodor Oertel**, Osterstr. 2, ☎ 04681-3835201; **Petra**, Hafenstr. 42, ☎ 04681-8989, www.fahrradverleih-petra.de/info.htm; **Rüdiger Schultz**, Süderstr. 22, ☎ 04681-8319 (kostenloser Hol- und Bringservice), www.fahrradverleih-schultz.de; **Nordseewind** (Markus Wagner), Am Flugplatz 9, Haus Uthlande (Hol- und Bringservice), ☎ 04681-7412237.

Internet   Zwischen Mittelbrücke und Musikpavillon wurde für das private Notebook ein kabelloser Internetzugang eingerichtet (kostenpflichtig). Wertkarten sind bei der Tourismus GmbH im Veranstaltungszentrum oder im W.D.R.-Servicegebäude erhältlich.

Kino Altehrwürdiges Kino mit klassischen roten Sesseln, zwei Vorführsäle. Am Sandwall 40, ☏ 04681-1333, Programmansage ☏ 04681-3663.

Kurkonzerte Am Sandwall im kleinen Musikpavillon vor dem Kurhaus-Hotel. Gespielt wird keineswegs nur Klassik, sondern auch

Sommerunterhaltung:
Gauklerin am Sandwall

Unterhaltungsmusik. Tägl. (außer Mo) 11 und (meist) 15 Uhr, Do auch 19.30 Uhr.

Rundfahrten Zum Kennenlernen der Insel bietet die Reederei **W.D.R.** mit den Inselrundföhrfahrten (Fa. Korf) mehrmals tägl. eine 1,5- oder 2-stündige geführte Busrundfahrt an (Abfahrt am Fähranleger). Erw. 8–9 €, 6–14 J. 4–5 €, Familien 20–22 €. www.inselrundfoehrfahrten.de. Zudem gibt es den **Friesenexpress** (eine als Lok umgebaute Zugmaschine mit Aussichtswagen), in knapp 2 Std. geht es mit Zwischenstopp in Dunsum über die komplette Insel (Abfahrt am Fähranleger), tägl. 10.30, 13 und 15 Uhr ab Fähranleger. Erw. 9 €, 6–15 J. 5 € (Fahrkarten beim Fahrer). ☏ 0175-5104840, www.friesenexpress.de.

Stadtführungen Ende Juli bis Sept. jeden Di und Do um 10 Uhr interessante und kostenlose Stadtführungen. Treffpunkt Flutsäule an der Alten Mole (Dauer 1–1,5 Std.).

Strandkorbvermietung Wyks 2,5 km langer Strand ist zur besseren Orientierung in 30 Strandabschnitte eingeteilt. Für 7 € pro Tag (42 €/Woche) kann man einen Korb an den Strandwärterstationen (in den historischen Badekarren direkt am Strand) mieten oder telefonisch beim städtischen Hafenbetrieb, Abt. Strandkorbvermietung, Hafenstr. 44, ☏ 04681-580664 oder online unter www.strandkorb-wyk.de.

Taxis Taxi King, Koogskuhl 5, ☏ 04681-2242, 8227 oder 4420; Taxi Korf (auch Rolli-Taxi), Kohharder Weg 10, ☏ 04681-3705; **Stern-Taxi**, Kohharder Weg 2, ☏ 04681-7471700.

Aktivitäten

Ausflüge → Ausflüge zu den Halligen und Sylt S. 158.

Kegeln Strandhotel, Königstr. 1, ☏ 04681-58700.

Kinder Der Fun- und Spielpark Föhr ist eine große Indoor-Spielanlage mit Wellenrutsche, Trampolinanlage und vielen anderen Spielmöglichkeiten, wo sich v. a. Kinder von 2 bis 12 J. auch bei schlechtem Wetter austoben können. Anders formuliert: Der Funpark ist nichts anderes als eine mit allerlei Spielgeräten ausgestattete große Halle im Gewerbegebiet am Hafen. Kinder ab 2 J. 8 €, Erw. 4,50 €. In den Ferien tägl. 10–19 Uhr, in der Nebensaison etwas kürzere Öffnungszeiten. Achtern Diek 5–7, ☏ 04681-7462200.

Schwimmen Aquaföhr, Föhrs Bade-, Gesundheits-, Thalasso- & Wellnesscenter. Ein schönes, aber oft recht volles Meerwasser-Wellenbad mit allem, was dazu gehört: vom Kleinkindbecken mit Kleinkindrutsche über Whirlpool bis zum Wildwasserkanal ist alles vorhanden. Eine 70-m-Wasserrutsche mündet in das kleine Außenbecken mit Nordseeblick. Großer Saunabereich mit Sole-Dampfbad. Angeschlossen ist auch ein Café/Bistro. Eintritt für 3 Std. Erw. 6,50 €, Kinder 3,80 €; Tageskarte Erw. 8,60 €, Kinder 4,80 €; Familien 18 €. Sauna (inkl. Schwimmbad) für 3 Std. Erw. 9,60 €, Kinder 6,80 €; Tageskarte Erw. 13,90 €, Kinder 6,80 €. Stockmannsweg 1, ☏ 04681-3048, www.aquafoehr.de.

Strände Wyks 2,5 km langer Strand ist zur besseren Orientierung in 30 Strandabschnitte eingeteilt. **Drachen** darf man nur am Südstrand zwischen den Strandabschnitten 19 und 20 steigen lassen. Einen **FKK-Strand** gibt es ganz im Westen Wyks auf Höhe des Flugplatzes (Strandabschnitt 29). Dort gibt es auch eine kleine Dünenlandschaft mit schützendem Strandgras. **Hunde** sind in den Strandabschnitten 1 (direkt am Fährhafen), 12 (Nähe Leuchtturm) und im westlichsten Strandabschnitt 30 (auf Höhe des Flugplatzes) erlaubt. Auf der Promenade besteht Leinenzwang! **Nichtraucherzonen** wurden in den Strandabschnitten 4 (Musikpavillon) und 17 (Osterstraße) eingerichtet.

Einkaufen (→ Karte S. 86/87)

Die Öffnungszeiten wechseln teilweise je nach Saison. Im Regelfall sind die Läden ganzjährig zu den üblichen Geschäftszeiten bis 18 Uhr geöffnet.

Der Friese 🔟 Föhrer Inselspezialitäten direkt in allerbester Lage an der Promenade. Hier gibt es nicht nur Meeresfrüchte aus Nougat oder Eier aus Marzipan sowie rote Grütze, Honig, Marmelade, sondern auch Wurst oder Sauerfleisch. Aber v. a. ist „Der Friese" auch ein Teeladen mit großer Auswahl. Darüber hinaus sind hier auch kleinere Mitbringsel zu erwerben, teilweise sehr geschmackvolle Accessoires, aber auch Nippes. Sandwall 4, ✆ 04681-580725.

>>> Mein Tipp: Bäckerei Wally 🔟 Diese Bäckerei mit Eisladen vom alten Schlag ist seit 100 Jahren am Platz. Die kernige Bäckerin Rosi ist eine Institution, burschikos und schlagfertig. Relativ kleine Auswahl, dafür wird alles frisch gemacht und das schmeckt man; toller Kuchen und tolles Baiser, selbst gemachtes Eis. Wilhelmstr. 11 (Ecke Süderstr.), ✆ 04681-4437. **‹‹‹**

🌾 **Kopp im Hof** 🔟 Hausgemachte Wurstwaren wie Landrauchschinken und Lammspezialitäten, aber auch (Schafs-)Käse, Marmelade, Honig oder Liköre. Der im Hinterhaus gelegene Laden hat ein nettes Ambiente, im Hof hinter dem Geschäft sind ein paar Gerätschaften aus der Walfängerzeit ausgestellt. Sandwall 10, ✆ 04681-7464965. ∎

Friesisches Theehaus Wyk 🔟 Laden und Teeversand, große Vielfalt an Tees aus aller Welt, auch eigene Mischungen sowie Präsente und Teezubehör im Angebot. Große Str. 3, ✆ 04681-501095, www.foehrtee.de.

Schaukelpferd 🔟 Netter Spielwarenladen mit reichlich Auswahl. Gegenüber der Sparkasse gelegen. Große Str. 6, ✆ 04681-5105.

>>> Mein Tipp: Antik und Bernstein (Die Perlerie) 🔟 Auf den ersten Blick etwas unscheinbar in einer alten Strandvilla mit grüner Veranda und kleinem Vorgarten gelegen. Hier gibt es einige ausgefallene Sachen, v. a. Modeschmuck aus (Glas-)Perlen und Bernsteinschmuck. Auch Workshops zur Schmuckherstellung. Mo–Fr 10–13 und 16–18 Uhr, Sa nur 10–13 Uhr. Sandwall 58, ✆ 04681-4113. **‹‹‹**

Goldschmiede Marie Luise Börmel 🔟 Eine besondere Goldschmiede mit sehr geschmackvollen Schmuckstücken, etwas abseits der Fußgängerzone gelegen. Vor dem Haus gibt es einen kleinen Schaukasten, dahinter liegt das Wohnhaus mit kleinem Laden und Werkstatt. Nur Di–Fr 15–18 Uhr. Badestr. 66, ✆ 04681-50481.

Wochenmärkte Bauernmarkt, Rathausplatz, April bis Okt. Mi und Sa 9–12 Uhr; **Fischmarkt** am Hafen, April bis Okt. So 10–15 Uhr.

Übernachten (→ Karte S. 86/87)

Atlantis 🔟 Das Hotel am Meer ist von außen betrachtet eine der wenigen Bausünden Wyks, also ein Wohnblockbau aus den 1980er-Jahren. Innen jedoch wurde das direkt am Strand gelegene Hotel komfortabel umgebaut. Die Aussicht von den Zimmern ist herrlich. Sauna, Wellness und ein **Restaurant** im Haus, in dem es auch für Nicht-Hausgäste mittwochs einen Grill- und Salatbüfett und samstags ein Fischbüfett sowie tägl. Frühstück mit Meerblick (11,50 €) gibt. DZ 110–135 €. Sandwall 29, ✆ 04681-599100, ✉ 04681-599444, www.atlantis-hotel.net.

Strandhotel 🔟 1-a-Lage am Hafen und Strand. Der große Vorteil des wohnblockartigen Strandhotels ist, dass diejenigen, die darin wohnen, eine hervorragende Aussicht haben. Nicht aufregend eingerichtete, aber saubere Zimmer. Schöne Apartments im Haus; Kegelbahn. Im Hotel befindet sich die Pizzeria La Rocca mit Strandterrasse, in der man recht gut italienisch essen kann. DZ 94 €, HP möglich. Königstr. 1, ℡ 04681-58700, ✉ 04681-587077, www.strandhotel-foehr.de.

»»» **Mein Tipp:** Kurhaus Hotel **23** Dieses traditionsreiche Hotel in Bäderarchitektur der Gründerzeit befindet sich in einer Toplage mit toller Aussicht auf Promenade und Strand. 36 hochwertig und zweckmäßig-gemütlich eingerichtete, renovierte Zimmer mit allem Komfort. Aufzug, Sauna und Fitnessraum. Allerdings muss man mitunter auch noch spätabends mit ein wenig Lärm auf der Fußgängerzone rechnen (außer bei den rückseitigen Zimmern). Das schmälert den Wohngenuss allerdings kaum. Sehr freundlicher und unaufdringlicher Service. Gutes Frühstücksbüfett, das man auch auf der Promenadenterrasse genießen kann. Mittags und abends wird der Frühstücksraum zum bistroartigen **Kurhauscafé**. Dann können Sie hier oder an den schönen Tischen vor dem Haus Kleinigkeiten wie Pfannkuchen, Suppen oder auch ein herzhaftes Schnitzel genießen. DZ 104–143 €. Sandwall 40, ℡ 04681-792, ✉ 04681-1591, www.kurhaushotel-wyk.de. «««

Duus-Hotel **6** Traditionshaus; zentral am Markt und doch vergleichsweise ruhig, somit auch ganz nah am Fähranleger und Strand gelegen. Saubere Zimmer, gutes Frühstücksbüfett im relativ engen Frühstücksraum, der zugleich auch das Restaurant **Austernfischer** ist. Das Restaurant selbst besticht durch eine wirklich schmackhafte, frische Küche (prima Fischgerichte) und einen netten Service. DZ 96–110 € (inkl. Kurtaxe). Hafenstr. 40, ℡ 04681-59810, ✉ 04681-598140, www.duus-hotel.de.

Haus Jensen **32** Hotel garni, fast direkt am Südstrand gelegen. Von außen etwas backsteinern-nüchtern, von innen friesisch-freundlich. Zimmer mit Hotelstandard (auch Ferienbungalows), Wellnessbereich mit Sauna

und Hallenbad. DZ 102–132 €. Gmelinstr. 4, ℡ 04681-58680, ✉ 04681-546828, www.haus-jensen.de.

Haus Hilligenlei **30** Pension vom „alten Schlag", was durchaus nicht negativ gemeint ist. 12 ordentliche Zimmer in der Gründerzeitvilla von 1911, heller, freundlicher Frühstücksraum und strandnah gelegen. DZ 72–76 €, auch Ferienwohnungen. Waldstr. 2, ℡ 04681-587258, ✉ 04681-587259, www.hilligenlei-wyk.de.

Essen & Trinken/Nachtleben

(→ Karte S. 86/87)

In der Hauptsaison wird es eng in Wyk, weshalb Sie v. a. abends grundsätzlich einen Tisch reservieren sollten. Wegen des großen Andrangs werden die Tische mind. zweimal am Abend belegt, sodass es in den Restaurants mitunter etwas

Übernachten
- 5 Strandhotel
- 6 Duus-Hotel
- 23 Kurhaus Hotel
- 30 Haus Hilligenlei
- 31 Atlantis
- 32 Haus Jensen

Cafés
- 2 Klein Helgoland
- 21 Steigleder
- 23 Kurhauscafé
- 33 Schapers
- 34 Pitschi's

Essen & Trinken
- 3 Störtebeker
- 5 La Rocca
- 6 Austernfischer
- 9 Alt Wyk
- 11 No Eins
- 12 Klatt's gute Stuben
- 14 Lüttje Kök
- 16 Die 13
- 18 Andresen
- 19 Friesenstube
- 22 Fischerhus
- 26 Gode-Wind
- 27 Zum glücklichen Matthias
- 29 Prinzen-Hof

Wyk

100 m

hektisch zugehen kann. In der Nebensaison wird es schlagartig ruhiger, und im Winter bleiben viele Restaurants geschlossen bzw. haben sehr eingeschränkte Öffnungszeiten.

Restaurants   Alt Wyk 9 Das kleine, exquisite Restaurant in bester Lage ist wohl die erste Adresse Wyks; hell und freundlich eingerichtet; es gibt vorwiegend hochwertige Menüs (4 Gänge ca. 50 €; 7 Gänge 70 €), die Speisekarte wechselt je nach Saison. Reservierung obligatorisch. Mo–Mi ab 18 Uhr, Do–So 12.30–15 und ab 17 Uhr. Große Str. 4, ✆ 04681-3212.

》》 Mein Tipp: Die 13 16 In einer ehemaligen Klempnerei bzw. einem Stall eingerichtetes Restaurant mit relativ schlichtem Interieur und kleiner, offener Küche, die variantenreiches, feines und leckeres Essen kredenzt. So können die Gäste beim Zubereiten der leckeren Pfannengerichte und

Spezialitäten wie Föhrer Deichlamm, Kabeljau oder Lachs zuschauen und sehen, dass überwiegend frische Zutaten Verwendung finden. Innen gibt es auf zwei Ebenen 8 Tische, aber vor dem denkmalgeschützten Haus (1889) mit der Hausnummer 13 noch ein paar weitere schöne Tische für laue Sommerabende. Fazit: Nicht preiswert, aber sein Geld wert. Wechselnde Öffnungszeiten. Carl-Häberlin-Str. 13, ✆ 04681-1613. 《《

Lüttje Kök 14 Schmackhafte, solide Küche (Fisch- und Fleischgerichte), gemütliche Einrichtung mit verzierten Holzstühlen mit hohen Lehnen, man fühlt sich irgendwie zurückversetzt in Omas Zeiten; mit Kamin (im Winter), ein paar einfache Tische vor dem

Haus. Wechselnde Öffnungszeiten, aber relativ lange geöffnet (oft bis 21 Uhr), was für Wyk schon beachtlich ist. Mittelstr. 22, ☎ 04681-8282.

>>> **Mein Tipp: Klatt's gute Stuben** 🄵 Das blumenberankte kleine Haus ist ein wirklich gutes Fischrestaurant. Innen eine helle Speisewirtschaftsatmosphäre in zwei relativ engen Räumen. Sehr große Auswahl an leckerem Fisch, was vielleicht auch daran liegt, dass zum Restaurant ein Fischladen gehört (etwas entfernt in der Boldixumer Str. 13). Vom Hering bis zur Seezunge ist alles dabei. Der Autor hat jetzt noch den Geschmack des leckeren gebratenen Butterfischs auf der Zunge. Es gibt aber auch einige Fleisch- sowie vegetarische Gerichte (zudem eine Tageskarte). Und wenn Sie nach dem Essen so etwas Seltsames wie einen Pharisäer, eine Tote Tante oder sogar einen Möwenschiss bevorzugen (Korn mit einer Scheibe Cervelatwurst und Sahnemeerrettich), dann ist das kein Problem. Tägl. ab 17 Uhr. Mühlenstr. 6, ☎ 04681-652. <<<

Gode-Wind 🄼 In der mit Teppichboden ausgelegten, grau-weißen Gaststube gibt es relativ viele Tische und eine enge Bestuhlung. Schöne große, aber ebenfalls mit vielen Tischen bestückte Terrasse. Angeboten werden natürlich Fisch-, aber auch schmackhafte Fleischgerichte (gelegentlich auch Wild) und gute Weine. Beim Besuch des Autors hatte der Service allerdings nicht seinen freundlichsten Tag. Alles in allem ist das Essen im Gode-Wind nicht wirklich preiswert. Tägl. 11–14 und 17.30–23 Uhr. Feldstr. 12, ☎ 04681-5552.

>>> **Mein Tipp: Zum glücklichen Matthias** 🄿 Sehr urige Restaurantkneipe mit herzhafter Küche. Benannt ist sie nach Föhrs berühmtestem Walfangkommandeur (→ Foto S. 35), dementsprechend schmücken Galionsfiguren, Schiffsmodelle und anderes maritimes Zubehör die immer herrlich volle Gaststube im Seemannskneipen-Look (leider läuft oft ein Fernseher, natürlich ohne Ton). Hier gibt es leckeres und kräftiges Essen wie riesige Spareribs, Spanferkel und viel Fisch. Gelegentlich werden sogar frische Knieper angeboten (hummerähnlich schmeckende Scheren von Taschenkrebsen aus der Nordsee vor Helgoland). Relativ große Portionen und ein netter Service. Abends natürlich besser reservieren. Tägl. ab 12 Uhr. Feldstr. 2, ☎ 04681-501822. <<<

Friesenstube 🄴 Fischrestaurant des gleichen Betreibers wie das direkt nebenan gelegene Fischerhus. Innen friesisch-gemütliche Speiselokalatmosphäre. Leckerer Fisch. Reservierung meist nicht möglich, aber bis 22 Uhr geöffnet, was für Wyk schon sehr lange ist. Süderstr. 6, ☎ 04681-570728.

Fischerhus 🄴 Fischimbiss und Fischfachgeschäft (9–19 Uhr) inmitten der Altstadt, aber auch Restaurant (bis 21 Uhr). Hier gibt es vornehmlich Paniertes, Fritiertes und herzhaften Bratfisch, immer frisch und lecker. Sie finden Platz in der gemütlichen Norwegen-Stube im ersten Stock oder auf einfacher Imbissbestuhlung vor dem Haus bzw. an 4 Tischen im kleinen Innenhof. Süderstr. 6, ☎ 4681-501830.

Andresen 🄵 Sehr geptlegter Fischimbiss in der Fußgängerzone. Hier kann man frischen Fisch kaufen, aber auch Fischgerichte und Fischbrötchen erwerben. Mühlenstr. 10 (Ecke Mittelstr.), ☎ 4681-7461929, www.leckereienausdemmeer.de.

🌿 **Störtebeker** 🄳 An der Ampelkreuzung im Ortsteil Boldixum gelegen. In einem einfach, aber urig-gemütlich eingerichteten Haus von 1875 gibt es den Störtebeker schon seit etwa 30 Jahren. Hier kredenzt man eine gutbürgerliche Küche im besten Sinne des Wortes: vielfach auch Vollwert- und vegetarische Kost (z. B. Vollwertpizza), aber auch lecker Deichlammspezialitäten, frischen Fisch, hausgemachte Krabbensuppe und Weine aus biologischem Anbau. Zudem findet ausschließlich Bioland-Getreide Verwendung. Die Gaststube ist der ehemalige Speisesaal eines Landschulheims; auch ein paar schöne, einfache Tische auf einer Terrasse. Tägl. (außer Mo) ab 18 Uhr. Reidschott 2 (Ecke Landesstr.), ☎ 04681-8901. ■

Das Pfannkuchenhaus im Prinzen-Hof 🄳 Sicher eine der nettesten Lokalitäten Wyks, v. a. für Kinder. Hier gibt es in einfachem, aber gemütlichem mintgrünem Ambiente natürlich vorwiegend herzhafte, aber nicht unbedingt preiswerte Pfannkuchen in allen nur erdenklichen Variationen (auch ein paar andere Gerichte und Salate); außerdem selbst gemachtes Eis und Kuchen. Leider keine Kinderkarte, aber die Speisen können problemlos auf einem zweiten Teller geteilt werden. Das große Gebäude von 1898 war früher einmal das Wirtschaftsgebäude des Nordseesanatoriums und danach bis 1995 eine von der Familie Prinzen betriebene

Kleinod inmitten der Fußgängerzone: Carl-Häberlin-Straße

Wäscherei. Sehr schöner, großer Gastgarten, für Kinder eine Schaukel und andere Spielmöglichkeiten (inkl. gebührenpflichtigem Karussell). Tägl. ab 12 Uhr. Gmelinstr. 29 (im Westen Wyks), ✆ 04681-766.

No Eins ⓫ 1-a-Lage am Sandwall Nr. 1. Innen die klare Linie eines modernen Stils in Bordeaux und Natur, außen eine schöne Holzterrasse, auf der man bis abends (in Decken gehüllt) schön sitzen und den ein- und auslaufenden Fähren zusehen kann. Im „Nr. 1" gibt es so ziemlich alles: Frühstücksbüfett, Fisch- und Fleischgerichte, Kaffee und Kuchen, Eis, Tapas und abends Cocktails. Wechselnde Öffnungszeiten. Sandwall 1, ✆ 04681-746350.

Cafés Café-Konditorei Steigleder ㉑ Traditionelles Café in 1-a-Lage am Sandwall, das schon seit 1919 betrieben wird. Fotos an den Wänden zeugen von den alten Föhrer Zeiten. Das Interieur verbreitet die gemütliche Café-Atmosphäre der 1980er-Jahre – so, als sei die Zeit stehen geblieben. Aber es geht ja um den leckeren Kuchen (z. B. prima Friesentorte) und andere hauseigene Konditoreiwaren, die es auch im Laden zu kaufen gibt. Auch Speisen für den kleinen Hunger im Angebot (v. a. Suppen). Ein paar einfache Tische auf der Promenade vor dem Haus. Tägl. ab 9 Uhr (im Winter Mi Ruhetag). Sandwall 28, ✆ 04681-4411.

Klein Helgoland ❷ Lohnt einen Spaziergang bis ganz ans Ende des Sportboothafens. Toller Blick aufs Meer und bis hinüber zum Festland. Das grasbewachsene kleine Café mit großer, windgeschützter Terrasse ist oft sehr voll. Innen richtig gemütlich und mit Delfter Kacheln versehen. Von den Wänden bis zum Milchkännchen ist alles konsequent im holländisch-friesischen blau-weißen Stil gehalten, was die ganz besondere Atmosphäre im Klein Helgoland ausmacht. Tee/Kaffee und große Kuchenstücke, lecker ist v. a. der Erdbeer-Rhabarber-Kuchen. Es gibt auch Kleinigkeiten wie Suppen oder Muscheln – wobei bei den Besuchen des Autors die Suppen nicht überzeugen konnten. Tägl. 11–18 Uhr. Achtern Diek 14, ✆ 04681-7471673.

Pitschi's ㉞ Strandbar und Bistro, das echte Urlaubsgefühle aufkommen lässt. Innen ein kleiner, einfacher Raum, aber draußen eine schöne große Terrasse am Südstrand, es gibt Bistrospeisen wie Frikadellen, Ofenkartoffeln oder den für die Insel obligatorischen überbackenen Schafskäse. Trampolin sowie Surf- und Katamaranschule nebenan. Tägl. ab 10 Uhr mit Open End. Strandabschnitt 13 (Ecke Stockmannsweg), ✆ 04681-7471975.

Schapers ㉝ Ein Stück weiter westlich des Pitschi's gibt's eine ähnliche nette Strandbar, sozusagen mit Karibik-Feeling und Wirtshausbestuhlung, aber auch Strandkörben und Liegestühlen im Sand. Zwei Seeräuber begrüßen am Eingang des innen vergleichsweise einfachen Strandbistros, in dem es Kleinigkeiten wie überbackene Kartoffeln und Riesencurrywurst gibt (auch Frühstück). Angeschlossene Surfschule. Tägl. 9–24 Uhr. Strandabschnitt 20, ℡ 04681-580087.

Nachtleben Alte Druckerei 🔟 Tagsüber präsentieren sich die etwas versteckt in der Altstadt gelegenen Räume der ehemaligen Druckerei als Kaffeestube/Bistro (Flammkuchen), aber auch als Weinkontor, abends als Weinstube und Kultursalon (mit kleiner Bühne), der bei Veranstaltungen oft aus allen Nähten platzt (daher Reservierung erbeten). Kleiner Innenhof mit Tischen. Tägl. 10–24 Uhr. Mittelstr. 17 (Stichweg hinter der Goldschmiede), ℡ 04681-748600.

Flaschenpost 8 Kneipe und Cocktailbar, in der auch spätabends noch etwas los ist, wenn anderswo auf der Insel längst Ruhe eingekehrt ist. Eine Kombination aus Kaffeebar und Tanzlokal (Sa abends). Tägl. ab 10 Uhr. Königstr. 3 (Nähe Hafen), ℡ 04681-741574.

Kleines Versteck 🔢 Immer häufiger werden ehemalige Kirchenbauten anderen Zwecken zugeführt. In diesem im Jahr 1899 als katholische Kirche erbauten Gebäude gibt es allerdings schon seit 1976 eine schlichte Raucherkneipe (ohne Gastronomie) mit akzeptablen Preisen. Tägl. (außer Do) ab 17 Uhr. Mühlenstr. 21 a, ℡ 04681-3821.

Möwe 4 Mit ein paar netten Tischen vor dem Lokal (mit warmen Decken zum Einmummeln) direkt an der Einkaufsmeile gelegen. Innen gemütlich-schummerig, mit weinrot-gelben Wänden und Balkendecke und v. a. einer riesigen, bootsförmigen Theke; bei guter Musik genau das Richtige, um bei Bier oder Cocktail einen netten Abend zu verbringen. Wechselnde Öffnungszeiten. Große Str. 14, ℡ 04681-2252.

Erdbeerparadies 1 Urig-gemütliche (Raucher-)Kneipe, auch Biergarten und Café in Boldixum. Zudem wegen des Saals auch Föhrs Musikkneipe. Von der Ü-30-Party über Irish Music bis zum Cover-Rock gibt es hier verschiedene Veranstaltungen (meist Fr oder Sa). Ganzjährig ab 18 Uhr geöffnet und damit auch Anlaufstelle für Einheimische. Boldixum, Ocke-Nerong-Str. 29 (schon fast in Wrixum), ℡ 04681-748475.

Tour 1: Wanderung zwischen Wyk und Nieblum   → S. 181
Landschaftlich schöne Halbtageswanderung

Tour 2: Fahrradrunde um Föhr   → S. 182
Inselrundfahrt zu allen Sehenswürdigkeiten, die ein wenig Ausdauer erfordert

Tour 3: Mit dem Fahrrad durch den Osten Föhrs   → S. 186
Abwechslungsreiche Tour durch den gesamten Inselosten

Tour 4: Fahrradausflug durchs Marsch- und Deichland im Norden Föhrs   → S. 187
An windigen Tagen nicht immer leicht zu fahren

Friesenmuseum

Weithin sichtbar wird der Zugang zu Föhrs Heimatmuseum von zwei 6,30 m hohen Unterkieferknochen eines Blauwals bekrönt, die zu einem Tor aufgestellt sind. Genauer gesagt sind es mittlerweile Nachbildungen jener Knochen, die an die große Walfängerzeit der Insel erinnern sollen.
Bereits 1908 wurde das Museum von dem Badearzt und Heimatforscher Dr. Carl Haeberlin gegründet und ist damit eines der ältesten Heimatmuseen Deutschlands. Das Areal ist wie ein kleines Freilichtmuseum gestaltet: Neben der kleinen, 1924 erbauten Bockwindmühle (Pfahlmühle), die 1953 von der Hallig Langeneß hierher versetzt wurde (→ Foto S. 10), steht auf dem Gelände auch die älteste Föhrer Scheune (18. Jh.), die mit allerlei landwirtschaftlichen Geräten bestückt ist. Sie

Walkinnladen als Eingangstor: Friesenmuseum Wyk

Föhr → Karte vorderer Umschlag

stammt ursprünglich aus Midlum und wurde 1999 originalgetreu im Museum wiederaufgebaut. Eine weitere Attraktion ist das älteste Friesenhaus der Insel, Haus Olesen. Es wurde 1617 in Alkersum errichtet und im Jahr 1927 hierher versetzt. Dieses uthlandfriesische Haus verdeutlicht die früher übliche Föhrer Wohn- und Wirtschaftsweise, in der Mensch und Vieh unter einem Dach wohnten. Vor dem Haus Olesen steht eine von einem Zaun aus Walknochen umgebene Harpunen-kanone aus dem Jahr 1938. Komplettiert wird das Museumsgelände durch zwei rekonstruierte Grabkammern aus der Bronzezeit sowie ein paar mittelalterliche Steinsärge. Hinter dem Haupthaus befindet sich ein vorgeschichtlicher Grabhügel, der Galgenberg genannt wird, weil er in späteren Zeiten wahrscheinlich als Richtstätte von Osterland-Föhr diente. Das gesamte Außengelände des Museums samt einem schönen Rosengarten ist auch ohne Eintritt zu besichtigen.

Im mit dem alten Schiffsnamen „Drie Süsters" versehenen Haupthaus des Museums gibt es in 10 Räumen eine ganze Reihe von sehr interessanten geologischen, archäologischen und naturkundlichen Objekten zu bestaunen. Sie belegen die landschaftliche Entstehung, die menschliche Besiedlung von der Steinzeit bis in die Wikingerzeit und die reichhaltige Fauna der Insel – so gibt es beispielsweise eine Vogelvitrine mit über 90 ausgestopften Arten. Außerdem wird – auch mit Filmen – die Geschichte des Wal- und Entenfangs (in Vogelkojen) anschaulich gemacht. In einem Raum kann man zudem Flüssigkeitspräparate von Meerestieren (mit interessanten Details, z. B. einem Walauge) bestaunen. Weitere Themen sind die Geschichte des Badetourismus, aber auch die Auswanderungswelle im 19. Jh. Die Ausstellung bezieht auch inseltypisches Handwerk, die Baukultur und das Inselbrauchtum wie Biikebrennen oder Ringreiten mit ein. Im ersten Stock des Museums wurde ein Pesel (Wohnstube) aus der Walfängerzeit rekonstruiert, ebenso wie eine altfriesische Goldschmiedewerkstätte. Ein interessantes Ausstellungsobjekt ist ein Propeller des legendären, 1932 in Wyk gelandeten Großflugbootes Do X, das unter dem Kommando eines Wyker Flugkapitäns stand.

Juli/Aug. tägl. 10–17 Uhr, Mitte März bis Okt. Di–So 10–17 Uhr, Nov. bis Mitte März Di–So 14–17 Uhr. Erw. 3,50 € (ohne Kurkarte 4,80 €), erm. 2 € (2,50 €), Familien 8 € (11 €). Das Außengelände ist auch ohne Eintritt zu besichtigen. Kombiticket mit dem Museum Kunst der Westküste (Alkersum) Erw. 8,50 €, erm. 5 €, Familien 17,50 €. Für Kinder gibt es eine Museumsrallye (ganzjährig) und in den Ferienzeiten Kinderführungen. Rebbelstieg 34, ☎ 04681-2571.

Nationalpark-Haus

Im zweiten Stock des am Marktplatz gelegenen Wyker Rathauses befindet sich eine wirklich gut gemachte Ausstellung, die in einer Art Zeitreise farblich durch die Jahreszeiten im Nationalpark Wattenmeer führt. Dem kalten Winter (dunkelblau) folgen der erwachende Frühling (hellgrün), dann der sonnige Sommer (gelb) und schließlich der stürmische Herbst (rot). Hier gibt es einiges zu entdecken. So zeigt beispielsweise ein begehbarer Wattwürfel die verborgenen Wattbewohner, in Aquarien leben Schollen im Sandboden oder drehen Katzenhaie ihre Runden und ein (ausgestopfter) Seehund darf natürlich auch nicht fehlen. Fazit: Vielleicht die gelungenste Ausstellung dieser Art an der Küste.

April bis Okt. tägl. (außer Sa) 10–17.30 Uhr, Nov. bis März Do und Sa 14–17 Uhr. Erw. 2,50 €, Kinder 1,20 €, Familien 6 €. Für Kinder gibt es einen Erkundungsbogen. Das Haus bietet auch einige interessante Veranstaltungen an, u. a. einen Halligtörn nach Hooge (inkl. Überfahrt 7 Std.) oder eine naturkundliche Wattwanderung (2 Std.) ab Strandaufgang Nieblum. Hafenstr. 23 (Rathausplatz) in der Amtsverwaltung Föhr-Amrum, 2. Etage (Eingang rechts), ☎ 04681-4290, www.nph-foehr.nationalparkservice.de.

Glockenturm

Der achteckige, schlanke Backsteinbau mit Turmuhr und einem schiefergedeckten Turmhelm diente lange Zeit als Kirchturm. Denn Wyk gehört wie die umliegenden Dörfer zum Kirchspiel der im 12. Jh. auf freiem Feld bei Boldixum erbauten St.-Nicolai-Kirche. Deren Glocken jedoch konnten die Wyker bei den vorherrschenden starken Winden kaum hören. Um diesen Mangel zu beheben, errichtete man dort, wo Große Straße und Mittelstraße aufeinandertreffen, schon im Jahr 1701 einen Turm aus Holz, den aber bald ein Sturm zerstörte. Als auch ein zweiter hölzerner Turm dem stürmischen Wetter zum Opfer fiel, wurde dieser im Jahr 1886 durch den heutigen backsteinernen Glockenturm ersetzt. Seit jeher diente er nicht nur als Kirchturm, sondern auch zur Warnung der Einwohner Wyks vor Feuersbrunst und Sturmflut. Längst ist er architektonischer Mittelpunkt (am landseitigen Endpunkt der Fußgängerzone) und Wahrzeichen der Stadt geworden.

Am Glockenturm hängen zwei deutschnational wirkende Gedenktafeln, die an die „Befreiung Föhrs von dänischer Herrschaft" im Jahr 1864 erinnern und an die Volksabstimmung vor 1920, als sich der Großteil der Föhrer Gemeinden für den endgültigen Verbleib bei Deutschland aussprach. Eine dritte Tafel weist darauf hin, dass angesichts der damals schon knappen Kassen der öffentlichen Verwaltung der Turm seinerzeit von der Wyker Sparkasse finanziert wurde.

St.-Nicolai-Kirche

Das im heutigen Wyker Ortsteil Boldixum gelegene Gotteshaus ist weitläufig von einem Friedhof umgeben, auf dem noch viele der für die Insel so charakteristischen „sprechenden Grabsteine" mit den eingemeißelten Lebensläufen der Verstorbenen stehen (→ S. 47). Erbaut wurde die backsteinerne Kirche um 1240. Der trutzige, 29 m hohe und von zahlreichen Eisenankern gesicherte Turm wurde im 15. Jh.

angebaut (und 1930 an der Westseite neu verblendet), das nördliche Seitenschiff (mit Tonnengewölbe und Empore) im Jahr 1707 wegen der schnell wachsenden Bevölkerung Wyks hinzugefügt. Die von außen so massig wirkende Kirche präsentiert sich von innen mit ihren hellen Wänden, der hübsch nach gotischem Vorbild verzierten Gewölbedecke und dem zartblauen Kirchengestühl ohne Mittelgang als ein freundliches, fast ein wenig heimelig wirkendes Gotteshaus. Eine 1,40 m hohe, um das Jahr 1300 erschaffene Holzfigur steht links vor dem Altarbereich am Chorpfeiler. Es handelt sich um den hl. Nikolaus von Myra, den Patron der Seefahrer, Kaufleute und Kinder, nach dem die Kirche benannt ist. Der 1643 aus Lindenholz geschnitzte Altar in der Form eines lateinischen Kreuzes zeigt in der Mitte das letzte Abendmahl und an den Seiten Szenen aus dem Neuen Testament. Die reich verzierte Kanzel mit prächtigem Schalldeckel wurde 1630 errichtet. Den Sockel

Hübsch verzierte Gewölbedecke:
St. Nikolai

schmücken plattdeutsche Bibelzitate. Der zentral stehende, kunstvoll aus Gotländer Kalkstein gemeißelte Taufstein stammt noch aus der Erbauungszeit der Kirche, das schöne, im Kirchenschiff hängende Votivschiff dagegen aus dem Jahr 1955.

Ein besonderes Ausstattungsstück der Kirche ist die Barockorgel von 1735, die von Johann Hinrich Klapmeyer erbaut (sein Vater war ein Schüler Arp Schnitgers) und im Jahr 1955 auf 25 Register erweitert wurde. Auf ihr lassen sich besonders gut Werke alter Meister spielen.

St. Nicolai hat überdies eine besondere geschichtliche Bedeutung, denn hier wurden im späten Mittelalter Gerichtstagungen abgehalten und im Jahr 1426 wurde von nordfriesischen Gebietsvertretern eine eigene Gesetzgebung verabschiedet (→ Siebenhardenbeliebung S. 32).

Mo–Sa 8–16.15 Uhr, So nach dem Gottesdienst bis 16.15 Uhr. Orgelführung in der Saison Mo 17 Uhr. St. Nicolai ist bekannt für seine vielen Kirchenkonzerte (häufig Do und Sa 20 Uhr). Bis auf wenige Ausnahmen ist der Eintritt zu den Konzerten frei (Spende erbeten). Boldixum, Kirchweg (Kirche), St. Nicolaistr. 10 (Kirchenbüro), ✆ 04681-3650.

Windmühle

Zu ihrer Entstehungszeit am Stadtrand erbaut, liegt sie heute mitten in der Stadt (Mühlenstraße) und ist schön anzusehen. Die mit Schiefer gedeckte Holländerwindmühle trägt den wohlklingenden Namen „Venti Amica" (Freundin des Windes). Eine Gedenktafel erinnert daran, dass ab dem Erbauungsjahr im Jahr 1879 die Föhrer Heimatdichterin Stine Andresen (1849–1927) in der Mühle lebte, denn ihr Mann Emil war der Müller Wyks. Nach dem Tod von Müller Andresen wechselte die Mühle häufig ihren Besitzer. Der zweistöckige Galerieholländer mit dem angelehnten Mühlstein sieht von außen so aus, als sei er noch betriebsbereit. Obgleich die Segelflügel noch windgängig sind, ist aber seit Langem schon die wesentliche Mühlentechnik entfernt worden, denn die Mühle dient seit den 1950er-Jahren Wohnzwecken und ist daher nicht näher zu besichtigen.

Wie so oft bei Mühlenbauten standen schon Vorgängermühlen an gleicher Stelle. Im 18. Jh. war dies zunächst eine Bockwindmühle. Diese wurde im Jahr 1825 abgerissen und durch einen reetgedeckten Galerieholländer ersetzt, der jedoch 1878 durch Blitzschlag zerstört wurde.

Boldixumer Vogelkoje

Diese teichartig angelegte Entenfanganlage wurde als letzte der Insel 1879 in der abgelegenen, nordwestlichen Marsch errichtet und ist heute von einem kleinen Wäldchen umgeben. Infotafeln sowie wiederhergestellte Fangkanäle (Pfeifen) und das Kojenwärterhaus geben einen guten Einblick in die Technik des für die Insel lange Zeit so typischen Wildentenfangs (→ unten).

In der Saison Mo–Fr 10–12 Uhr. Zum Erhalt der Vogelkoje wird um eine Spende gebeten (Richtwert: Erw. 1 €, Kinder 0,50 €). Kinder dürfen mit bereitliegendem Brot die Enten füttern. Die Koje liegt 4 km nördlich von Wyk.

Vogelkojen – Entenjagd der besonderen Art

Vogelkojen sind ursprünglich eine holländische Erfindung (von niederl. *kooi* = Käfig), wo sie bereits ab dem 16. Jh. eingerichtet wurden. Auf den Nordfriesischen Inseln wurden sie im 18. Jh. und vor allem im 19. Jh. an besonders abgelegenen Stellen errichtet, um im Herbst ziehende Wildenten zu fangen. Zu diesem Zweck hat man quadratische Süßwasserteiche angelegt, die mit Buschwerk (heute Wäldchen) umgeben waren. An allen vier Ecken des Teiches baute man sich allmählich verjüngende und von Maschendraht umgebene bogenförmige Fangkanäle, die sog. Pfeifen, an deren Ende sich ein Fangkorb befand. Das Geschnatter von zahmen Enten lockte die arglosen Wildenten in die mit Futter bestückten Pfeifen. Geschützt durch eine Schilfkulisse beobachtete ein Kojenmann das Geschehen, scheuchte die Enten dann in den Fangkorb und ringelte sie – drehte ihnen den Hals um.

Die von der dänischen Verwaltung konzessionierten Kojen gehörten mehreren Anteilseignern und waren eine wichtige Einnahmequelle auf den Inseln. In Wyk auf Föhr und in Nebel auf Amrum wurden zeitweise sogar Wildentenkonservenfabriken betrieben, um Tausende von Enten haltbar zu machen und zu vermarkten.

Auf Föhr gab es sechs Vogelkojen, in denen zusammen jährlich etwa 40.000 Enten gefangen wurden. Nach dem Zweiten Weltkrieg ging der Fang der scheuen Enten so drastisch zurück, dass sich der Unterhalt der Kojen nicht mehr lohnte. Vier Vogelkojen sind bis heute dennoch in Betrieb. Sie haben aus eher traditionellen Gründen eine genehmigte Fangquote von jährlich 600 Enten, die allerdings nicht annähernd ausgeschöpft wird. Lediglich die Boldixumer Vogelkoje ist heute zur Besichtigung freigegeben.

Auf Amrum gab es zwei Vogelkojen, eine (wenig erfolgreiche) an der Straße zwischen Wittdün und Süddorf (heute ein kleiner Teich) und die Vogelkoje Meeram bei Norddorf, die heute ein von einem informativen Bohlenweg umgebenes Ausflugsziel ist.

Wrixum

690 Einwohner

Das idyllische Straßendorf an der Grenze zur Stadt Wyk wird überragt von einer achteckigen Windmühle, dem Wahrzeichen des Dorfes. Schon von Weitem weisen die großen weißen Flügel des schönen, an der Hauptstraße gelegenen Kellerholländers den Weg.

Das lang gezogene Straßendorf ist baulich völlig mit Wyk-Boldixum zusammengewachsen und doch verwaltungstechnisch noch immer eine eigenständige Gemeinde. Zum Zentrum von Wyk oder auch zum Strand sind es nur 2 km, die schnell mit dem Bus oder dem Fahrrad bewältigt werden können. Die vielen Ferienhäuser und -wohnungen sind Ausdruck der Nähe zur Urlauberhochburg Wyk.

Dennoch ist Wrixum ein ausgesprochen ruhiges Dorf, das sich im Grunde genommen nur zwischen zwei flankierenden Straßen erstreckt – der Hauptstraße namens Hardesweg und dem Ohl Dörp an der Grenze zur nördlichen Marsch. Im Ortsbild finden sich noch eine Menge (oft neu erbaute) reetgedeckte Friesenhäuser, die man am besten bewundern kann, wenn man ein Stück den sich im Zickzack mitten durch das Dorf schlängelnden Fußweg entlanggeht, der von den Einheimischen „Bop" genannt wird.

Geschichte: Der Ortsname Wrixum (friesisch *Wraksem*) bedeutet soviel wie „Siedlung des Wigrik". Zwar entstand der Ort im Mittelalter (15. Jh.) als typisches Straßendorf unmittelbar entlang der für die Landwirtschaft so wichtigen fruchtbaren Marsch, doch die Nähe zur See war den Wrixumern schon immer wichtiger. Insbesondere zur Blütezeit des Walfangs lebten die meisten Familien des Ortes von der gefährlichen Seefahrt, was auch bedeutete, dass es in dieser Zeit viele Witwen und Waisen im Dorf gab. Erst mit dem Niedergang des Walfangs verlegten sich die Wrixumer vorübergehend wieder auf Ackerbau und Viehzucht, bevor der heute alles beherrschende Fremdenverkehr auch hier Einzug hielt. Die dominierende Mühle findet sich heute auch im Wappen der Gemeinde, darüber zwei rotschnäbelige Austernfischer, die charakteristischen Vögel des Wattenmeeres.

Reetgedeckter Kellerholländer: Wrixumer Mühle

Information Gemeinde Wrixum, Hardesweg 29, 25938 Wrixum auf Föhr, www.wrixum.de. Unter der Rubrik „Tourismus" finden sich Wrixumer Ferienhäuser und -wohnungen, die über einen Link zu einer Betten-Börse gebucht werden können.

Fahrradverleih Fahrradverleih Nordseewind, Herrmann Thiessen, Ohl-Dörp 18 b, ✆ 04681-580830; Eleonore Baerenzung, Dörpwundt 13, ✆ 04681-2402.

Übernachten/Essen **** Inselhotel Arfsten. Im friesischen Stil eingerichtetes Hotel garni, sehr ruhig an der Grenze zwischen Wrixum und Boldixum am Rande der

Föhr → Karte vorderer Umschlag

Marsch gelegen. Komfortable Zimmer, die meist auch mit einer eigenen Küchenzeile versehen sind. Reichhaltiges Frühstücksbüfett, aber kein Restaurant im Haus. Dafür gibt es nachmittags selbst gebackenen Kuchen. Geschützte Sonnenterrasse und parkartige Liegewiese am Haus. Im Jahr 2010 kam das Hotel groß in die Schlagzeilen, weil Schleswig-Holsteins Ministerpräsident Peter Harry Carstensen in der gemütlichen Friesenstube (Pesel) des Hotels heiratete. Leihfahrräder stehen kostenlos zur Verfügung. DZ 90–140 €. Ohl-Dörp 64, ☎ 04681-2331, ✆ 04681-4701, www.arfsten.de.

Die Mühle. Abendlokal mit nettem Kerzenlichtambiente im ehemaligen Mehl- und Absackboden der Wrixumer Mühle. Es gibt v. a. deftige Grillspezialitäten (gerne und häufig auch Lamm). Tägl. ab 17 Uhr. Hardesweg 54, ☎ 04681-8717.

Wrixumer Mühle

Schon seit dem 15. Jh. stand an dieser Stelle eine Mühle. Der Vorgängerbau, eine Bockwindmühle, fiel jedoch im Jahr 1850 der Brandstiftung eines dänischen Soldaten zum Opfer. Vom Jahr 1851 an, nun als reetgedeckter Kellerholländer erbaut, war die jetzige Mühle noch bis 1960 in Betrieb, wenn auch die Mühlsteine längst von Motoren betrieben wurden. Im Erdgeschoss befindet sich heute ein Restaurant, im oberen Teil ist die achteckige und taillierte Mühle aber noch weitgehend im Originalzustand erhalten. Allerdings sind die Segelflügel derzeit nicht windgängig.

Als einzige der fünf Mühlen Föhrs ist die Wrixumer Mühle auch zu besichtigen. Der Eingang befindet sich seitlich des Restaurants. Drei schmale Stiegen geht es hinauf, dann lässt sich die Mühlentechnik mit Königswelle, Kornaufzügen und Schütten bis hin zum hölzernen Zahnkranz bewundern, der normalerweise die Flügel in den Wind dreht. Auch der alte Mühlstein ist erhalten. Er drehte sich früher hier bis zu 130-mal in der Minute. Die Mühle fungiert auch als eine Art Kunsthandwerksgeschäft, in dem man die Kunst des Zinngießens bestaunen kann. An der Westseite der Mühle befindet sich ein Abenteuerspielplatz. In Mühlennähe wurde zudem ein kleiner Park angelegt.

In der Saison i. d. R. 10–13 Uhr, oft auch zusätzlich 16–18 Uhr. Eintritt 2 € (ohne Führung 1 €), Kinder 1 € (0,50 €). Es gibt eine kindgerechte Mühlenführung, auf welche die Eheleute Annegard meist mit einer netten Geschichte einstimmen. Hardesweg 54, ☎ 04681-748388 oder ☎ 0171-2687140.

Oevenum

480 Einwohner

Keine 4 km von Wyk entfernt und doch ruhig im Grünen zwischen Marsch und Geest gelegen: Das gemütliche Friesendorf ist geprägt von reetgedeckten Häusern und gepflegten Gärten. Doch einmal in der Woche – donnerstags – ist es mit der Beschaulichkeit vorbei. Dann wird Oevenum zum Schauplatz eines beliebten Bauernmarktes.

Auch das Straßendorf Oevenum besteht im Wesentlichen aus zwei parallelen Straßen, Dörpstraat und Buurnstraat, welche durch viele Gänge und Wege miteinander verbunden sind. Es zeigt sich das für Föhr typische Dorfbild mit einigen wirklich idyllischen Ecken.

Schon seit 1982 findet in den Sommermonaten jeden Donnerstagvormittag ein traditioneller **Bauernmarkt** statt. Dann reiht sich von der Dorfmitte bis zur Friedenseiche am nordöstlichen Ortsrand ein Verkaufsstand an den anderen. Der Markt ist jedoch kein Bauernmarkt im klassischen Sinne, denn hier wird vor allem

Selbstgefertigtes feilgeboten. Es gibt Kunsthandwerk und Strickwaren, aber eben auch landwirtschaftliche Produkte, wie selbst gemachte Marmelade oder Ziegenkäse. Der Markt ist zudem Trödel- und Flohmarkt. Dementsprechend voll ist es zur Marktzeit im sonst so ruhigen Oevenum. Um Abhilfe zu schaffen, wurden am Ortseingang und -ausgang kostenfreie Parkplätze und sogar Fahrradparkplätze eingerichtet.

Außerhalb der Markttage geht es in Oevenum jedoch außerordentlich beschaulich zu; viel Ruhe also, auch für die netten Ferienunterkünfte. Die Grundversorgung mit Gasthof, Backstube und kleinem Supermarkt ist ebenfalls gesichert. Im Gegensatz zu einigen anderen Inseldörfern spielt in Oevenum auch die Landwirtschaft noch eine, wenn auch untergeordnete, Rolle.

Mitten im Ortskern steht an der Hauptstraße (Dörpstraat/Ecke Karkenstieg) das 1707 erbaute und 1853 erweiterte ehemalige **Schulhaus.** Nach dem verheerenden Brand im benachbarten Nieblum im Jahr 1796 beschloss man, auch in Oevenum für einen solchen Fall Vorsorge zu treffen. Daher bestellten die Oevenumer in Amsterdam eine Glocke – in der Stadt, von der die meisten

Wöchentlich stattfindender Publikumsmagnet: Bauernmarkt in Oevenum

Föhringer Walfänger in Richtung Grönland starteten – und montierten sie auf dem Schulhaus, wo sie noch heute ihren Platz behauptet. Von nun an läutete die Glocke jeden Morgen zu Schulbeginn und mittags um 12 Uhr. Aber sie alarmierte die Einwohner auch zuverlässig, wenn es brannte oder andere Gefahren wie z. B. eine Sturmflut drohten. Allerdings ist die nach wie vor nur von Hand zu bedienende Glocke nach heutigen Maßstäben eher ein Glöckchen. Sie wird immer noch benutzt und läutet insbesondere dann, wenn ein Oevenumer nach Nieblum zu Grabe getragen wird.

Gegenüber dem Schulhaus, gleich neben dem Spritzenhaus, befand sich bis 1963 der alte Löschteich. Dann wurde er zugeschüttet und eine kleine Grünanlage gestaltet. An dem dortigen Ziegelbau befinden sich eingefasste Gedenktafeln aus Bronze, welche auf Deutsch und auf Friesisch die Inselgeologie und -geschichte aufzeigen.

Geschichte: Der Ortsname Oevenum (friesisch *Ööwnem*) hat wie so oft in Nordfriesland einen ganz pragmatischen Hintergrund. 1438 erstmals urkundlich erwähnt, leitet er sich von Ove (Uwe) ab und bedeutet mit der Endung „um" schlicht „Oves Siedlung". Auch Oevenum hat durch die Walfängerzeit im 17. und 18. Jh. eine große Seefahrertradition. Im Ort entstand die erste Föhrer Navigationsschule, wo in den Wintermonaten erfahrene Steuermänner und Commandeure ihr Wissen an die Jugend weitergaben. Die Oevenumer waren es auch, die nach holländischem Vorbild im Jahr 1730 ganz im Norden der Insel die erste Föhrer Vogelkoje bauten.

Die Friedenseiche am Ortsrand (Nähe Milchschafhof) wurde 1871 aus Freude über das Ende des Deutsch-Französischen Krieges gepflanzt. Die Eiche selbst ist nicht einmal sehr spektakulär, wird aber von den Dorfbewohnern als Kulturgut gepflegt. Interessanterweise hat am Ortseingang (von Wyk kommend links) auf einer kleinen Grünfläche auch noch eine alte eiserne Ortstafel die Zeit überdauert. Sie erinnert daran, dass Oevenum bis 1920 zum Amtsbezirk Osterland-Föhr des Kreises Tondern gehörte. Zu dieser Zeit standen auf einem Ortsschild nicht nur der Dorfname (Oevenum) und der Kreis (Tondern), sondern auch der Landwehrbezirk (Apenrade, heute das dänische Aabenraa) und das Kirchspiel (St. Johannes, Nieblum).

In der heute noch selbstständigen Gemeinde Oevenum ist man zu Recht stolz darauf, dass hier 1882 Deutschlands erste Jugendfeuerwehr gegründet wurde – damit ist sie wahrscheinlich sogar die weltweit älteste Organisation dieser Art. Damals war das sicher eine gute Entscheidung, denn während die Männer auf dem Feld oder auf See für den Lebensunterhalt sorgten, waren die Kinder und Jugendlichen im Dorf und konnten im Brandfall sofort reagieren. Und auch heute noch ist die Freiwillige Jugendfeuerwehr Oevenum recht aktiv.

Information Oevenum unterhält keine eigene Kurverwaltung, sondern hat sich der Kurverwaltung Nieblum angeschlossen. Gemeinde Oevenum, 25938 Oevenum auf Föhr, www.oevenum.de (Vermieterübersicht unter der Rubrik „Gastgeber").

Bauernmarkt Mai bis Mitte Sept. Do 10–12 Uhr in der Dorfmitte.

Einkaufen → Karte S. 99. **Föhrer Fischräucherei 6** Kleiner Fischladen im Reetdachhaus, gleichzeitig gemütlich rustikaler Fischimbiss. Hier gibt es eine Theke zum Frischfisch- und Räucherfischverkauf, aber auch zwei kleine Tische. Genau das Richtige also, um sich bei einer Fahrradtour mit einem frischen Fischbrötchen zu stärken. In der Saison tägl. 10–17 Uhr. Buurnstraat 79, ☎ 04681-748471.

Oevenumer Milchschafhof 7 Kleiner Hofladen der Familie Petersen, in dem v. a. (aber nicht nur) das vermarktet wird, was die Schafzucht der Milch- und Fleischschafe so hergibt; also frische Schafsmilch (zweimal tägl. wird gemolken), Schafskäse (in der Dunsumer Molkerei verarbeitet), Wollprodukte und Felle. Es gibt auch Föhrer Honig, Marmeladen, Kartoffeln, Gemüse und etwas Kunsthandwerk. Gäste können John Petersen des Öfteren beim Schafscheren in der Scheune zusehen. Mai bis Okt. tägl. (außer So) 10–12 und 14–18 Uhr. Buurnstraat 46 (in der Nähe der Frie-

denseiche am nördlichen Dorfrand am Übergang zur Marsch), ☎ 04681-570176. ■

De ole Theestuv (Oevenumer Theecompagnie) 10 Nett gemachter Teeladen mit reicher Auswahl in einem reetgedeckten Friesenhaus an der Hauptstraße. Im Angebot sind nicht nur 300 Sorten Tee, sondern auch diverse Gewürze, Bonbons und Marmeladen, auch Spirituosen und natürlich (Bio-)Kaffee. Zudem sind Geschenkartikel und einige Antiquitäten im Sortiment. Di–Fr 10–13 und 15–18 Uhr, Sa nur 10–13 Uhr. Dörpstraat 49, ☎ 04681-4514.

Töpperhus 11 Bereits seit 1977 existiert in dem schönen Haus die kleine Töpferei von Petra Stölten. In dem netten kleinen, dicht bestückten Töpferladen im Wohnhaus können Sie gelungene Gebrauchskeramik und andere geschmackvolle Keramikarbeiten erstehen, meist in typisch friesischem Blau-Weiß. Mo–Fr 14–18 Uhr (und wenn die Tür offen ist). Dörpstraat 21.

Ziegenhof Matzen 5 Weit draußen in der Oevenumer Marsch, schon fast am Nordseedeich, befindet sich in der Nähe des Windparks die Ziegenkäserei von Jan Matzen (beschildert). Hier wird ein prima Ziegenkäse hergestellt, den Sie in verschiedenen Föhrer Lebensmittelgeschäften, aber auch natürlich im Hofladen erwerben können. Im Sommerhalbjahr Mo und Fr 14–16 Uhr. Aussiedlung 7, ☎ 04681-501190. ■

Übernachten
4 Midlumer Krog
8 Landhaus Laura
9 Krögers Dörpskrog
12 Rackmers Hof

Essen & Trinken
4 Midlumer Krog
6 Föhrer Fischräucherei
8 Landhaus Laura
9 Krögers Dörpskrog

Midlum

Oevenum

Friedenseiche

Cafés
1 Rad'l Rast
3 Café Alte Schule

Einkaufen
2 Schäferlädchen
5 Ziegenhof Matzen
6 Föhrer Fischräucherei
7 Oevenumer Milchschafhof
10 De ole Theestuv
11 Töpperhus

Midlum und Oevenum

100 m

Wyk

Fahrradverleih Franz Petersen, Buurnstraat 26, ☎ 04681-8303 oder 0170-9064390.

Übernachten/Essen → Karte S. 99. **Landhaus Laura 8** Die 16 Zimmer und Suiten in einem ehemaligen Reethof sind individuell und geschmackvoll im noblen Landhausstil eingerichtet. **Lauras Restaurant** mit vergleichsweise einfach anmutender, aber dennoch sehr geschmackvoll-rustikaler Einrichtung befindet sich im ehemaligen Kuhstall des Hofes. Hier genießen Sie eine gehobene und unverfälschte regionale Küche, v. a. frische Muschel- und Fischgerichte. Das Restaurant hat tägl. ab 17.30 Uhr geöffnet (Voranmeldung erbeten), der nette und geschützt liegende Kaffeegarten aber auch nachmittags. Dann können Sie z. B. einen schmackhaften Heidelbeer-Buttermilch-Kuchen genießen. DZ 100–165 €. Buurnstraat 49, ☎ 04681-59790, ✆ 04681-597935, www.landhaus-laura.de.

≫≫ **Mein Tipp: Rackmers Hof 12** Ein komfortables und gemütliches Hotel garni mit freundlichem Service. 11 luxuriöse Suiten (meist 2-geschossig) mit Holzböden und Einbauküche; kleiner Wellnessbereich (2 Saunen und Massage). Ausgewogenes und sehr gutes Vital-Frühstück in der Kapitänsstube oder auf der Terrasse. Das Anwesen besteht aus drei reetgedeckten Häusern mit schönem Garten. Suite ab 135 €. Buurnstraat 1, ☎ 04681-746377, ✆ 04681-7412844, www.rackmers.de. ≪≪

Krögers Dörpskrog 9 Reetgedecktes, traditionelles (1713 gegründet) und bodenständiges Wirtshaus mit Gaststube, Festsaal und mit gutbürgerlicher Küche (Heringstopf, Labskaus, Bratfisch, Rumpsteak). Gastgarten hinter dem Haus. Tägl. (außer Do) 12–14 und 17.30–21 Uhr. Im Krog sind auch 8 ordentliche Zimmer zu mieten. DZ ab 70 €. Dörpstraat 24, ☎ 04681-2103, ✆ 04681-570231, www.doerpskrog-oevenum.de.

Midlum

Der Ortsname weist schon darauf hin: Midlum liegt im Herzen der grünen Insel am Rande der Marsch. Obwohl nur 1 km von Oevenum entfernt, geht es hier noch ein wenig ruhiger und beschaulicher zu als in den Nachbardörfern.

Davon, dass der Ort an den historischen Hauptwegen lag, spürt man heute kaum noch etwas. Der einstige Mittelpunkt der grünen Insel ist heute zur Randlage geworden, von geschäftigem Trubel keine Spur. Midlum mit seinen friesischen Reetdachhäusern bedeutet Erholung pur – außer einem Dorfkrug und einem Café gibt es noch ein kleines Schäferlädchen im Dorf. Der Ortskern wird von ein paar sehr schönen Friesenhöfen geprägt, vor denen im Spätsommer herrliche Stockrosen blühen. Für Fahrradurlauber ist Midlum durchaus als Ausgangspunkt attraktiv, man ist fast ebenso schnell an der West- wie an der Ost- oder der Südküste Föhrs. Im Norden des Dorfes erstreckt sich das weite Marschland der Gemeinde, das ebenfalls zu ausgedehnten Spaziergängen und Fahrradtouren einlädt.

Geschichte: Kaum zu glauben, dass bis ins frühe 18. Jh. Midlum sogar durch einen aus einem Priel entstandenen kleinen, schiffbaren Kanal mit Wyk verbunden war und demzufolge einen kleinen Hafen besaß (heute befinden sich auf dem Areal das Feuerwehrgerätehaus bzw. das Dorfgemeinschaftshaus).

Als Middelum („in der Mitte gelegenes Heim") wurde Midlum (friesisch *Madlem*) erstmals 1462 urkundlich erwähnt. Schon vorher befanden sich hier eine namenlose Siedlung und wahrscheinlich sogar ein Kloster mit einer kleinen Holzkapelle. Vor den großen Sturmfluten (1362 und 1634), als sich rund um den erhöhten Geestkern der heutigen Insel noch von Prielen durchzogenes Festland befand, kreuzten sich im heutigen Midlum zwei Hauptwege, sog. Salzstraßen, auf denen kostbares Salz und andere Güter transportiert wurden.

Die Lage des Haufendorfes in der Inselmitte war wohl auch ausschlaggebend dafür, dass Midlum noch bis zum Jahr 2006 Sitz der Amtsverwaltung Föhr-Land war, die aus den 11 Landgemeinden der Insel bestand. Im Jahr 2007 wurde dann zusammen mit den Gemeinden Amrums und der Stadt Wyk das neue Amt Föhr-Amrum mit Sitz in Wyk gebildet. Eine zentrale Funktion ist dem Ort immerhin geblieben: Midlum ist Domizil des Kindergartens und der Grundschule Föhr-Ost.

Information   Gemeinde Midlum, 25938 Midlum auf Föhr, www.midlum-auf-foehr.de (Vermieterübersicht unter der Rubrik „Tourismus"). Vor Ort keine Zimmervermittlung.

🌿 **Einkaufen** → Karte S. 99. **Schäferlädchen 2** Hier gibt es alles rund ums Schaf, nicht nur leckere Wurstspezialitäten, sondern auch die weichen Felle, Schafwollpullover und Seife. An de Marsch 23, 📞 04681-3798. ∎

Übernachten/Essen → Karte S. 99. **Midlumer Krog 4** Geräumiger, bodenständiger Gasthof mit reichhaltiger und guter, wenn auch nicht unbedingt preiswerter Küche. Lecker ist z. B. der Grillteller. Friesisch-

behagliche Gaststube. Wechselnde Öffnungszeiten. Im Gästehaus gibt es auch einige Doppelzimmer, Frühstücksbüfett im Krog. DZ 70–90 €. Dörpstraat 50, 📞 04681-2764, 📠 04681-501640, info@midlumer-krog.de.

»» Mein Tipp: Café Alte Schule 3 Urgemütlich-enges Kaffeetrinken im schön gestalteten Lehrerzimmer, Konferenz- und Schulraum eines 1880 erbauten Schulgebäudes, in dem die Midlumer Kinder bis 1958 unterrichtet wurden. Die Torten- und Kuchenspezialitäten aus der eigenen Konditorei (ohne künstliche Zusätze) sind ein Gedicht, z. B. Heidelbeerbaisertorte, Marzipantorte oder streuselkuchenartige Elfenkuchensternchen. Vor dem Haus befindet sich ein lauschiger, verschachtelter Bauerngarten mit Gästetischen, in dem auch ein weißes Haushuhn unterwegs ist. Tägl. (außer Di) 13.30–18 Uhr. Dörpstraat 28, ☎ 04681-8431. ≪

Rad'l Rast 1 2 km außerhalb gelegener Fahrradrastplatz am Aussiedlerhof in der Midlumer Marsch. Es gibt – ganz unfriesisch – bayerische Brotzeiten im schlichten Biergartenflair, aber auch Lamm vom Grill und natürlich hausgemachte Kuchen oder frische Waffeln. In der Saison tägl. 11–17 Uhr. Aussiedlung 11, ☎ 04681-570710.

Alkersum

420 Einwohner

Behagliches Friesendorf in der Inselmitte, das als Hochburg für Reitfreunde bekannt wurde. In den letzten Jahren hat Alkersum vor allem durch das Museum Kunst der Westküste eine enorme Aufwertung erfahren.

Das etwa 4 km nordwestlich von Wyk gelegene Alkersum hat die Form eines Haufendorfs. Hier nimmt das Leben noch einen etwas ruhigeren Gang als in den strandnahen Inseldörfern, auch wenn das Museum Kunst der Westküste für deutlich mehr Betrieb im Ort gesorgt hat.

Lag in früheren Zeiten Midlum besonders verkehrsgünstig, so trifft dies heute viel besser auf Alkersum zu, da sich im Ort die beiden Straßen der Nord-Süd- und Ost-West-Verbindung kreuzen. Allerdings kann auch hier keineswegs von einer starken Verkehrsbelastung die Rede sein – der relativ ruhige Ort liegt, wie auf Föhr üblich, am sturmflutsicheren, erhöhten Übergang zwischen Geest und unbewohnter Marsch. Es haben sich einige uthlandfriesische Häuser erhalten, die in jüngster Zeit liebevoll renoviert und teilweise zu Ferienwohnungen umgebaut wurden.

Beliebt ist das Dorf vor allem bei Pferdefreunden. Ob Ausflüge hoch zu Ross oder mit der Kutsche, mehrere Reiterhöfe bieten Entsprechendes an und machen mit insgesamt etwa 200 Pferden Alkersum zum Zentrum für Reiturlauber.

Dorfidylle in Alkersum

Föhr → Karte vorderer Umschlag

Föhrer Landwein

Kein Witz, aber seit dem Jahr 2009 wird in Alkersum (und dem Nachbarort Nieblum) im Rahmen eines schleswig-holsteinischen Landesprojektes Wein angebaut (übrigens auch auf Sylt). Dazu mussten gemäß EU-Recht erst Pflanzrechte erworben werden, die das Land Rheinland-Pfalz abgetreten hat. Wenn der Versuch gelingt, dann lässt sich vielleicht schon in einigen Jahren ein recht guter Föhrer Landwein genießen; immerhin ist die Sonnenscheindauer Föhrs durchaus vergleichbar mit der anderer deutscher Weinanbaugebiete; allenfalls die Feuchtigkeit könnte zum Problem werden. Dem soll aber durch die Verwendung pilzresistenter Weinsorten entgegengetreten werden. Ein erster (kleiner) Jahrgang wurde tatsächlich im Jahr 2011 schon eingefahren – und Abnehmer findet der schleswig-holsteinische Landwein mit dem verkaufsfördernden Label „Föhr" sowieso.

Geschichte: Auch Alkersum (friesisch *Aalkersem* = Heim des Aldger) wird 1462 erstmals urkundlich erwähnt. Dennoch ist es wahrscheinlich sogar das älteste Dorf Föhrs, denn es kann mit einer vor- und frühgeschichtlichen Historie aufwarten. Verschiedene Bodenfunde beweisen nämlich, dass dieser Flecken Erde schon vor 4000 Jahren besiedelt war.

Zudem hatte Alkersum über Jahrhunderte hindurch eine eigene Beliebung, also eine Verfassung, die dem kleinen Flecken große Unabhängigkeit zusicherte. Politisch ist Alkersum immer noch eine eigenständige Gemeinde, der Ort hat aber, wie auch die übrigen Gemeinden Föhrs, mit der Bildung des Amtes Föhr-Amrum im Jahr 2007 einen Teil dieser Selbstständigkeit aufgegeben.

Auch das älteste Haus der Insel, ja ganz Nordfrieslands, stammt aus Alkersum. Haus Olesen, ein Ständerbau aus dem Jahr 1617, steht allerdings nicht mehr an seinem ursprünglichen Platz, sondern wurde bereits im Jahr 1927 abgetragen und ins Friesenmuseum Wyk versetzt.

Information Gemeinde Alkersum, 25938 Alkersum auf Föhr, www.alkersum.de (unter der Rubrik „Gastgeber" neben Infos zu den Ferienhäusern und -wohnungen in Alkersum auch Infos zu anderen Orten der Insel). Vor Ort keine Zimmervermittlung.

Einkaufen Föhrer Inselkäse. Bauernhofcafé und Hofladen der Familie Hartmann, hier finden Sie vor Ort hergestellten Käse in sieben verschiedenen Geschmacksrichtungen. Zum Sortiment gehören aber auch Wurstwaren, Honig, Marmelade, Eier, Hausmacher-Nudeln und sogar Wein, Sanddornprodukte und etwas Kunsthandwerk. Der Laden dient auch als einfaches, aber nettes Hofcafé mit kleinen Holztischen (auch Tische auf der Wiese vor dem Hof). Es gibt nicht nur selbst gemachten Kuchen, sondern auch Flammkuchen und natürlich leckere Käsebrote. Mo–Sa 9– 18 Uhr, So erst ab 12 Uhr. Hauptstr. 9 (Ortsausgang Richtung Oldsum, hinter den Museumsparkplätzen), ✆ 04681-2492. ■

Museum Kunst der Westküste

Die Privatsammlung zeigt etwa 500 Gemälde aus einer hundertjährigen Epoche (1830–1930), die sich mit den Lebenswelten der Nordseeküste auseinandersetzen. Darunter sind Werke so bedeutender Künstler wie Emil Nolde, Edvard Munch, Max Liebermann oder Christian Krohg. Zwei Schwerpunkte bilden die nordfriesische Malerei sowie die Freilichtmalerei aus Norwegen, wobei das Thema „Meer und Küste" allgegenwärtig ist. Hinzu kommen jährlich wechselnde Sonderausstellungen.

Das Museum geht auf eine Sammlung von Dr. Frederik Paulsen zurück (Ferring-Stiftung). Er war der Gründer des schwedischen Pharmakonzerns Ferring (heute mit Hauptsitz in der Schweiz). Paulsen wählte nicht von ungefähr den Namen „Ferring", bezeichnet er doch sowohl die Sprache Föhrs als auch alles, was Föhr betrifft, denn seine Familie stammte aus Alkersum. Paulsen starb hochbetagt im Jahr 1997 nach einem langen Lebensabend in seinem Alkersumer Elternhaus.

Der moderne, sechsteilige, neue Gebäudekomplex (stattliche 13,2 Mio. €) ist ein Kontrapunkt zu den umgebenden Häusern im Friesenstil, ohne diese jedoch in Form und Größe zu dominieren. Im Rahmen der Baumaßnahme wurde auch der historische Dorfkrug „Grethjens Gasthof" innerhalb des Museumsensembles wiederaufgebaut. Er wird als (modern gestaltetes) Museumscafé und Restaurant genutzt (mittags leichte Bistroküche). Das Museum selbst wirkt durch die verschachtelte Bauweise von innen weitläufiger und wesentlich größer als es von außen den Anschein hat. Zur feierlichen Eröffnung im Jahr 2009 waren die dänische Königin Margrethe II. und Schleswig-Holsteins damaliger Ministerpräsident Peter Harry Carstensen anwesend.

März bis Okt. tägl. (außer Mo) 10–17 Uhr, Do bis 19 Uhr, Nov. bis Mitte Jan. tägl. (außer Mo) 12–17 Uhr, Mitte Jan. bis Anfang März geschlossen. Erw. 8 €, erm. 4 €, Familien 16 €, Kinder bis 12 J./Kunststudenten/Förderer frei. Parkplätze an der Hauptstraße am Ortsausgang Richtung Oldsum. Hauptstr. 1, ✆ 04681-747400, www.mkdw.de.

Ferring-Stiftung

Im Jahr 1988 besann man sich darauf, das schriftsprachliche Erbe der Inseln Föhr und Amrum in einem speziellen Archiv zu bündeln. Zu diesem Zweck verwahrt die in einem reetgedeckten Friesenhaus untergebrachte Stiftung des Gründers Dr. Frederik Paulsen (1909–1997) Literatur über beide Inseln und Kopien wichtiger Akten und stellt über 10.000 Bücher, eine Kartensammlung, Zeitschriften und Handschriften sowie ein Bildarchiv und Mikrofilme der interessierten Öffentlichkeit zur Verfügung. Die Stiftung hat sich auf die Fahnen geschrieben, nicht nur die friesische Sprache und Kultur zu fördern, sondern die Lebensbedingungen in den Küstengewässern zu erforschen und sogar medizinische Projekte zu unterstützen.

Präsenzbibliothek und Archiv der Ferring-Stiftung, Mo–Fr 9–12 Uhr oder nach Vereinbarung. Von Zeit zu Zeit werden im Stiftungshaus interessante Vorträge zu inselhistorischen Themen gehalten. Hauptstr. 7, ✆ 04681-741200, www.ferring-stiftung.net.

Nieblum   mit dem Ortsteil Goting 640 Einwohner

Nieblum ist Idylle pur. In Föhrs berühmtestem Dorf reiht sich ein reetgedecktes Friesenhaus ans andere, oft umgeben von sog. Friesenwällen oder alten Bäumen und umrankt mit Heckenrosen. Überragt wird das schöne Dorf von der größten der drei Inselkirchen, dem Friesendom.

Das Vorzeigedorf der Insel liegt zentral auf halber Strecke zwischen Wyk und Utersum und gilt wegen seiner vielen Reetdachhäuser als eines der schönsten Dörfer Schleswig-Holsteins. Das lockt natürlich Touristen an. An manchen Tagen schieben sich massenweise umherbummelnde Fußgänger und Fahrradfahrer, aber auch Autos durch das Bilderbuchdorf. Doch wenn der Besucherstrom am Nachmittag und frühen Abend abebbt, dann herrscht auch in Nieblum wieder Ruhe und Gelassenheit.

Die weiß getünchten oder backsteinroten **Kapitänshäuser** in den mit rauem Kopfsteinpflaster bestückten Straßen zeugen von einer Zeit, als die zu Wohlstand ge-

Föhr → Karte vorderer Umschlag

kommenen Föhrer Walfangkapitäne und Steuerleute hier in Nieblum ihre Alterssitze bauten. Die reich verzierten Eingangstüren dieser schönen Friesenhäuser sind häufig rosenberankt und deren Gärten mit Steinwällen (Friesenwällen) eingefasst. Viele der Häuser sind inzwischen zu Cafés und Restaurants, Geschäften oder Ferienunterkünften umgebaut worden, schließlich wollen das Heer der Gäste und die vielen Ausflügler angemessen versorgt werden (→ Foto S. 76 oben). Insgesamt haben im Ort rund 60 historische Friesenhäuser die Zeiten überdauert, teilweise sind sie schon über 300 Jahre alt. Aber auch die zahlreichen Neubauten sind fast alle stilvoll mit Reet gedeckt.

Vor allem die alten, alleenartig angeordneten Bäume in den Straßen machen Nieblum zum grünsten Dorf der Insel. Es handelt sind dabei meist um Linden, denn die vielen alten Ulmen, die früher den Ort wesentlich geprägt haben, sind der Ulmenkrankheit (ein Pilz) zum Opfer gefallen. Neuanpflanzungen haben dem Dorf aber wieder annähernd sein ursprüngliches Gesicht gegeben.

Ein nettes Plätzchen ist auch der kleine Park beim Haus des Gastes, in dessen Mitte sich der Dorfweiher befindet, der „De Meere" genannt wird. Er wird bevölkert von einer stattlichen Anzahl halbzahmer Enten und Vögel, die von den Besuchern lauthals Brotkrumen und anderes Futter erbetteln.

Seit 1976 ist Nieblum staatlich anerkanntes **Seebad.** Der Badestrand von Nieblum ist gut 1 km (zu Fuß etwa 15 Minuten) vom Ortszentrum entfernt. Zwei Stichwege führen dorthin. Der Strand von Nieblum erstreckt sich auf einer Länge von etwa 6 km, auf denen sich 600 Strandkörbe aneinanderreihen. Dennoch ist auf dem weitläufigen Strand genügend Platz für alle. Parkplätze, Sanitäranlagen, ein Kinderspielplatz und ein kleines Restaurant sind ebenfalls vorhanden. Die Wassertiefe ist relativ gering, was ausgesprochen kinderfreundlich ist, und folglich fallen bei Niedrigwasser große Teile des Watts trocken. Schwimmer müssen sich ein ganzes Stück hinauswagen, um genügend Wasser unter den Bauch zu bekommen.

Zur Gemeinde Nieblum gehören auch die Richtung Wyk gelegenen strandnahen Splittersiedlungen **Bredland** und **Greveling.** Beide Ansiedlungen bestehen im Wesentlichen aus (zum Teil auf Warften gebauten) komfortablen, reetgedeckten Ferienhäusern und gehören wegen ihrer exquisiten Lage zwischen Golfplatz und Strand zu den teuersten Wohngegenden der Insel.

Geschichte: Das heutige Nieblum (friesisch *Njiblem*) ist eines der jüngeren Dörfer auf der Insel. Das drückt schon der Ortsname aus, der im friesischen Sprachgebrauch soviel wie „neue Ansiedlung" bedeutet. Der Name wurde als Villa Nebulum erstmals im Jahr 1438 urkundlich erwähnt und bezieht sich auf eine neue Wohnstätte bei der St.-Johannis-Kirche. Die eigentliche Siedlung lag zunächst etwas weiter südlich in Strandnähe. Nach der verheerenden „Zweiten Groten Mandränke" von 1634 wurde der Ort weiter ins Inselinnere nahe an die Kirche verlegt. Für einen beachtlichen Bevölkerungszuwachs des bis dahin nur aus ein paar Häusern bestehenden Dorfes sorgten weitere schwere Sturmfluten im 17. und 18. Jh., die viele Menschen der benachbarten Halligen dazu bewegen, nach Nieblum auf die vermeintlich sicherere Geestinsel zu ziehen. Seit 1676 hatten sogar die königlichen Verwalter, die Land- und Birkvögte, ihren Sitz in Nieblum. Gleichwohl ist die Geest bei Nieblum noch relativ flach und wurde bei der großen Sturmflut im Jahr 1825 ebenfalls überflutet.

Bemerkenswert an der Ortsgeschichte ist, dass vom 15. Jh. bis zur Einverleibung Föhrs durch Preußen im Jahr 1864 das Dorf Nieblum politisch geteilt war. Westerland-Föhr gehörte direkt zum Königreich Dänemark und Osterland-Föhr zum Herzogtum Schleswig. Kurioserweise verlief die Grenze mitten durch Nieblum, und zwar entlang der Hauptstraße.

Kapitänshaus in Nieblum

Basis-Infos

Information Föhr Tourismus GmbH (im Dörpshus), Poststraat 2, 25938 Nieblum auf Föhr, www.nieblum.de (mit Vermieterübersicht). Mo–Fr 9–17 Uhr, Sa nur bis 12 Uhr, im Sommer auch So 10–12 Uhr. Hotline (tägl. 9–21 Uhr) ☎ 04681-300; Gemeindetelefon Nieblum ☎ 04681-2559.

Fahrradverleih Nordseewind-Fahrradverleih, Jens-Jacob-Eschels-Str. 26 c, ☎ 04681-748924 und 0174-4476227; **Welluuper**, Torge Jürgens, Jens-Jacob-Eschels-Str. 5, ☎ 04681-7471744, www.welluuper.de.

Strände Drachen darf man nur am Südstrand zwischen dem Surfstrand und dem Hundestrand (Goting) steigen lassen.

Der gesamte östliche Strandabschnitt von der Strandstr. bis zum Meetsweg ist **Hundestrand**.

Strandkorbvermietung Direkt am Strand von Nieblum (und Goting) gegen Vorlage einer Kurkarte (Vorbestellung nicht möglich). 5 € pro Tag (26 €/Woche).

Einkaufen (→ Karte S. 107)

Bi de Süd 9 Sehr schön in einem Reetdachhaus eingerichtetes Ladengeschäft für geschmackvolle Wohnaccessoires. Hier gibt es kleinere Möbelstücke, Gebrauchskeramik, Stoffe, moderne Designlampen, aber auch beispielsweise Glas- und Keramikknöpfe für Schubladen und Türen. Wechselnde Öffnungszeiten, in der Saison üblicherweise bis 18 Uhr. Bi de Süd 18, ☎ 04681-1543.

»> Mein Tipp: Altes Friesisches Theehaus 6 Das urgemütliche Teegeschäft mit Teestube hat ein alle Sinne ansprechendes Angebot. Wunderschön in der Scheune des weißen Reetdachhauses eingerichtet; Natursteinboden und niedrige Holzdecke. Nicht nur eine sehr große Auswahl an Tees ist vorhanden, es gibt auch Kaffeespeziali-

täten – aus eigener Rösterei. Das Alte Theehaus ist auch ein Teehandel und -versand, in dem man u. a. ein Kräutersortiment, Naturkosmetik, Kandiszucker und Gebäck, aber auch Dekoratives erstehen kann. Die Spezialitäten lassen sich gleich vor Ort verkosten. Es gibt sehr schön dekorierte Tische vor dem Haus und hinten im Garten. Wechselnde Öffnungszeiten. Jens-Jacob-Eschels-Str. 13 (Hauptstraße Richtung Boldixum), ☎ 04681-2930. **«<**

Lillebo 5 Netter Laden für nordisches Wohndesign, die Auswahl ist groß und reicht von Dekoration über Lampen und Taschen bis zu Wohntextilien (auch Onlineshopping). Wechselnde Öffnungszeiten. Jens-Jacob-Eschels-Str. 17, ☎ 04681-4646.

Übernachten/Essen & Trinken (→ Karte S. 107)

Übernachten **** Villa Witt 2 Das Land- und Golfhotel gegenüber dem Friesendom ist Föhrs feinste Adresse. Eine Mischung aus Dorfgasthof-Romantik und modernem Komfort. Zimmer und Suiten in gehobenem Landhausstilambiente. Schöner, parkähnlicher Garten. Gehobenes **Restaurant** in Anlehnung an die neue klassische Küche; umfangreiche Weinkarte und Vinothek. DZ 180–210 €. Alkersumstieg 4, ☎ 04681-58770, 🖂 04681-587758, www.hotel-witt.de.

Haus Agge 1 Ruhige Lage im historischen Zentrum Nieblums. 6 ordentliche Zimmer in hellen Farben. Netter Garten (mit Strandkorb) hinter dem Haus. DZ ab 80 €. Wohldsweg 1, ☎ 04684-2229, 🖂 04681-50547, www. haus-agge.de.

Café Osterheide 11 Familienbetrieb mit teilweise schon etwas in die Jahre gekommener Einrichtung. Die Zeit der 1970er- oder 1980er-Jahre scheint hier ein wenig stehen geblieben zu sein, aber das und die schöne Lage machen gerade den Charme des 12-Zimmer-Hotel garni aus. Hier wohnt man etwas außerhalb von Nieblum, aber damit in relativer Strandnähe. Im Sommerhalbjahr ist das Osterheide mit seiner großen Sonnenterrasse auch (Ausflugs-)**Café** und **Restaurant** (mit kleiner Karte bzw. mit Grillabenden). DZ 78 €. Heidweg 18, ☎ 04681-2895, www.cafeosterheide.de.

Essen & Trinken Altes Landhaus 10 Wie der Name sagt, ein historisches Reetdachhaus mit friesischem Ambiente; Restaurant

Nieblum mit Goting

100 m

Übernachten

1 Haus Agge
2 Villa Witt
11 Café Osterheide

Essen & Trinken

2 Villa Witt
3 Guten Appetit
7 Zum Wikinger; Zum Schlachter
10 Altes Landhaus

Cafés

4 Café Kohstall
6 Altes Friesisches Theehaus
8 Föhrer Teestube
11 Café Osterheide
12 Kliff-Café

Einkaufen

5 Lillebo
6 Altes Friesisches Theehaus
9 Bi de Süd

---

mit langer Tradition; gute Küche mit frischen Zutaten (Krabbensuppe oder knoblauchhaltiges Lamm). Mittagskarte, große Sonnenterrasse. Tägl. 12–14 und ab 18 Uhr. Bi de Süd 22, ☎ 04681-2572.

Zum Wikinger und **Zum Schlachter 7** Zwei nebeneinander liegende Restaurants mit identischer Küche. Im gemütlichen Wikinger gibt es eine nette Gaststube mit Biertresen. Unter den Bäumen vor dem Haus stehen gepflegt-rustikale Tische. Tägl. ab 13.30 Uhr. Das Restaurant Zum Schlachter ist etwas schlichter eingerichtet, verfügt aber über eine schöne Gartenterrasse. Tägl. 11.30–14 und ab 17.30 Uhr. In beiden Lokalitäten kommen v. a. Liebhaber großer Schnitzel und deftiger Grillgerichte oder einer extra großen Currywurst auf ihre Kosten. Es gibt natürlich auch Fischgerichte, Salate und leckere Suppen. Kertelheinallee 1, ☎ 04681-580208.

Guten Appetit 3 Preiswerte und schmackhafte Alternative in Nieblum. Innen klein und friesisch-gemütlich. Im Seitenhof ein „Sonnengarten" mit einfacher Bestuhlung sowie kleine Tische an der Straße. In dieser Restaurant-Bistrostube gibt es relativ einfache, aber immer frisch zubereitete Fisch- und Fleischgerichte (mit frischen Zutaten), auch glutenfreie und vegetarische Speisen. Spezialität ist ein hausgemachter Hamburger. Gutes Preis-Leistungs-Verhältnis. Freundliche deutsch-polnische Leitung. In der Saison tägl. ab 11.30 Uhr. Namine-Witt-Wai 1, ☎ 04681-7461133.

》》 Mein Tipp: Föhrer Teestube mit Kerzenscheune 8 Gemütliches Kaffeetrinken und nebenan – v. a. auch für Kinder – Kerzenziehen. Zur Hochsaison kann es in der umgebauten Scheune mit antikem Mobiliar allerdings sehr voll werden. Eine sehr schöne Gartenterrasse schafft dann Abhilfe. Natürlich gibt es erlesene Teesorten und leckeren, hausgemachten Kuchen sowie frische Waffeln. Di und Do abends wird zum Flammkuchenessen geladen. Reservierung erbeten. Im Sommer tägl. (außer Mo) ab 11 Uhr (meist bis 18 Uhr), im Winter wechselnde Öffnungszeiten. Poststraat 7, ☎ 04681-580143. 《《

Café Kohstall 4 Geschmackvolles Café in einem umgebauten Kuhstall, innen nettes

Kaffeehausambiente mit Liebe zum Detail; freundlicher Service. Leckere, selbst gebackene Torten und Waffeln. Im Sommer gibt es dienstags „Spanferkel satt" und freitags gegrilltes Salzwiesenlamm (jeweils Anmel-dung erbeten). Einfache Tische vor und hinter dem Haus in tollem Ambiente zwischen Rosen und anderen Blumen. Tägl. 13.30–18 Uhr (Nebensaison Mo/Di Ruhetag). Jens-Jacob-Eschels-Str. 12, ✆ 04681-570358.

St.-Johannis-Kirche

Am nördlichen Ortsrand, direkt an der Grenze zwischen Geest und Marsch, überragt die auf einem aufgeworfenen Hügel errichtete Kirche das Dorf. Als größte Kirche der Insel wird sie auch Friesendom genannt. Dieser Rang steht ihr aber nicht nur wegen der Größe zu, sie war auch lange Zeit Hauptpfarrkirche von Föhr und Amrum. 1000 Gläubige haben in dem Gotteshaus Platz, auch dank der Empore an der Nordseite.

Hier und dort sind im unteren Bereich der Fassade noch alte Granitquader der Vorgängerkirche auszumachen. Ursprünglich bestand die Kirche aus einem einschiffigen Langhaus mit Kirchturm – das sieht man noch an der Nord- und Westwand. Der Turm besteht im Kern aus Tuffstein, den man später mit Backsteinen verblendet hat. Schon bald nach der Erbauung, ebenfalls noch im 13. Jh., wurde das Gotteshaus um einen Chor mit Apsis und ein frühgotisches Querhaus mit Gewölbedecke erweitert und der Turm auf 32 m erhöht. An der backsteinernen Fassade waren aufgrund von Schäden durch das raue und salzhaltige Nordseeklima über die Jahrhunderte hinweg immer wieder Ausbesserungen notwendig. Auch heute noch gilt St. Johannis als einer der bedeutendsten sakralen Bauten Schleswig-Holsteins. Das reich ausgestattete Kircheninnere wirkt wegen der weiß getünchten Wände und der großen Fenster auf der Südseite überraschend hell. Zentraler Blickfang im Gotteshaus ist der vorreformatorische Marienaltar (von 1487), der aus einer Lübecker Werkstatt stammt. Der prächtige Flügelaltar mit 16 geschnitzten Figuren zeigt in der Mitte die Krönung Mariens zur Himmelskönigin durch ihren Sohn Jesus Christus. Sie sind umgeben vom Kirchenpatron Johannes dem Täufer, dem heiligen Silvester I. (mit Papsttiara) sowie den 12 Aposteln. Die Gemälde auf dem Altaruntersatz zeigen das letzte Abendmahl und die Fußwaschung Jesu. In der Nische in der Mitte befand sich zu vorreformatorischer Zeit der Tabernakel (Aufbewahrungsort für die geweihten Hostien). Wenn in der Adventszeit und in der Passionszeit (vor Ostern) die

Der Friesendom in Nieblum

Flügeltüren geschlossen sind, zeigt der Altar auf den Flügelaußenseiten zwei Öl-gemälde mit Szenen aus dem Leben Johannes des Täufers.

Präsent ist der Kirchenpatron Johannes der Täufer auch an anderer Stelle: Als fast 3 m hohe und Mitte des 15. Jh. angefertigte Holzplastik steht er am Südfenster des Chores. Symbolisch hält er Bibel und Lamm (als Sinnbild für Christus) in der Hand. Ungewöhnlich ist, dass der überlebensgroße Johannes gleichsam triumphierend auf einer zwergenhaften, bärtigen Figur steht. Es wird vermutet, dass diese König Herodes darstellt, welcher nach biblischer Überlieferung Johannes zum Tode verurteilt hat. Bemerkenswert ist auch der Taufstein im südlichen Querschiff. Um 1200 kunstvoll aus einem Granitblock gemeißelt, gilt er als eine der wichtigsten Arbeiten der Romanik Norddeutschlands. Die Fabelwesen auf dem Taufstein symbolisieren den Kampf des Guten gegen das Böse. Ein weiteres, unverwechselbares Ausstattungs-stück der Kirche ist die aufwendig verzierte Renaissancekanzel (1618) aus Holz, die von einem prächtigen Schalldeckel gekrönt wird. Die dargestellten biblischen Sze-nen werden in goldenen Lettern auf Plattdeutsch erklärt.

Zwar hatte der Adel auf der Insel nie eine Chance – gesellschaftliche Unterschiede gab es aber sehr wohl. Zeugnis dafür ist die Fensterloge im südlichen Kirchenschiff (18. Jh.), die den vermögenden Insulanern vorbehalten war. Die Loge wurde über dem sog. Pastorenfrauenstuhl (17. Jh.) errichtet, der eher einer engen Kammer glei-chend als besonderer Platz für die Frau des Pastors reserviert war.

Im Hauptschiff (unter dem Votivschiff) sind zwei Exemplare der „sprechenden Grabsteine" (→ S. 47) platziert, die die Geschichten der bestatteten Seefahrer er-zählen (z. B. der Stein des Kapitäns Dirck Cramer, gest. 1769). Die meisten dieser schönen Grabsteine befinden sich jedoch noch auf dem weitläufigen Friedhof rund um die Kirche.

Goting → Karte S. 107

Früher ein selbstständiges Dorf, heute ein Ortsteil von Nieblum: Die strandnahe Ferienhaussiedlung am sehenswerten Goting-Kliff ist ein guter Standort für Gäste, die einen geruhsamen Strandurlaub bevorzugen. Nieblums kleine Schwester war bis 1970 eine eigenständige Gemeinde. Der große Pluspunkt des 1 km westlich von Nieblum gelegenen Dorfes ist seine Nähe zum Strand. Das gilt besonders für die Ferienhaussiedlung zwischen Thingwai und Klafwai, die sich direkt am Goting-Kliff befindet.

Der lang gestreckte Strand vor dem Kliff ist breit, feinsandig und mit einer guten Infrastruktur versehen (Strandkörbe, Café, Minigolfplatz). Außerdem bietet er sich für ausgedehnte Spaziergänge an – Amrum hat man dabei immer im Blick. Die Wassertiefe ist hier wie auch am benachbarten Strand von Nieblum recht gering und damit sehr kinderfreundlich.

Im alten Ortskern stehen noch einige betagte Friesenhäuser und Bauernhöfe, aber Goting hat längst nicht den Charme von Nieblum. Dafür geht es hier selbst in der Hochsaison erheblich ruhiger zu.

Geschichte: Auch Goting (friesisch *Guating* = Heim des Gauto) ist ein geschichts-trächtiger Ort. Einige bronzezeitliche Grabhügel vor allem auf dem erhöhten Geestrücken Richtung Kliff geben heute noch Zeugnis einer frühen Besiedlung. Erstmals um 1430 urkundlich erwähnt, gehörte das ehemals dänische Goting bis zur Eingemeindung in die Gemeinde Nieblum zu Westerland-Föhr.

Föhr → Karte vorderer Umschlag

Information → Nieblum S. 106.

Strände Der Strandabschnitt im äußersten Westen (unbewacht) ist den **FKKlern** vorbehalten.

Hunde sind am gesamten westlichen Strandabschnitt direkt am Goting-Kliff (vom Deelswai bis zum FKK-Strand) erlaubt.

Essen & Trinken Kliff-Cafe **12** → Karte S. 107. In einer Art Bungalow am Kliff gelegen, mit Blick auf den zum Haus gehörenden Minigolfplatz und das dahinterliegende Meer. Gute Torten, caféartiger Gastraum, Sonnenterrasse, schöner Garten – was will man mehr? Wechselnde Öffnungszeiten. Klaffwai 61, ☎ 04681-3660.

Goting-Kliff

Vom eigentlichen Kliff ist nicht mehr viel übrig geblieben. Die vielen Stürme und Sturmfluten haben das 1,7 km lange Kliff eher zu einem Kliffchen oder einfach zu einem Sandabbruch gemacht, der an seiner höchsten Stelle aber immerhin fast 9 m hoch ist. Interessant ist das Kliff aber allemal, liefert es doch Erkenntnisse über den geologischen Aufbau der Geest. Sein Geschiebemergel, also das Sediment, das von eiszeitlichen Gletschern stammt, enthält neben großen Findlingen allerlei andere interessante Gesteinsformationen. Deshalb ist es vor allem nach den Herbst- und Winterstürmen bei Steinsammlern begehrt. Unabhängig davon ist der Blick von der einzigen Steilküste Föhrs hinunter auf das Wattenmeer, die Halligen und Amrum einen Besuch wert. Wenn sich gegen Ende des Tages die letzten Badegäste auf den Heimweg begeben, herrscht hier eine besonders schöne Stimmung.

Borgsum

340 Einwohner

Borgsum wird überragt von einer schönen Holländerwindmühle. Es gibt aber noch mehr Sehenswürdigkeiten, denn auf dem Gemeindegebiet befindet sich mit der Lembecksburg das bedeutendste archäologische Denkmal der Insel, zudem sorgt ein großes Maislabyrinth im Spätsommer für ein Familienvergnügen der besonderen Art.

Im Ort ist noch ein wenig von der Ursprünglichkeit eines friesischen Bauerndorfes zu spüren. Von der Hauptstraße (Taarepswoi) gehen links und rechts ein paar kleine Straßen ab – ansonsten geht es in Borgsum eher ruhig zu.

Weil Borgsum auf halber Strecke zwischen Wyk und Utersum liegt und dennoch nicht allzu weit von den Stränden entfernt ist, ist es ein idealer Ausgangspunkt für Fahrradtouristen. Utersum im Westen, das benachbarte Nieblum und selbst die Inselmetropole Wyk sind mit dem Drahtesel schnell erreicht. Umgekehrt kommen wegen der zentralen Lage inmitten des Fahrradwegenetzes fast zwangsläufig die Radler durch Borgsum, die eine ausgedehnte Fahrradtour über die Insel unternehmen.

Geschichte: Wie auch einige andere Ortschaften Föhrs wurde Borgsum erstmals urkundlich im Jahr 1462 erwähnt und ist damit auch schon über 550 Jahre alt. Der Name Borgsum (friesisch *Borigsem*) bedeutet „Siedlung an der Burg" und bezieht sich natürlich auf die berühmte Lembecksburg.

Information Gemeinde Borgsum auf Föhr, www.borgsum-auf-foehr.de. Unter der Rubrik „Nützliches" gibt es auch Borgsumer Ferienhäuser und -wohnungen, die über einen Link zu einer Betten-Börse gebucht werden können.

Einkaufen Der Landbäcker. Landbäckerei von Erik Jensen, der einen Brötchenservice anbietet. Saisonabhängige Öffnungszeiten. Taarepswoi 19, ☎ 04683-394.

🌿 Bauernhof Nielsen (Farm Shop). Hofladen, in dem es neben frischen Eiern v. a. Marmeladen und (Eier-)Liköre u. a. m. gibt. Im Sommer frische Erdbeeren (auch zum Selberpflücken). Mo–Sa 8–12 und 14–18 Uhr. Taarepswoi 5 (Ortsrand), ☎ 04683-96120. ■

Fahrradverleih Plattfuß Fahrradverleih, (kostenloser Hol- und Bringservice), Taarepswoi 17, ✆ 04683-332, www.plattfussfoehr.de; **Fahrradverleih Ketels**, Noorderwoi 1, ✆ 04683-1317.

Essen & Trinken Letj Lembecks. Unter dem Motto „klein, aber friesisch" gibt es in dem 1845 erbauten weißen Reetdachhaus herzhafte Speisen wie Brathering und Matjes, gute Rumpsteaks und Pizza, aber auch Kaffee und Kuchen und als Spezialität die sog. Sturmsäcke (übergroße Windbeutel), die man auch draußen im großen Garten mit schattenspendenden Bäumen genießen kann. Innen ist es gemütlich eng mit nur 4 Tischen und natürlich einer Theke. In der Saison tägl. ab 12 Uhr, im Winterhalbjahr tägl. (außer Di) ab 17.30 Uhr. Malnstich 5 (gegenüber der Mühle, weshalb der Wirt auch schlicht Mühlenmichel genannt wird), ✆ 04683-369.

Mühle Borigsem

Der achteckige Galerieholländer am südlichen Ortsrand ist der Blickfang Borgsums und sieht aus wie perfekt restauriert. Tatsächlich handelt es sich aber um einen Neubau aus dem Jahr 1992 – und er war damals der erste Mühlenneubau Deutschlands seit 1923. Von Mitte des 18. Jh. bis Ende des 19. Jh. stand hier eine Bockwindmühle, die durch einen Blitzschlag-Brand zerstört wurde. 1894 hat man an gleicher Stelle einen Erdholländer errichtet, der noch bis 1978 als letzte Mühle Föhrs seinen Dienst verrichtete. Dann jedoch verfiel diese Mühle zusehends. Dem unumgänglichen Abriss im Jahr 1990 folgte auf die private Initiative eines Nachfahren des früheren Borgsumer Müllers die Neuerrichtung der Mühle in ihrer heutigen Form – als einstöckiger Galerieholländer mit windgängigen Segelflügeln.

Die Mühle ist in Privatbesitz und kann normalerweise nur von außen bestaunt werden. Gelegentlich finden aber private Veranstaltungen oder Ausstellungen in der Mühle statt. Gegenüber der Mühle lädt ein nettes Café-Restaurant zur Rast.

Lembecksburg

Etwa 1 km nördlich von Borgsum liegt am Geestrand ein archäologisches Denkmal erster Güte: die Lembecksburg. Es handelt sich dabei aber nicht etwa um eine Burg aus Steinen, sondern um einen Ringwall aus der Wikingerzeit (9./10. Jh.), der nicht nur vor Feinden, sondern mit immerhin 8–10 m Höhe auch Schutz vor Sturmfluten bot. Eine Palisade aus Holz (also nach oben zugespitzte Holzpfähle) verstärkte im Mittelalter wohl die imposante Anlage. Ursprünglich war sie noch von einem Graben mit Vorwall umgeben und zeitweise sogar über einen bei Flut schiffbaren Priel mit dem Boot erreichbar. An der Südseite ist der Wall unterbrochen; hier befand sich in früheren Zeiten das Eingangstor.

Nicht mehr sichtbar, aber leicht vorstellbar: In früheren Zeiten gab es innerhalb der Burg vier große Häuser, einen Brunnen und sogar gepflasterte Wege. Ausgrabungen in den 1950er-Jahren (durch den Arzt und Heimatforscher Dr. Carl Haeberlin) haben eine Besiedlung durch die Wikinger bestätigt. Doch es fanden sich auch Tonscherben, die schon auf eine Besiedlung vor den Friesen (ab dem 7. Jh.) hindeuten und sogar einige Funde, die schon aus der Eisenzeit (800–30 v. Chr.) und teilweise sogar aus der Jungsteinzeit stammen (um 2500 v. Chr.) – ein wahrhaft historischer Ort also.

Ringwall aus der Wikingerzeit: Lembecksburg

Föhr → Karte vorderer Umschlag

Der Name der Wallburg geht auf den holsteinischen Edelmann Klaus Lembeck (dänisch Claus Limbek) zurück, der im 14. Jh. vom dänischen König Waldemar IV. mit Föhr, Amrum, Sylt und anderen Teilen des heutigen Nordfrieslands belehnt wurde. Der Legende nach soll Ritter Lembeck mit strenger Hand die ihm untertänige Bevölkerung regiert und sich zudem den Herrschaftsansprüchen des Dänenkönigs widersetzt haben, indem er den Lehnseid brach. Natürlich haben Truppen des erbosten Königs die Lembecksburg daraufhin belagert, worauf Ritter Lembeck bei Nacht und Nebel zur Freude der Föhrer im Jahr 1374 über das Wattenmeer fliehen musste. Soweit die Legende, denn die moderne Geschichtsschreibung bezweifelt stark, dass der streitbare Ritter überhaupt je einen Fuß auf die Insel gesetzt hat und nicht vielmehr vorwiegend in der Nähe des heute süddänischen Tondern lebte.

Heute ist die Lembecksburg nichts weiter als ein grasbewachsener, beinahe kreisrunder Wall mit einem Innendurchmesser von etwa 95 m. Es lohnt sich, den Ringwall zu besteigen, hat man von hier doch einen netten Rundblick auf die sonst sehr flache Insel.

Maislabyrinth

Unter dem Motto „Das alljährliche, biologisch abbaubare Familienvergnügen auf der Insel Föhr" gibt es im Spätsommer nahe Borgsum ein ganz besonderes Maislabyrinth zu bestaunen. Mit viel Fantasie wird jedes Jahr in einem wahrhaft riesigen Acker ein anderes Motiv in den besonders eng gepflanzten Mais gefräst, welches erst aus der Luft gesehen seine wahre Schönheit preisgibt. Im Labyrinth gilt es, verschiedene Kontrollpunkte zu finden. Mit dem dort hinterlegten Stempel kann man dies beurkunden und wird bei erfolgreicher „Stempeljagd" mit kleinen Preisen belohnt. Wer jeden Weg gegangen ist, hat etwa 3 km Fußweg hinter sich – verläuft man sich, können es auch leicht mehr werden.

Mitte Juli (wenn der Mais hoch genug ist) bis Anfang Sept. tägl. 11–19 Uhr. Erw. 3 €, 4–11 J. 2,50 €. Schaukel, Trampoline und eine Sandkiste zum Spielen vor Ort. Für das leibliche Wohl sorgt bis 18 Uhr ein Imbisswagen (Bratwurst und Pommes, aber auch Kuchen), Di ab 19 Uhr Grill- und Lagerfeuerromantik (Grillfleisch zum Selbergrillen und Stockbroteig werden gestellt). 2 km von Borgsum Richtung Utersum, dann zweite Straße rechts (beschildert), ☎ 0177-1960808, www.maiszeit.de.

Witsum

Das kleinste Dorf der Insel liegt wunderschön auf einer Anhöhe – das ist einzigartig auf Föhr. So genießt der Besucher vom Ort aus den weiten Blick auf die Godelniederung und das Wattenmeer.

Weil hier die Landschaft hügelig ist und man schon von der Straße aus einen herrlichen Blick auf die Salzwiesen, das Meer und die nahe Insel Amrum hat, heißt die hinter Goting nach Hedehusum führende Straße auf einer Länge von 4 km ganz offiziell **„Traumstraße"**. Und das Dorf Witsum liegt an dieser Strecke, wenngleich der Begriff „Dorf" schon fast zu viel des Guten ist. Denn Witsum besteht mehr oder weniger aus ein paar weit auseinanderliegenden (Ferien-)Häusern mit schönen Gärten. Nur etwa 55 Menschen leben hier, denn viele der etwa 40 Häuser sind Zweitwohnsitze. Kaum zu glauben, dass Witsum verwaltungstechnisch eine eigenständige Gemeinde ist. Und da laut der schleswig-holsteinischen Gemeindeordnung Kommunen unter 70 Einwohnern keine eigene Gemeindevertretung haben, sondern eine Gemeindeversammlung, an der alle wahlberechtigten Einwohner teilnehmen können, wird in Witsum gewissermaßen Demokratie in ihrer Urform praktiziert. Vielleicht ein Grund dafür, dass die Witsumer trotz der bevorzugten Lage ihres Dorfes bislang (bis auf wenige Ausnahmen) keine neuen Bauplätze für Ferienhäuser ausgewiesen und damit den Ort in seiner Ursprünglichkeit bewahrt haben.

Am östlichen Ortsrand, dem **Salwert,** erhebt sich der Geestrücken mit sagenhaften 11 m, eine der höchsten Stellen der Insel. Das macht Witsum sozusagen zum „Bergdorf" der Insel. Unterhalb des Dorfes erstreckt sich die **Godelniederung.** Die Godel ist nicht nur Föhrs einziger Süßwasserfluss, sondern zugleich der einzige auf einer deutschen Nordseeinsel. Als erstaunlich breiter Bach schlängelt sie sich von Hedehusum durch die Weiden und ein Salzwiesenbiotop bis zur Nordsee. Bei starken Fluten drückt das Salzwasser in den Fluss. Aber auch bei jeder normalen Flut fließt das Salzwasser durch diesen Flusslauf

Die Godel: Süßwasserfluss auf einer Nordseeinsel

bis an den Geestkern der Insel heran. Die lagunenartige Mündung selber ist nicht zugänglich, weil sich hier und auf dem angelagerten Sandhaken ein Vogelschutzgebiet befindet, das ein wertvoller Rastplatz für zahlreiche Zugvögel, aber auch Brutplatz für Küstenvögel wie Austernfischer und Küstenseeschwalbe ist.

Westlich der Mündung führt ein Weg zu ein paar kleinen Dünen und dem dahinterliegenden, unbewachten Naturstrand. Dieser ist zwar etwas steinig, dafür aber selbst in der Hochsaison einer der wenigen ruhigen Strände der Insel. Auch kleine Kinder können hier im flachen Wasser vergleichsweise gefahrlos baden.

Geschichte: Die Herleitung des Dorfnamens ist umstritten und mehrere Deutungsmöglichkeiten sind im Gespräch. Möglicherweise hat Witsum (friesisch *Wiisem*) seinen Namen dem Strand und den Dünen zu verdanken, denn das friesische Wort bedeutet so viel wie „weiße Wohnstätte". Vielleicht ist aber auch die auf Föhr vorherrschende Namensgebung ausschlaggebend: Dann wäre Witsum vom friesischen Vornamen *Wibe* abgeleitet, also „Wibes Siedlung". Der Name könnte jedoch ebenso von dem Wort „*wybe*" (Sumpf) herrühren, was dann so viel wie „Siedlung am Sumpf" (oder „an den Sumpfwiesen") bedeutet. Letzteres würde zur Ersterwähnung im Jahr 1509 als „Wybesum" passen. Ein Findling am Ortsrand mit der Inschrift „Witsum 1509 Wybesum" erinnert daran.

Information Gemeinde Witsum auf Föhr, www.witsum-auf-foehr.de. Auf der Homepage finden sich auch die (wenigen) Unterkünfte in Witsum, die über einen Link zu einer Betten-Börse gebucht werden können.

Essen & Trinken   Klaar Kimming. So heißt auf Friesisch „klarer Horizont". Im einfachen, aber netten und geräumigen Gast-

haus gibt es eine reelle und deftige Friesenküche, z. B. Witsumer Friesenpfanne, Steinbeißer-Filet oder Grillgerichte. Jeden Do gibt es auf Vorbestellung Ente. Auf der Terrasse vor dem Haus kann man zum Horizont und nach Amrum blicken. Tägl. (außer Di) 11.30–14 und 17.30–22 Uhr, Juli/Aug. kein Ruhetag. Traumstr. 10, ☎ 04683-387.

Hedehusum

Wunderschön inmitten einer leicht hügeligen Geestlandschaft am Ende der Traumstraße gelegen, hat Hedehusum weitgehend seinen dörflichen Charakter erhalten.

Hedehusum ist sozusagen etwas weniger perfekt friesisch gestylt als seine Nachbardörfer und wahrscheinlich sogar der einzige Ort der Insel, den man mit starken Einschränkungen noch als Bauerndorf bezeichnen kann (auch wenn es ein Ortsteil von Utersum ist). Nicht selten kommt es vor, dass die durch den weit zersiedelten Ort führende Traumstraße kurz gesperrt wird, damit ein Milchbauer sein Vieh über die Straße treiben kann (→ Foto S. 76 unten). Von Urlaubstrubel kann hier also keine Rede sein, wenngleich auch im Wohndorf Hedehusum in den letzten Jahren einige hübsch verklinkerte Reetdach-Ferienhäuser entstanden sind, welche die Nordfrieslandidylle der Urlauber befriedigen sollen.

Schön und wenig besucht ist der knapp 1 km entfernte **Naturstrand,** der hinter einem leicht erhöhten Kliff liegt. Diese von Wind und Wetter geformte Abbruchkante entstand im Laufe der Zeit durch viele Sturmfluten und Landabbrüche. Der obere Saum des Strandes ist für Stein- und Muschelsammler ein Eldorado. Dann wird es feinsandiger, und es kommen – zumindest für Kinder – wegen des flachen Wassers Badefreuden auf. Bei Niedrigwasser kann man hier endlos weit auf dem trockenen Sandwatt herumlaufen. Und das alles mit einem wunderbaren Blick aufs Wattenmeer und hinüber zur Nachbarinsel Amrum.

Zwei Stichwege führen zum Strand: Am Ende des östlichen Wegs gibt es einen kleinen, kostenfreien Parkplatz, eine Toilette und sogar eine alte Dusche. Eine kleine Holztreppe führt das Steilufer hinunter zum Strand. Der zweite, westliche Stichweg, der in der Nähe der Rehaklinik Utersum liegt, führt – vorbei an den Hügelgräbern – zu einem noch weniger frequentierten Strandabschnitt und ist damit so etwas wie ein Geheimtipp. Auch an seinem Ende gibt es einen kleinen Parkplatz, allerdings ist dieser recht tiefsandig. Hinter dem hier etwas flacher werdenden Kliff erstreckt sich ein breiter Sandstrand.

Geschichte: Das ehemals selbstständige Dorf Hedehusum (was soviel heißt wie „die Siedlung auf der Heide") hat sich im Jahr 1970 der Gemeinde Utersum angeschlossen. Zusammen mit ihr ist es das geschichtsträchtigste Dorf Föhrs. 1462 wurde der Ort erstmals urkundlich erwähnt, die zahlreichen Hügelgräber rund um das Dorf weisen jedoch auf eine wesentlich frühere Besiedlung hin.

Vor allem die vier kegelförmigen, bronzezeitlichen Grabhügel am südwestlichen Ortsrand (am zweiten Stichweg zum Strand) begeistern Archäologen, bargen sie doch bronzene Beigaben wie Dolche und Schmucknadeln, die heute im Friesenmuseum in Wyk zu bewundern sind. Für nicht archäologisch Interessierte sind die etwas unscheinbar auf dem Geestrücken liegenden Gräber mit einem Durchmesser von etwa 8 m und einer Höhe von ca. 2 m nichts anderes als kärgliche Hügel.

Nördlich von Hedehusum auf dem Gelände des Wasserwerks Föhr-West (in der Straße „Klant") haben noch weitere Spuren der Vergangenheit die Zeit überdauert. Dort befinden sich die Reste eines gut 1000 Jahre alten Urnenfriedhofs aus der Wikingerzeit. Von den einst über 60 runden, niedrigen Grabhügeln sind nur neun erhalten. Jedes Grab enthielt eine Urne mit einigen Grabbeigaben wie Steigbügel, Dolche, Kämme und Spangen, die heute ebenfalls im Friesenmuseum zu sehen sind. Zudem befinden sich noch zwei ältere (bronzezeitliche) Grabhügel nordöstlich des Dorfes (an der Kreisstraße).

Der älteste Hinweis auf eine Besiedlung Hedehusums stammt jedoch schon aus der Jungsteinzeit und ergab sich eher zufällig. Ein fünfjähriger Junge fand im Jahr 1987 beim Spielen an der Abbruchkante des Kliffs am Hedehusumer Strand einen 5000 Jahre alten Feuersteindolch. Auch dieser ist im Friesenmuseum ausgestellt.

Information → Utersum S. 116 und www.hedehusum.de.

Utersum

430 Einwohner

Utersum ist vor allem wegen seines weißen Strandes das touristische Zentrum Westföhrs – und dennoch ein beschauliches Dorf geblieben. Die Gäste schätzen es, dass dieses eigenständige Nordseebad ganz auf touristischen Trubel verzichtet und dafür jede Menge Ruhe- und Erholungsmöglichkeiten bietet.

Aber was heißt schon touristisches Zentrum? Hier gibt es ein Lebensmittelgeschäft (eines der wenigen im Inselwesten) und neben einigen netten Restaurants im Ortskern auch das Taarepshüs, ein zum Dorfgemeinschaftshaus umgebautes Bauernhaus. Nicht selten hört man die Einheimischen noch Friesisch reden, das sog. Fering, welches in Nordfriesland immerhin den Status einer Amtssprache genießt. Konsequenterweise sind daher auch die Straßennamen Utersums in Fering verfasst. Wenn es auf den Straßenschildern beispielsweise Bj Trentaft (Bei den runden Hausplätzen), Boowen Taarep (Innerhalb des Dorfes), Bütj Dik (Außerhalb des Walles) oder Söler Kaalkamp (Südliches Kahles Feld) heißt, dann klingt das für Fremde zunächst gewöhnungsbedürftig. Wie in so vielen Dörfern Föhrs ist die Besiedlung recht weitläufig, und gemütliche reetgedeckte Friesenhäuser prägen das Ortsbild.

Weil Utersum in Strandnähe liegt, ja sogar schon seit 1931 offizielles **Seebad** ist, sind die Wege zum Wasser überall vergleichsweise kurz, weshalb das Dorf vor allem bei Familien mit Kindern beliebt ist. Ein Fahrrad für den Weg zum Strand ist also nicht unbedingt notwendig. Das Ufer wird im Norden von einem Deich geschützt, auf dem sich das Haus des Gastes befindet, ein Zweckbau aus den 1970er-Jahren mit Tourist-Information, SB-Strandrestaurant und reichlich kostenlosen Parkplätzen.

Vor dem Haus des Gastes erstreckt sich ein ungewöhnlich schöner, durch

Badesteg mit Flutmarker: Utersum

Föhr

Buhnen gesicherter und weitläufig mit Strandkörben bestückter **Strand,** der in Sachen Feinkörnigkeit den Strand von Wyk locker übertrifft. Auch einen schönen langen Badesteg gibt es hier, der so etwas wie Seebrückenatmosphäre vermittelt und – mit einem möwengekrönten Flutmarker – vor allem bei Sonnenuntergang ein malerisches Bild abgibt. Die Nachbarinseln Amrum und Sylt hat man dabei immer im Blick. Auch wenn am Utersumer Strand bei Ebbe die Nordsee doch erheblich zurückweicht, kann man sich hier (wegen eines Priels) eigentlich immer im Wasser abkühlen – und wegen der flachen Gewässer auch vergleichsweise gefahrlos.

In südlicher Richtung übernehmen einige wenige Dünen und das kleine **Kliff** hinter dem Kiefernwäldchen die Funktion des Deiches. Von dort aus zieht sich der Strand die ganze Südküste der Insel entlang bis zum 15 km entfernten Wyk und ermöglicht endlose Strandspaziergänge.

Gut 1 km südlich des Ortszentrums, an der äußersten Südwestspitze Föhrs und damit in perfekter Lage, befindet sich die **Rehaklinik** der Deutschen Rentenversicherung Bund. Der riesige, mehrfach erweiterte Klinkerbau mit 190 modern ausgestatteten Einzelzimmern stammt in seinen Ursprüngen schon aus den 1930er-Jahren und ist nach wie vor mit etwa 100 Mitarbeitern größter Arbeitgeber in Westföhr. Behandelt werden hier vor allem Krankheiten der Lunge und der Atemwege.

Geschichte: Utersum (friesisch *Ödersem*) ist mit seinen Gräbern Sunberig und Triibergem aus der Vorzeit ein durchaus geschichtsträchtiger Ort und wurde schon im Jahr 1360 erstmals urkundlich erwähnt. Der Ortsname bezieht sich auf den altfriesischen Vornamen *Udheri* und bedeutet so viel wie „Udheris Siedlung".

So wie in den anderen Inseldörfern auch lebten die Utersumer zunächst von der Landwirtschaft, vom 17. Jh. bis Ende des 19. Jh. dann vornehmlich von der Seefahrt, hier besonders vom Walfang vor Grönland. Historisch gesehen stand der Westen Föhrs die längste Zeit unter dänischer Verwaltung, folgerichtig haben sich Utersum (wie Hedehusum und Witsum) als einzige Gemeinden von Föhr, Amrum und Sylt bei der Volksabstimmung 1920 über die staatliche Zugehörigkeit Mittelschleswigs für den Anschluss an Dänemark ausgesprochen – doch die Mehrheit der Insulaner war dagegen.

Später war es vor allem der Quizmaster Hans Rosenthal (1925–87), der viel zur Bekanntheit des kleinen Seebades beigetragen hat. Mit seiner ZDF-Show „Dalli Dalli" war Rosenthal einer der beliebtesten Showmaster der Nachkriegszeit. Er verbrachte jedes Jahr mehrere Wochen in seinem Haus in Utersum. Die Gemeinde hat ihrem Ehrenbürger einen Gedenkstein am Haus des Gastes gesetzt und diesen Platz nach ihm benannt.

Information Tourist-Information im Haus des Gastes, Föhr Tourismus GmbH, Klaf 2, 25938 Utersum auf Föhr, www.utersum.de (hier auch Buchungsanfragen möglich). Mo–Fr 9–17 Uhr, Sa/So 10–15 Uhr. Hotline (tägl. 9–21 Uhr) ℡ 04681-300. Gemeindetelefon ℡ 04683-346.

Fahrradverleih Stefan Lindeman, Jaardenhuug 10 a, (kostenloser Hol- und Bringservice), ℡ 04683-1516, www.foehr-fahrrad-lindemann.de; Paula Hansen, Waaster Jügem 6, ℡ 04683-244.

Strände Am südlichsten Strandabschnitt (hinter Strandzone 10, Nähe Rehazentrum) sind **Hunde** erlaubt. Und bei der Strandkorbvermietung gibt es einen **Nichtraucherstrand** (Zone 1–3).

Strandkorbvermietung Sie suchen sich einfach einen Korb aus, merken sich die Zone und Korbnummer und bekommen dann im Haus des Gastes (in der Kurverwaltung) gegen Vorlage der Kurkarte Ihren Wunschkorb. 7 € pro Tag (32 €/Woche). Zudem ist eine Strandkorbreservierung unter http://utersum.de/html/strandkorbvermietung.html möglich.

Dunsum

L 214

Stich

Dunsem

Hoofstich

Strunwai

Bowen Taarep

G. Jaat

Skuuljaat

N. Jaat

Oner Taarep

Sunberig

1

2

Ban

T.

Lung Jaat

L 214

Borgsum

Haus des Gastes

Triibergem

3

P

P

4

Noorder Kaalkamp

Bi Trentaft

Klaf

Jaardenhuug

Greenstich

Klaf

Triibergem

Dernhuug

Söler Kaalkamp

Teewelken

Klaf

P

Hundestrand

Triibergem

Waaster Jügem

N

K 122

o

Uaster Jügem

Hedehusum

r

d

Reha-Zentrum Utersum

e

r

Übernachten
1 Gasthaus Knudsen
3 Zur Post
4 Gästehaus Hannchen

Essen & Trinken
1 Gasthaus Knudsen
2 Ual Skinne
3 Zur Post

Utersum

80 m

Übernachten/Essen → Karte S. 117
Gasthaus Knudsen 🔳 Friesischer, ehrlicher Gasthof mit familiärer Atmosphäre im Ortskern von Utersum. Vergleichsweise modern eingerichtete 10 Zimmer und 3 Apartments. Netter Frühstücksraum mit reichhaltigem Büfett. Großes **Restaurant** (plus Festsaal) mit einer gutbürgerlichen, nicht unbedingt preiswerten, aber durchaus empfehlenswerten Küche und großer Auswahl, z. B. Utersumer Techtelmechtel (gebratenes Schweinefilet). Terrasse mit Strandkörben im Garten, in denen Sie im Sommer kleine Gerichte und leckere Fischbrötchen serviert bekommen. DZ 88–98 €. Boowen Taarep 15, ✆ 04683-308, 🖷 04683-798, www.gasthaus-knudsen.de.

Zur Post 🔳 Zwei Häuser, ein Name: Hotel garni „Zur Post" und Hotel-Restaurant „Zur Post". Im nicht mehr ganz neuen Hotel garni mit Ferienwohnungsambiente (kleiner Speiseraum, aber gutes Frühstücksbüfett) gibt es relativ einfache Zimmer in drei verschiedenen Größen (auch Familienzimmer) und einen kleinen Hotelpool. Durch einen großen Garten mit Liegewiese und einigen Strandkörben ist das Haus mit dem zweiten Hoteltrakt verbunden, der einmal ein Bauernhof war. Dort gibt es nicht nur weitere Zimmer, sondern v. a. auch ein großes **Restaurant** mit guter Küche. Neben den üblichen Fisch- und Fleischgerichten werden auch z. B. Flugentenbrust und Lammgerichte serviert. Spezialität: Muschelfleisch nach Art des Hauses. DZ 80–90 €. Jaardenhuug 2 (Hotel-Restaurant), Boowen Taarep 7 (Hotel garni), ✆ 04683-941012, 🖷 04683-941068, www.hotelrestaurantzurpost.de.

Gästehaus Hannchen 🔳 In der Ortsmitte gelegene, familiäre Pension mit Zimmern und Ferienwohnungen, die von innen gemütlicher ist, als es von außen scheint. Relativ einfacher Frühstücksraum mit Büfett. DZ 54–72 €. Jaardenhuug 4, ✆ 04683-1396, 🖷 04683-962160, www.gaestehaus-hannchen.de.

⟫⟫ Mein Tipp: Ual Skinne 🔳 Dieses in einer ehemaligen Scheune eingerichtete, sehr gemütliche Café samt Restaurant ist bekannt für seine schmackhaften friesischen Spezialitäten, aber auch für eine ausgefallene mediterrane Küche. Serviert werden große Rumpsteaks, Lammhaxen und leckere Fischgerichte, aber auch „Delikatessen" wie Froschschenkel und Jacobsmuscheln. Reichhaltiges Weinangebot. Zur Kaffeezeit gibt es hausgemachte Kuchen und als Spezialität übergroße Windbeutel, die man auch auf der windgeschützten Terrasse vor dem Haus genießen kann. Reservierung wird empfohlen. In der Saison Café tägl. (außer Mi) 13.30–18 Uhr, Restaurant ab 18 Uhr. Boowen Taarep 11, ✆ 04683-1398. ⟪⟪

Triibergem und Sunberig

Hier im vergleichsweise hügeligen Südwesten der Insel war die Gegend in früheren Zeiten geradezu von Hügelgräbern übersät. In Utersum gab es allein 50, immerhin drei davon sind erhalten, die sog. **Triibergem.** Es handelt sich dabei um 5–6 m hohe Grabhügel mit einem Durchmesser von jeweils fast 30 m. Dennoch wirken die aus der Bronzezeit (2200–800 v. Chr.) stammenden Hügel am südlichen Ortsrand (Richtung Rehaklinik, an der gleichnamigen Straße) heute eher unspektakulär. Man hat darin bei Ausgrabungen Urnen und einen Bronzedolch gefunden. Wahrscheinlich sind die drei Hügel überhaupt nur erhalten geblieben, weil sich früher einige Legenden um sie rankten. Einer alten Erzählung nach lebten in diesen Hügeln Zwerge, die für merkwürdige Begebenheiten auf der Insel verantwortlich gemacht wurden.

Archäologisch interessant ist auch ein fast 5000 Jahre altes Megalithgrab (Großsteingrab) mit dem Namen **Sunberig** (Sandberg). Nördlich vom Haus des Gastes, etwa in Höhe des Badestegs (Zugang vom nördlichen Deichübergang), haben die Reste dieses ältesten Grabes der Insel die Zeit überdauert. Lediglich eine (offenbar sehr wichtige) Person wurde hier bestattet. Ursprünglich war die 2 m lange Grabkammer mit drei großen, flachen Steinen abgedeckt. Ende des 19. Jh. hat man bei Ausgrabungen ein heute im Friesenmuseum in Wyk ausgestelltes Feuersteinbeil und Teile eines Tonbechers gefunden. Spektakulär ist das jungsteinzeitliche Grab allerdings nicht: Der Sunberig präsentiert sich eher als eine unscheinbare, von Findlingen umgebene Bodenvertiefung.

 Tour 5: Auf dem Drahtesel durch die Dörfer Westföhrs   → S. 188
Leichte und informative Rundtour im Inselwesten

Dunsum
70 Einwohner

Das kleine Dorf am großen Seedeich ist Ausgangspunkt für die beliebte Wattwanderung nach Amrum. Hier an der Westküste Föhrs ist vor allem bei Sonnenuntergang das Panorama malerisch, wenn das Wattenmeer in einen goldenen Schleier gehüllt ist.

Dunsum mit seinem 1 km entfernten Ortsteil Klein-Dunsum liegt an der Rundföhrstraße ganz im Westen der Insel. Die beiden Ortsteile der eigenständigen Gemeinde, Groß-Dunsum und Klein-Dunsum, sind lediglich so etwas wie eine lose Ansammlung von Häusern und Höfen, in denen die Landwirtschaft noch eine vergleichsweise bedeutsame Rolle spielt. Das etwas weiter vom Deich entfernte Klein-Dunsum besteht gar nur aus wenigen Häusern.

Wer hier Urlaub macht, schätzt die ländliche Ruhe und vielleicht auch die Tatsache, dass es hier im Westen die schönsten Sonnenuntergänge der Insel zu bewundern gibt. Dazu allerdings muss man zunächst den großen **Schutzdeich** überqueren, hinter dem sich kein Strand, sondern direkt das weite Wattenmeer erstreckt und einen grandiosen Blick auf die Nachbarinseln Sylt und Amrum freigibt.

Das Watt vor Dunsum ist bei Ebbe besonders flach und nur von niedrigen Wasserläufen durchzogen, weshalb das Dorf auch Ausgangspunkt für geführte **Wattwanderungen** nach Amrum ist. Zur gegenüberliegenden Insel Sylt ist eine solche Wanderung allerdings nicht möglich, weil extrem tiefe und strömungsstarke Priele den Weg abschneiden.

Auf dem Seedeich von Dunsum

Föhr → Karte vorderer Umschlag

Der nächste Badestrand befindet sich 2 km in südlicher Richtung in Utersum. Etwa 500 m südlich von Dunsum kommen Sie zunächst am Schöpfwerk Föhr-West vorbei, das am Deich errichtet wurde, um den Wasserstand in den Gräben der Dunsumer Marsch nach starken Regenfällen konstant zu halten.

Bei Ebbe schaut 2 km nordwestlich von Dunsum ein unscheinbarer, nur gut 1 m breiter Stein aus dem Watt. Es ist der sog. **Baalk Stian,** ein Findling, um den sich eine Legende rankt: Dieser Stein soll der letzte Rest eines Dorfes namens Balkum sein, das einstmals in den Sturmfluten versunken ist.

Geschichte: Der Name des zweitkleinsten Dorfes Föhrs leitet sich recht unspektakulär von einem Personennamen ab und bedeutet so viel wie „Siedlung des Donnis". Dunsum (friesisch *Dunsem*) wurde – wie fast alle Dörfer Föhrs – 1462 erstmals urkundlich erwähnt. Funde von Feuersteinwerkzeugen belegen bereits eine Besiedlung in der Jungsteinzeit. Heute leider nicht mehr vorhandene Grabhügel und Knochenfunde von Haustieren belegten zudem, dass in Dunsum schon in der Bronzezeit Ackerbau und Viehzucht betrieben wurden.

Information Gemeinde Dunsum auf Föhr, www.dunsum.de. Auf der Homepage finden sich unter der Rubrik „Unterkünfte" Dunsumer Ferienhäuser und -wohnungen, die über einen Link zu einer Betten-Börse gebucht werden können.

 Einkaufen Eilun Moolk (Föhrer Hofmolkerei). An der Straße zwischen Groß- und Klein-Dunsum gelegener Aussiedlerhof, auf dem nur Käse handgemacht wird (z. B. Föhrer Bio-Wurzelkäse). In dem großen Hofladen gibt es neben vielen Milchprodukten (v. a. Käse) auch Marmeladen und sogar einige Wohnaccessoires sowie ein **Hofcafé.** Das Gelände hat sich zu einer Art Familienhof mit Streichelzoo gemausert; hier können Sie auch Swinggolf spielen (ein 9-Bahnen-Golf-Spaß mit größeren Golfbällen auf einem 4 ha großen Wiesengelände). In der Saison Di–Sa 10–17.30 Uhr. Aussiedlung 23, ✆ 04683-9634979, www. foehrer-hofmolkerei.com. ∎

Essen & Trinken Zum Wattenläufer. Direkt am Deich, am nördlichen Ortsrand gelegen. Der Name ist Programm, denn von hier aus startet die Wattwanderung nach Amrum. Der Wattläufer ist zugleich Café, Restaurant und Kiosk. Die einfache Gaststube mit schönem Wintergarten ist mit Infos über den Nationalpark verziert; Terrasse vor dem Haus. Neben Kaffee, Kuchen und (Blaubeer-)Pfannkuchen gibt es auch Deftiges wie Frikadellen mit Bratkartoffeln, Sauerfleisch oder Strammen Max. Tägl. 10–20 Uhr. ✆ 0171-1133628.

Tour 6: Wattwanderung zwischen Föhr und Amrum   → S. 190
Nicht anspruchslos, dennoch geeignet für Kinder ab 6 J.

Süderende

180 Einwohner

Ein heimeliges, etwas abseits der Verkehrswege im Inselwesten gelegenes Kirchdorf mit vielen reetgedeckten, schmalgiebeligen Friesenhäusern: Wer in Süderende Urlaub macht, liebt die beneidenswerte Unaufgeregtheit des Friesendorfes und benötigt fast zwangsläufig ein Fahrrad, um über Nebenwege den knapp 4 km entfernten Strand oder die Nachbarorte zu erreichen.

Die Bebauung im Dorfkern ist nicht ganz so weitläufig wie in den anderen Inseldörfern. Es gibt zwar noch drei Vollerwerbslandwirte im Ort, aber natürlich wurden auch in Süderende viele der schönen, teilweise denkmalgeschützten uthländischen Häuser längst zu Ferienunterkünften umgebaut. Dennoch scheinen sich hier die

Strukturen eines alten Föhrer Friesendorfes noch am besten erhalten zu haben. Nach wie vor sprechen viele Einheimische Friesisch (*Fering*) und zu festlichen Anlässen tragen in Süderende auch junge Frauen wieder die Föhrer Tracht.

Die Hauptsehenswürdigkeit von Süderende ist die **St.-Laurentii-Kirche** ganz am südlichen Ende des Dorfes. Sie ist die einzige Kirche im Westteil der Insel und seit 800 Jahren Mittelpunkt des religiösen Lebens Westföhrs. Ihr Standort außerhalb jeglicher Ortsbebauung wurde damals mit Bedacht gewählt, weil auf diese Weise der Weg zum Gotteshaus von allen Orten des Kirchspiels – Oldsum (mit Klintum und Toftum), Süderende, Dunsum, Utersum (mit Hedehusum) – in etwa gleich weit war. Dies ist wohl auch der Grund dafür, dass der Kindergarten und die Grundschule Föhr-West sich in Süderende befinden.

Geschichte: Der Name des Dorfes Süderende (friesisch *Söleraanj*) rührt daher, dass es noch bis zum Fall Schleswigs an Preußen im Jahr 1864 das südliche Ende von Oldsum bildete. Erst mit der damit verbundenen Gebietsreform wurde aus Süderende die eigenständige Gemeinde, die sie bis heute geblieben ist.

Information Gemeinde Süderende, 25938 Süderende auf Föhr, www.suederende-foehr.de. Auf der Homepage finden sich unter der Rubrik „Unterkünfte" Süderender Ferienhäuser und -wohnungen, die über einen Link zu einer Betten-Börse gebucht werden können.

Einkaufen Conny's kleiner Dorfladen. Süderendes Antwort auf das große Sterben der kleinen Supermärkte ist seit 2010 diese unterstützenswerte Einkaufsgelegenheit. Sozusagen „aus dem Fenster heraus" verkauft Conny Prasser Waren des täglichen Bedarfs. In der Saison Mo–Sa 6.15–10.30 Uhr, So 7.30–11 Uhr (außerhalb dieser Zeiten darf gerne geklingelt werden). Scholkwai 73.

Übernachten/Essen Heu Herberge. Seit 2011 gibt es nun auch auf Föhr ein Heuhotel. Sie wohnen in gemütlichen Boxen für 4–6 und 9 Pers. Für Allergiker gibt es zudem extra Zimmer. Großer Frühstücksraum (mit kleiner Küchenzeile). Auf dem Hof der Familie Jensen wird auch noch etwas Landwirtschaft betrieben. Kinder bis 3 J. frei, 4–13 J. 14 €, 14–17 J. 18 €, Erw. 20 €, inkl. Frühstück. Schlafsack-Leihgebühr 3 €. Haus 26 a, ✆ 04683-1332, www.heuherberge-foehr.de.

≫ Mein Tipp: **** Altes Pastorat. Dieses kleine, familiäre, aber sehr luxuriöse Hotel bietet nur 8 geschmackvoll renovierte und sehr saubere Zimmer bzw. Suiten im traditionsreichen Reetdachhaus. Geschmackvoller Frühstücksraum mit Terrasse sowie Salon mit Kachelofen. Prima Frühstücksbüfett mit frischen (Bio-)Produkten. Schöner Pfarrhausgarten; Sauna. Auf Wunsch abends 3-Gänge-Menü (ausschließlich für Hausgäste,

25 €). DZ 150–200 €. ✆ 04683-226, 🖂 04683-250, www.landhaus-altes-pastorat.de. ≪

Café Uun't Wannjhüs. Im ehemaligen Stall ganz in der Nähe der St.-Laurentii-Kirche

Uthländisches Friesenhaus in Süderende

präsentiert sich das Uun't Wannjhüs als ein einfaches, aber zweckmäßiges Bauernhof-café, in dem es auch kleine Speisen gibt (z. B. Flammkuchen). Ideal also für einen Stopp bei einer Fahrradtour. Natürlich gibt es leckeren Kuchen (Friesentorte), aber auch frische Waffeln „wie von Oma" oder Milchreis. Bei schönem Wetter bieten sich die Tische im Garten an (mit Spielplatz). Im Sommer Do auch Salzwiesenlamm (Vorbestellung). Tägl. 14–18 Uhr. Haus 3, ✆ 04683-1079.

St.-Laurentii-Kirche

Auf halber Strecke zwischen Süderende und Hedehusum liegt umgeben von einem alten Friedhof die Kirche St. Laurentii (tägl. 10–16 Uhr geöffnet), die schon bald nach der erfolgreichen Christianisierung der Inseln (um 1150) erbaut wurde. Wie man von außen noch gut am Kirchenschiff erkennen kann, wurde das Gotteshaus ursprünglich aus Granitquadern errichtet. Die Kirche hat im Laufe der Zeit allerdings mehrere backsteinerne Um- und Anbauten erfahren. So entstanden Ende des 15. Jh. der Kirchturm und das hohe, gotische Gewölbe, in dem in den 1950er-Jahren Reste einer alten Deckenmalerei des 17. Jh. freigelegt wurden (restauriert in den 1990er-Jahren).

Im Inneren sorgen nicht nur die großen Fenster, sondern auch die weiß getünchten Wände für viel Helligkeit. Auffallend sind zunächst die drei goldfarbenen flämischen Messingkronleuchter, von denen im Jahr 1677 Föhrs berühmtester Walfänger Matthias Petersen zusammen mit seinem Bruder zwei stifteten. Bemerkenswert ist auch die Kanzel aus Tannenholz (1. Viertel des 17. Jh.) mit ihrem reich verzierten

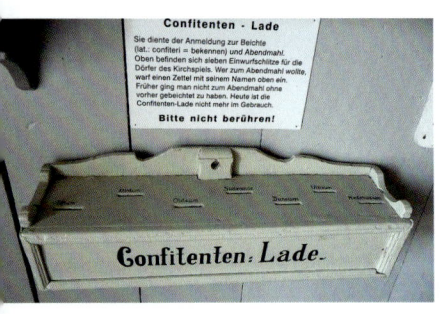

Anmeldung zur Beichte und zum Abendmahl: Confitenten-Lade

Schalldeckel. Der davorstehende romanische Granittaufstein stammt noch aus der Gründungszeit der Kirche. In der Eingangshalle steht zudem eine prächtige italienische Marmortaufe aus dem Jahr 1752.

Höhepunkt des Gotteshauses ist jedoch der spätmittelalterliche Flügelaltar aus dem 15. Jh. Er beherbergt zwölf kunstvoll geschnitzte Figuren. In der Mitte befinden sich Christus und Maria, die als Himmelskönigin Krone und Umhang trägt. Flankiert werden die Figuren von zehn Heiligen, darunter ganz rechts der Kirchenpatron St. Laurentius, der an Rost und Palmzweig zu er-

kennen ist. Der Legende nach wurde er im Jahr 258 in Rom als Märtyrer auf einem glühenden Rost hingerichtet. Er gilt als Schutzheiliger der Armen, der Schüler und Studenten, der Köche und Wirtsleute und der Feuerwehr. Wie bei Flügelaltären üblich, wird dieser in der Zeit vor Ostern und vor Weihnachten geschlossen.

Trotz der in der ersten Hälfte des 16. Jh. auch nach Föhr dringenden Reformation, konnten sich die Westföhrer nicht so recht von ihren Heiligen und anderen katholischen Glaubenszeugnissen trennen. So hat auch ein ehemaliger Beichtstuhl in der Ecke des Querschiffs als sog. Logenplatz die Zeit überdauert. Bemerkenswert ist in diesem Zusammenhang auch eine Confitenten-Lade aus dem 18. Jh. (lat. *confiteri* = bekennen), die im Eingangsbereich neben einem uralten Opferstock hängt. Im Deckel des kleinen weißen Holzkastens befindet sich für jedes Dorf des Kirchspiels ein Einwurfschlitz – für Toftum, Klintum, Oldsum, Süderende, Dunsum, Utersum und

Der glückliche Matthias

Er war der bekannteste Walfänger Nordfrieslands und schon zu seiner Zeit so etwas wie eine lebende Legende. Über 50 Jahre kommandierte der am Weihnachtstag 1632 in Oldsum geborene Matthias Petersen ein Walfangschiff. Im „Goldenen Zeitalter" heuerten fast alle arbeitsfähigen Männer und Jungs der Insel Föhr auf holländischen Walfängern an. So auch Matthias Petersen, der eigentlich Matz Peters hieß. Der Pastor erteilte ihm bereits im Alter von 8 Jahren Navigationsunterricht und mit 11 Jahren unternahm er seine erste gefährliche Reise ins Nordmeer. Der junge Matthias bewährte sich auf den Fahrten, weshalb man ihm schon als Zwanzigjährigen das Kommando für ein Walfangschiff übertrug, das er bis zu seinem siebzigsten Lebensjahr behielt. In dieser Zeit harpunierte er die imposante Zahl von 373 Walen, was Petersen zu einem mehr als wohlhabenden Mann machte und ihm den Beinamen „glücklicher Matthias" einbrachte.

Dieser „Erfolg" war auch dem Umstand geschuldet, dass Commandeur Petersen in der frühen Phase der Walfangzeit lebte. Die Wale waren noch in großer Anzahl in den Buchten Spitzbergens anzutreffen und bildeten dort eine im Vergleich zum Fang auf offener See leichte Beute. Aber dennoch war der Walfang ein außerordentlich gefährliches Unterfangen, das viele Seeleute mit dem Leben bezahlten.

Doch Petersens Glückssträhne hielt nicht ewig. Sein ältester Sohn Matz, der ebenfalls ein Walfangschiff befehligte, wurde 1701 (im Spanischen Erbfolgekrieg) von einem französischen Kaperschiff aufgebracht, entführt und blieb verschollen. Ein Jahr später erwischte es dann Petersen selbst: Auf seiner letzten Reise wurde er ebenfalls von französischen Piraten aufgebracht. Es kostete ihn einen Großteil seines Vermögens, denn er kam mit seiner Mannschaft erst nach Zahlung eines enorm hohen Lösegeldes von 8000 Reichstalern frei (nach heutigem Wert etwa 300.000 €). Zu allem Unglück starben im gleichen Jahr zwei weitere Söhne im Kampf mit den französischen Freibeutern.

Im Jahr 1706 starb der „glückliche Matthias" im hohen Alter von 74 Jahren in seiner Heimat. Doch es dauerte noch eine Weile, bis er seine endgültige Ruhe fand. Er versprach der Kirchengemeinde testamentarisch 100 Reichstaler für ein Begräbnis vor dem Altar in der Kirche. Dort wurde er auch mit allen Ehren bestattet. Doch seine Erben wollten diese Summe partout nicht zahlen, weshalb Matthias Petersen 14 Jahre später einfach auf den Friedhof umgebettet wurde. Seither steht seine weiße Grabplatte als Grabstein (mit der Aufschrift „der Glückliche", alles in damals als besonders vornehm geltender lateinischer Schrift) südlich der Süderender Kirche (in Höhe der Apsis).

Hedehusum. Mit einem Zettel mussten sich hier jene Gemeindemitglieder anmelden, die zum Abendmahl gehen wollten. Ursprünglich und auch noch in nachreformatorischer Zeit ging man jedoch nicht zum Abendmahl, ohne vorher gebeichtet zu haben – daher war eine Voranmeldung notwendig.

Ein Besuch der Kirche lohnt sich auch wegen des weitläufigen, auch heute noch genutzten und von einem Steinwall umgebenen Friedhofs. Hier haben viele der „sprechenden Grabsteine" (→ S. 47) mit ihren Biografien der Verstorbenen die Zeit

Föhr → Karte vorderer Umschlag

überdauert. Darunter auch der des besagten Matthias Petersen, der zur Walfängerzeit 373 Wale erlegt hat, was ihm den Beinamen „glücklicher Matthias" eingebracht
hat. Sein Grabstein (mit damals als besonders vornehm geltender lateinischer Inschrift) steht südlich der Kirche in Höhe der Apsis.

Gedenkstätte für Lorenz Braren

Nur ein wenig östlich der Kirche auf dem Weg zur Lembecksburg führt an der
Wegkreuzung im kleinen Wäldchen (bei einem Hinweisschild) ein kleiner Pfad zu
der schlichten, aus einigen Feldsteinen errichteten und von einer kleinen Wiese
umgebenen Gedenkstätte für den Föhrer Heimatforscher Lorenz Braren (1886–
1953). Braren hat nicht nur die zahlreichen vorgeschichtlichen Denkmäler der Insel
erfasst. Er hat auch in mühevoller Arbeit die Kirchenbücher von St. Laurentii
ausgewertet und im Jahr 1949 mit der Erstellung seiner „Geschlechter-Reihen" eine
handfeste Grundlage für die Familienforschung von Föhr hinterlassen. Die Bücher
wurden bis 1997 fortgeführt.

Monklembergem

Von der Gedenkstätte von Lorenz Braren führt der Pfad weiter zu einem hinter
dem Wäldchen gelegenen Friedhof aus der Wikingerzeit (900 n. Chr.), der
Monklembergem genannt wird. Nur ein kleines Schild weist darauf hin, dass es sich
bei der ungepflegt wirkenden und von Sträuchern überwucherten Fläche am Rande
der Felder um sieben Grabhügel und damit um ein Zeugnis aus der Frühgeschichte
der Insel handelt.

Oldsum   560 Einwohner

**Eine weithin sichtbare reetgedeckte Windmühle weist den Weg nach Oldsum.
Für das dünn besiedelte Westerland ist Oldsum schon ein relativ großes Dorf,
das zudem mit Klintum und Toftum über zwei zusätzliche Ortsteile verfügt.**

Das etwas entlegene Dorf im Nordwesten der Insel versteht sich als **Künstlerort**
und pflegt dieses Image – ein wenig. Tatsächlich haben sich hier einige Künstler
und Kunsthandwerker niedergelassen, zwei Maler, ein Glaskünstler, ein Foto- und
ein Klangkünstler. Unabhängig davon ist das abseits der Badestrände gelegene Oldsum ein sehr hübsches und touristisch nicht allzu überlaufenes Friesendorf mit gepflegten Reetdachhäusern. Aber natürlich ist auch in Oldsum der Tourismus längst
zur maßgeblichen Einnahmequelle geworden.

Auffallend viel ist im alten Ortskern noch von der Ursprünglichkeit alter Föhrer
Dörfer erhalten geblieben. Liebevoll gepflegte und oft rosenberankte Kapitänshäuser aus der Walfängerzeit säumen in der Dorfmitte die Straße, umgeben von alten
Lindenbäumen und blühenden Vorgärten, die häufig durch den typischen
Feldsteinwall eingefasst sind. Auch die neuen (Ferien-)Häuser wurden aufwendig
im alten Stil gebaut und mit Reetdächern versehen. Im Dorf gibt es in kleinen Läden – vom Bäcker bis zum Kaufmann – alles, was man für den täglichen Bedarf
braucht. Hinzu kommen einige nette Kunsthandwerksgeschäfte und natürlich Cafés sowie ein Restaurant.

Wahrzeichen von Oldsum ist und bleibt allerdings die weithin sichtbare, reetgedeckte **Windmühle** am südlichen Ortsrand. Als im Jahr 1900 der rund 200 Jahre
alte Vorgängerbau, eine Bockwindmühle, durch Blitzschlag abbrannte, wurde ein

Jahr später an gleicher Stelle dieser schöne Galerieholländer erbaut, der bis 1954 noch in Betrieb war. Die sehr gepflegte Mühle mit ihren (nicht windgängigen) Segelflügeln und einer Windrose wurde aufwendig restauriert und dient seit den 1970er-Jahren Wohnzwecken. Sie ist in Privatbesitz und nur von außen zu betrachten.

Vom Ortskern aus verbindet die Dorfstraße, die liebevoll „Chaussee" genannt wird, in östlicher Richtung Oldsum mit den Ortsteilen **Klintum** und **Toftum**, wodurch ein lang gezogenes Straßendorf entsteht. Straßennamen gibt es nicht, man kommt auch ohne sie aus – die Häuser sind einigermaßen systematisch nummeriert. Lediglich im Süden von Toftum ist mit dem Rakmersstigh ein Straßenname notwendig geworden. Klintum und Toftum waren noch bis 1970 selbstständige Gemeinden, dann machten sie Oldsum zur flächenmäßig größten Gemeinde der Insel. Die Unterscheidung in drei Dörfer ist somit mehr für die Einheimischen aus traditionellen Gründen bedeutsam als für Touristen.

Der Galerieholländer von Oldsum

Durchgangsverkehr gibt es hier keinen, denn die Rundföhrstraße führt am ganzen Ort vorbei. Zum Meer, beispielsweise zum Deich nach Dunsum, sind es 3 km; zum nächsten Strand in Utersum beträgt die Entfernung aber gut 5 km.

Geschichte: Oldsum (friesisch *Olersem*) wird erstmals im Jahr 1462 urkundlich unter dem Namen Uluersum erwähnt. Der Name wurde im Laufe der Zeit zu Oldsum (= Altheim) umgedeutet, leitet sich in Wirklichkeit aber von dem alten männlichen Rufnamen *Olfer* ab, was vermutlich soviel wie Anführer (altfriesisch *Wulfhar*) bedeutet. Der Ortsname kann also etwas frei mit „Heim des Stammesfürsten" übersetzt werden. Für das Jahr 1509 ist in einem Zinsbuch des Schleswiger Bischofs auch die Ansiedlung Tuftum (heute Toftum, friesisch *Taftem*) verzeichnet. Sie bezieht sich auf den Flurnamen *Taft*, was im Friesischen gewöhnlich ein Stück Privatland oder Acker in der Nähe eines Dorfes bezeichnet. Die zwischen beiden Ortsteilen liegende Ansiedlung Klintum (friesisch *Klantem*) ist erst später entstanden. Sie benennt wahrscheinlich die kleine Anhöhe, auf der die Häuser liegen (*Klant* = Kante oder Kliff).

In früheren Zeiten war der Siedlungsplatz der drei dicht beieinanderliegenden Dörfer günstig gewählt, denn bis zur Eindeichung der Föhrer Marsch im 16. Jh. gab es hier über einen Priel eine schiffbare Verbindung zur Nordsee. Zudem waren zu einer Zeit, in der es noch kein bewirtschaftetes Marschland gab, die Äcker im Süden von Oldsum die fruchtbarsten der ganzen Insel. Nennenswerten Wohlstand in das

Reetdachhaus in Oldsum

bitterarme Dorf brachten jedoch erst das 18. und 19. Jh., als die meisten Männer Oldsums ihren Lebensunterhalt auf Walfangschiffen verdienten. Schöne Kapitänshäuser geben noch heute Zeugnis davon. In Oldsum lebte auch der berühmteste Walfangkommandeur Föhrs, Matthias Petersen (1632–1706). Er hatte über 50 Jahre das Kommando auf einem Walfangschiff und erlegte in dieser Zeit als „glücklicher Matthias" 373 Wale (→ Kasten S. 123).

Von der Februarflut von 1825 wurde Oldsum durch das Brechen der Deiche besonders hart getroffen. Der ganze Ort war etwa 80 cm hoch überschwemmt, was zur Folge hatte, dass einige Häuser zusammenbrachen, zwei Frauen tödlich verunglückten und 4000 Schafe ertranken. Vor einem Haus an der „Chaussee" erinnert ein kleiner, in den Eckpfosten eines Gartenzauns eingelassener Flutmarker an die damalige Fluthöhe. Er wurde um 1960 aus der Mauer eines Hauses hierher versetzt (→ Foto S. 21).

Nach wie vor spielt im Dorf das alte Föhringer Brauchtum eine große Rolle. Nicht nur die friesische Sprache wird im Dorf auffallend häufig gesprochen, es gibt neben einem Männergesangsverein und einer Musikkapelle auch eine Trachtengruppe, in der die alten Tänze und die schöne friesische Tracht gepflegt werden.

Information   Gemeinde Oldsum, 25938 Oldsum auf Föhr, www.oldsum-auf-foehr.de. Auf der Homepage finden sich unter der Rubrik „Unterkünfte" Oldsumer, Klintumer und Toftumer Ferienhäuser und -wohnungen, die über einen Link zu einer Betten-Börse gebucht werden können.

Einkaufen → Karte S. 127. **Marink** **4** Großer Laden in einem ehemaligen Stall mit bemerkenswertem Angebot. Hier gibt es Krimskrams, aber auch schöne Wohnaccessoires, Bastelartikel, Kerzen, Stoffe sowie eine große Auswahl an Kunststoffblumen, darüber hinaus sogar Outdoor-Bekleidung, andere Textilien und selbst Gummistiefel. In der Saison werden hier gerne Bastelkurse angeboten (z. B. Lichtertüten gestalten oder Schachteln herstellen). Ganzjährig zu den üblichen Geschäftszeiten bis 18 Uhr geöffnet. Oldsum, Haus 37 a (gegenüber von Stelly's Hüüs am südlichen Ortsausgang), ☎ 04683-962040.

Art und Weise **7** In dem kleinen Geschäft des Föhrer Musikers und Künstlers Hauke Nissen gibt es nicht nur dessen wohltuende Entspannungs-CDs zu kaufen, sondern auch Bücher, Karten, Duftkissen, Aquarelle, Zeichnungen und anderes mehr. Ganzjährig zu den üblichen Geschäftszeiten bis 18 Uhr geöffnet. Oldsum, Haus 56, ☎ 04683-1010.

Inge Haferkorn **3** Nette, kleine Boutique, nicht nur für überwiegend baumwollene Damen- und Herrenmode, Kissen und andere Textilien, sondern auch für Keramikgeschirr. In der Saison 10–18 Uhr. Oldsum, Haus 86 (direkt neben dem Café Apfelgarten), ☎ 04683-771.

Brarenhof-Lädchen **6** Kleiner Selbstbedienungsladen, der etwas versteckt hinter Stelly's Hüüs liegt. In einem nett eingerichteten Verkaufsraum mit einem alten Küchenschrank gibt es v. a. selbst gemachte Marmelade, Honig, Liköre, aber

Essen & Trinken
2 Ual Fering Wiartshüs

Cafés
1 Café im Apfelgarten
5 Stelly's Hüüs

Einkaufen
3 Inge Haferkorn
4 Marink
6 Brarenhof-Lädchen
7 Art und Weise

auch Eier, Soßen und Senf. Den Kaufpreis legt man einfach in eine kleine Kasse. Wechselnde Öffnungszeiten, tagsüber meist offen. Oldsum, Haus 44, ✆ 04683-274. ∎

Fahrradverleih Gisela Jürgens, Klintum, Haus 158 (nahe Gastwirtschaft), ✆ 04683-704.

Essen & Trinken → Karte S. 127. **Ual Fering Wiartshüs 2** Alteingesessenes Gasthaus mit 250-jähriger Tradition, gemütlicher Gaststube in zartem Weiß-Blau mit Delfter Kacheln und sogar einem großen Festsaal. Nicht preiswert, aber hier gibt es garantiert große Portionen der Fisch- und Fleischgerichte (v. a. riesige Schnitzel). Im Wirtshaus trifft sich auch das einheimische Publikum. Terrasse und ein großer Parkplatz vor dem Haus. Tägl. 11.30–14.30 und 17–21.30 Uhr (im Winter Di Ruhetag). Oldsum, Haus 141 (an der Bushaltestelle „Oldsum-Gastwirtschaft"), ✆ 04683-465.

Stelly's Hüüs 5 Café und Museum mit Kultstatus. Im liebevoll eingerichteten Kapitänshaus aus dem Jahr 1837 lässt sich eine Menge entdecken. Das Haus ist eine Mischung aus Kunsthandwerksladen, Töpferei und Café. Im Erdgeschoss kann man zwischen der Töpferwerkstatt und einem kleinen Teeladen auf Sofas, Bänken oder Stühlen gemütlich Kaffee trinken und hausgemachten Kuchen genießen (z. B. Heidelbeersahnetorte). Es gibt aber auch kleine,

herzhafte Gerichte und gute Suppen. Im Obergeschoss präsentiert sich Stelly's Hüüs als ein Kuriositätenkabinett: Von Meeresaquaristik bis zu Modellschiffen gibt es hier allerlei Krimskrams zu Insel, Küste und Meer zu entdecken, den der verstorbene Rolf Stelly im Laufe seines Lebens gesammelt hat. Leider hat die Bauaufsicht das Museum zur Zeit der Recherche auf unbestimmte Zeit geschlossen. Es gibt auch einige Tische draußen (Selbstbedienung). Ostern bis Nov. tägl. 11.30–18 Uhr, im Winter Mi–So 14–18 Uhr. Oldsum, Haus 38 (am südlichen Ortsausgang), ✆ 04683-306.

》Mein Tipp: Café im Apfelgarten **1** Kleine, mit einer Balkendecke versehene Gaststube mit nur 5 Holztischen und grünen Bänken in der ehemaligen Scheune eines historischen Friesenhauses. Aber auch unter den Apfelbäumen vor dem Haus stehen ein paar Tische – daher der Name. Es gibt nicht nur selbst gebackene (Apfel-)Kuchen und Eisbecher, sondern auch leckere Suppen, überbackenen Schafskäse oder Heringsfilets. Nicht ganz billig, aber dafür werden auch fast nur Bio-Produkte verwendet. Im Sommer gibt es tägl. ab 18 Uhr frisch gebackenen Zwiebelkuchen. Gelegentlich werden sogar Hauskonzerte veranstaltet; dann ist eine Reservierung obligatorisch. Tägl. 11.30–21 Uhr. Oldsum, Haus 86, ✆ 04683-898. 《

🚶 Tour 7: Marsch- und Deichwanderung im Nordwesten Föhrs   → S. 192
Eher ein längerer, windumtoster Spaziergang

Amrum

Die kleine, halbmondförmige Insel liegt rund 25 km vor dem nordfriesischen Festland, weshalb auf Amrum echtes Nordseeklima herrscht, heilklimatische Wirkung inklusive. Der große Pluspunkt von Amrum ist jedoch die abwechslungsreiche Natur – geprägt von einer endlos breiten, sich an den Geestkern anschmiegenden Sandbank (Kniepsand) und weitläufigen Dünen, aber auch windgeschützt von einem ausgedehnten Waldgürtel und geschmückt von einer schönen Heide- und Wiesenlandschaft. All das macht Amrum zu einem Paradies für alle, die endlose Spaziergänge genießen und am breiten Strand nicht nur Sandburgen bauen, sondern Drachen steigen lassen oder sich austoben wollen. Denn selbst in der Hochsaison wirkt der Kniepsand nie wirklich überfüllt; abseits der ausgewiesenen Strandabschnitte findet sich immer ein ruhiges Plätzchen.

Die fünf Inseldörfer liegen alle an der geschützten Wattseite Amrums, weshalb die Wege zum Strand relativ weit sind. Ein Auto benötigen Sie hier eigentlich nicht, obwohl Sie Ihren fahrbaren Untersatz durchaus mit nach Amrum nehmen können, die kleine Insel also nicht etwa autofrei ist. Ein Fahrrad dagegen ist – trotz guter Busverbindungen – nahezu unerlässlich, nicht nur, um bequem zum Strand zu kommen, sondern auch, um die schönen Ortschaften zu erkunden.

Der Hafenort Wittdün liegt dem Wetter und der See ausgesetzt auf einer Landzunge, die auf der sog. Wandelbahn umrundet werden kann. An ihm kommt kein Amrum-Urlauber vorbei, ist er doch die Lebensader der Insel und damit Ort der erwartungsfrohen Anreise und des Inselabschieds. Anders als das geschäftige Wittdün hat das in der Inselmitte gelegene idyllische Nebel mit seinen eingemeindeten Dörfern Süddorf und Steenodde eher den Charakter eines typischen, ländlich-gemütlichen Friesendorfes mit vielen reetgedeckten Kapitänshäusern und liebevoll gepflegten Vorgärten. Vom familiären Hauptbadeort Norddorf mit kleiner Fußgängerzone hat man einen vergleichsweise kurzen Weg zum Strand, und die Umrundung der Amrumer Odde, der unberührten Nordspitze, ist ein Muss für jeden ruhesuchenden Naturliebhaber.

Steckbrief Amrum

Fläche: Das sichelförmige Eiland ist etwa 10 km lang, kaum 3 km breit und ist damit nur die zehntgrößte Insel Deutschlands. Allein 8,5 km², also knapp die Hälfte der nur 20,5 km² großen Insel, sind Dünengelände. Geest und ein wenig Marschland machen etwa 6 km² aus, knapp 4 km² sind bebaut, 2 km² umfasst der Inselwald. Der etwa 10 km² große Kniepsand gilt als Sandbank und somit nicht als Teil der Insel.

Küstenlänge: 26 km, davon 15 km zusammenhängender Sandstrand des Kniepsandes und der sich nördlich anschließenden Odde. Die Wattseite zwischen Wittdün und Steenodde (2,5 km) und das Marschland bei Norddorf (2 km) werden durch Deiche geschützt.

Höchste Erhebung: Die Düne *A Siatler* (dt. Setzerdüne) bei Norddorf ist stattliche 32 m hoch.

Ortschaften: Es gibt nur fünf Ortschaften auf der Insel, die sich verwaltungsmäßig in drei eigenständige Gemeinden gliedern, nämlich Wittdün, Nebel (mit Süddorf und Steenodde) und Norddorf. Zusammen mit Föhr bilden die Inseldörfer das „Amt Föhr-Amrum".

Einwohner: Auf Amrum leben etwa 2300 Menschen, die sich ziemlich gleichmäßig auf die drei Gemeinden verteilen. Zudem bevölkern etwa 200 Pferde (vor allem Islandpferde), ca. 250 Schafe und ebenso viele Kühe sowie Millionen von Vögeln (vor allem Möwen, Seeschwalben, Brandgänse, Eiderenten und Austernfischer) die Insel.

Unterkünfte: Auf Amrum gibt es 10.500 Gästebetten. Natürlich schlafen die Urlauber für gewöhnlich in Ferienwohnungen und -häusern. Derer gibt es etwa 1200, während die Insel nur 10 Hotels, 20 Pensionen sowie etwa 20 Vermieter von Privatzimmern aufweist. Zudem gibt es zwei schöne Campingplätze in den Dünen beim Leuchtturm (einer davon ist FKK-Platz).

Strandstraße Wittdün

Wittdün

Das Seeheilbad liegt exponiert auf einer Landzunge im Süden der Insel und ist damit an drei Seiten vom Meer umschlossen. Der gesamte Fährverkehr wird hier abgewickelt, was Wittdün zum Tor der Insel macht.

Am Fähranleger offenbaren sich zunächst ein paar Bausünden der 1970er-Jahre, und auch im Ort selber wird schnell klar, dass Wittdün wegen vergleichsweise wenig erhaltener historischer Bausubstanz nicht mit der friesischen Idylle anderer Inseldörfer mithalten kann. Dennoch offenbart der Ort an vielen Stellen die erholsame Unbeschwertheit und Gemütlichkeit eines Nordseebades. Das liegt vor allem an der Lage auf der südlichen Landzunge, die jedoch seit jeher auch Sicherungsmaßnahmen erforderte. Bereits ab dem Jahr 1914 musste der Ort durch eine kostspielige Mauer vor Sturmflutschäden und Unterspülung geschützt werden. Aus diesem Grund zieht sich heute rund um Wittdün Amrums größtes Bauwerk, die **Wandelbahn,** die ihrem Namen alle Ehre macht und sich für einen Spaziergang bestens eignet. Dabei genießt man im Norden einen schönen Blick auf das Wattenmeer und die nahe Insel Föhr, im Osten sieht man die Halligen Langeneß und Hooge und im Süden blickt man hinunter auf einen sehr schmalen Badestrand und auf das weite Meer – das hier zum Schwimmen etwas zu flach ist. Imbissstände oder Ladengeschäfte gibt es allerdings keine; es ist eben eine reine Wandelbahn im besten Sinne des Wortes. Im Südwesten schließt sich hinter dem Strandservicegebäude der breite Kniepsand an, zu dem noch vor über 100 Jahren die Gäste mit einer kleinen Inselbahn transportiert wurden.

Wittdün ist schnell erkundet und besteht neben der Wandelbahn im Wesentlichen aus zwei parallel verlaufenden Straßen, der Inselstraße und der Mittelstraße. In der geschäftigen **Inselstraße** befinden sich einige Läden, aber natürlich auch Restaurants und Cafés, die dem Ort ein wenig kleinstädtischen Charakter verleihen.

Immerhin ist das kleine Wittdün versorgungstechnisch das Zentrum der Insel. Entlang der etwas erhöht verlaufenden **Mittelstraße** gruppieren sich einige schöne Häuser, die ein wenig aus dem ansonsten eher kargen Baustil Wittdüns hervorstechen. Die schönsten Ferienunterkünfte befinden sich wegen der herrlichen Aussicht an der Oberen Wandelbahn, dem Fußweg oberhalb der Promenade.

Der große und den ganzen Ort dominierende Fährhafen mit der neuen Fährbrücke ist nicht der einzige Hafen Wittdüns. Am gegenüberliegenden Ende der kleinen Bucht an Wittdüns Wattenmeerseite gibt es noch einen zweiten Hafen, den schon im Ersten Weltkrieg als Versorgungshafen für das Feuerschiff „Amrum-Bank" gebauten **Fischerei- und Seezeichenhafen.** Auf dem Weg dorthin befindet sich unterhalb der Deichkrone der sehr schmale und brandungsarme Nordstrand, an dem es vor allem in der Nachmittagssonne sehr schön ist. Im Seezeichenhafen hat zum einen der große Tonnenleger seinen Liegeplatz, aber auch der Seenotrettungskreuzer und ein paar winzige Fischerboote sowie die Jachten und Sportboote der Freizeitkapitäne sind dort vertäut. Auf dem Hof des Wasser- und Schifffahrtsamtes liegen die bunten Bojen, die von Seepocken befreit werden und einen neuen Anstrich erhalten, bevor sie vom Tonnenleger neu ausgelegt werden. Hier liegt auch das Rettungsboot des 1998 vor der Insel gestrandeten Holzfrachters Pallas (→ S. 35). Außerdem gibt es bunte hölzerne Hafenschuppen, die das Clubhaus des Jachthafens mit Restaurant beherbergen.

Am Ortsausgang ganz im Westen Wittdüns befindet sich das **AmrumBadeland.** In den dahinterliegenden Dünen zwischen Inselstraße und Dünensee Wriakhörn lohnt ein Spaziergang über die schönen Bohlenwege zur Aussichtsdüne und durch das Dünenwandertal.

Geschichte

Wittdün (friesisch *Witjdün*) ist der jüngste Inselort und wurde erst Ende des 19. Jh. in den hellen Sand gesetzt – der Name Wittdün bedeutet „weiße Düne". Die Idee dazu hatte der einheimische Kapitän und Strandvogt Volkert Quedens, der im Jahr 1889 die Konzession für den Bau eines Hotels auf der bis dahin unbewohnten Südspitze der Insel erhielt. Gleichzeitig wurde hier ein Fähranleger gebaut. In der friesischen Bevölkerung war dieses Vorhaben zunächst höchst umstritten, befürchtete man doch einen „Verfall der Sitten" auf dem sonst so beschaulichen Eiland. Badegäste erschienen den Einheimischen suspekt, denn bis dahin hatte sich kaum ein Fremder auf die Insel verirrt. Noch 1885 lehnte der Gemeinderat den Antrag des Hannoveraner Architekten und Malers Schulze-Waldhausen auf Eröffnung eines Bades ab. Man war der Ansicht, dass so ein Badebetrieb nicht zur Insel passen, Amrum nur Unglück bringen würde und das im Fremdenverkehr verdiente Geld ohnehin nur auswärtigen Investoren zufiele. Die preußische Kommunalverwaltung in Schleswig sah das anders, weshalb Wittdün im Jahr 1890 offiziell auf Veranlassung des königlichen Landvogts eine Badekonzession erhielt.

Geplant als Badeort der Schönen und Reichen, war Wittdün von Beginn an auf Fremdenverkehr ausgerichtet. Nach den Vorbildern Westerland auf Sylt und Wyk auf Föhr wollten private Investoren auch aus Wittdün einen mondänen Badeort machen, gründeten im Jahr 1892 eine Aktiengesellschaft und bauten gleich mehrere Hotels, Logierhäuser, Kureinrichtungen und die erwähnte Kleinbahn auf den Kniepsand, die später bis Norddorf erweitert wurde. Doch weil die Gäste ausblieben, war schon nach wenigen Jahren der hochfliegende Traum ausgeträumt und die Aktiengesellschaft 1906 bankrott. Bald darauf startete man einen neuen Ver-

Amrum → Karte hinterer Umschlag

such der Eigenständigkeit. 1912 wurde Wittdün aus der damals die ganze Insel umfassenden Landgemeinde Amrum herausgelöst und zur rechtlich selbstständigen Gemeinde Wittdün. Doch die beiden Weltkriege vereitelten die hochfliegenden Pläne, und so war ein nennenswerter Tourismus im Ort erst deutlich nach dem Zweiten Weltkrieg zu verzeichnen. Zwar darf sich Wittdün seit 1956, verbunden mit dem damaligen Bau seines Kurmittelhauses, offiziell Seeheilbad nennen, doch erst ab den 1970er-Jahren begann der unaufhaltsame und mit ein paar Bausünden verbundene Aufstieg Wittdüns zum geschäftigen Badeort.

Basis-Infos

Information AmrumTouristik Wittdün, Tourist-Information am Fähranleger (Schalter der Reederei W.D.R.) mit Zimmernachweis, Inselstr. 14 b, 25946 Wittdün auf Amrum, www.amrum.de, ℡ 04682-94030. Mo–Do 8.30–17 Uhr, Fr bis 17.30 Uhr.

Fahrradverleih Marcs Fahrradverleih, Am Fähranleger, sehr kompetenter Service, auch für Tagesgäste (Hol- und Bringservice allerdings 10 €), ℡ 04682-949077; Petersen (Amrumer Radhaus), Achtern Strand 14, ℡ 04682-1314.

Rundfahrten Zum Kennenlernen der Insel bietet die Reederei W.D.R. eine Tageskarte für den Linienbus an, mit der man die Insel auf eigene Faust erkunden kann. Erw. 5 € (ohne Kurkarte 8,40 €), Kinder 2,50 € (4,05 €), Familienkarte 12,40 €. Start an der Bushaltestelle Hafen/Fähranleger (im Sommer tägl. 9–18.30 Uhr, halbstündl.). Achtung: Die letzte Abfahrt ab Norddorf zum letzten Schiff (nach Föhr und Dagebüll) ist um 17 Uhr.

Eine Alternative ist, mit der Amrumer Inselbahn, der sog. **Insel-Paul** (eine zur Lok umgebaute Zugmaschine mit Aussichtswagen), oder mit dem Doppeldeckerbus **Paula** in 70 Min. (25 km) über die ganze Insel zu fahren. Jeweils tägl. 11, 12.45 und 14.15 Uhr ab Fähranleger, Zwischenstopps möglich. Erw. (schon ab 12 J.) 9 €, Kinder (ab 3 J.) 3,50 €.

Strandkorbvermietung Am Badestrand (Südstrand), ℡ 04682-961900.

Taxis Taxi Harksen (auch Mietwagen), ℡ 0171-3287237.

Aktivitäten

Ausflüge → Ausflüge zu den Halligen und Sylt S. 160.

Kegeln Klabautermann, Inselstr. 13, ℡ 04682-2139.

Schwimmen AmrumBadeland, kleines Meerwasser-Wellenbad (30 °C) mit Kinderplanschbecken (34 °C). Sehr schöner Saunabereich mit beheiztem Dünensand und orientalischem Dampfbad. Wellenbad tägl. 10–18 Uhr, Erw. (1 Std.) 3,50 €, jede weitere Std. 3 € (minutengenaue Abrechung), Tageskarte 12,50 €, Kinder (1 Std.) 2,50 €, jede weitere Std. 2 €, Tageskarte 8,50 €. Ohne Kurkarte doppelter Preis! Sauna (ab 12 J.) Mo–Fr 10–20 Uhr, Sa/So/Fei 10–18 Uhr, 2 Std. 7 € (mit Wellenbad 9 €), jede weitere Std. 3 € (3,50 €), Tageskarte 13 € (16 €). Schöner Leseraum (mit Internetzugang) im Haus. Am Schwimmbad 1, ℡ 04682-943431, www.atw.amrum.org (Suche: Badeland).

Einkaufen   (→ Karte S. 133)

Amrumer Teekontor **11** Gut sortierter Teeladen mit rund 300 verschiedenen Teespezialitäten, aber auch mit einigen anderen Geschenkartikeln. Auch Teeversand. Wechselnde Öffnungszeiten, in der Nebensaison mittags zu. Inselstr. 13, ℡ 04682-542, www. amrumerteekontor.de.

Biodüne **7** Der örtliche, relativ große und gut sortierte Bioladen (mit Lieferservice). Hier gibt es auch viele Andenken wie Seifen, Kerzen, Lammfelle und Kinderspielzeug. Mo–Fr 9–13 und 14.30–18 Uhr, Sa 9–13 Uhr. Inselstr. 24, ℡ 04682-1828, www.bio-duene.de. ■

→ Karte S. 133)

Essen & Trinken
1 SeefohrerHus
5 Zum Steuerrad
6 Buttze
9 Weiße Düne
12 Klabautermann
14 Strandvogt
15 Haus Südstrand

Cafés
8 Kaffeeflut
10 Café Pustekuchen

Nachtleben
4 Blaue Maus

Übernachten
2 Campingplatz Amrum
3 FKK-Zeltplatz
9 Vitalhotel Weiße Düne
15 Haus Südstrand

Einkaufen
7 Biodüne
11 Amrumer Teekontor
13 Insel-Praline

Wittdün

150 m

Insel-Praline 13 Konfiserie, in der Sie selbst gefertigte Pralinen und andere maritime Süßwaren erwerben können. Auch Cafébetrieb, innen allerdings nur Stehtische, drau-

ßen Strandkörbe. Wechselnde Öffnungszeiten. Inselstr. 13, ☎ 04682-995400, www.insel-praline.de.

Übernachten

(→ Karte S. 133)

*** **Haus Südstrand** 15 Kleine, ruhig und doch mitten in Wittdün gelegene (Nichtraucher-)Pension mit zweckmäßig eingerichteten Zimmern und Apartments. Ein Restaurant mit gutbürgerlicher, kräftiger Küche gehört zum Haus. Dort wird auch das Frühstück eingenommen. Restaurantterrasse vor dem Haus. DZ 84 €, spezielle Nebensaisonangebote. Mittelstr. 30, ☎ 04682-2708, ✆ 04682-2790, www.hotel-suedstrand.de.

》》 Mein Tipp: **** **Vitalhotel Weiße Düne** 9 Von innen behaglicher, als es von außen den Anschein hat. 15 renovierte Zimmer, verteilt auf zwei Häuser; etwas älterer Pool und Sauna im Kellergeschoss. Nettes Personal, gutes Frühstücksbüfett (mit Eierkarte) im hell und freundlich gestalteten Restaurant der nahen Dependance. Im Restaurant gibt es eine ausgezeichnete leichte Küche mit (regionalen) Bioprodukten (z. B. Entenbrust oder schwarzer Heilbutt) zu akzeptablen Preisen. Tägl. ab 11.30 Uhr. DZ 140–180 €. Achtern Strand 6, ☎ 04682-940000, ✆ 04682-940094, www.weisse-duene.de. 《《

Campingplatz Amrum 2 In den Dünen am Rande von Wittdün gelegen. Man schlägt wie früher sein Zelt auf – denken Sie unbedingt an Sandheringe! Es gibt allerdings

auch ein paar Wohnwagen- bzw. Wohnmobilstellplätze. In der Hochsaison ist der schöne Platz oft übervoll; dicht gedrängt stehen dann die kleinen Kuppelzelte in wildem Durcheinander in den Dünen. Kurze Öffnungszeiten der Rezeption. Relativ einfache Sanitäranlagen. Lebensmittelladen und Imbiss auf dem Platz. Über Bohlenwege geht es etwa 1 km bis zum breiten Kniepsand. Zelt 5–9 €, Caravan/Wohnmobil 15 €, Erw. 8 €, 13–17 J. 6 €, 2–12 J. 4 €, plus Kurtaxe. Inselstr. 125, ☎ 04682-2254, ✆ 04682-4348, www.amrum-camping.de.

FKK-Zeltplatz Amrum 3 80.000 m² großer, herrlich gelegener Platz im Naturschutzgebiet unterhalb des Leuchtturms: mitten in den Dünen, keine Parzellierung. Nur für Zelte (Sandheringe sind erforderlich!). Der schöne Platz mit dem nahen FKK-Strand besteht schon seit über 50 Jahren. Hier geht es sehr viel ruhiger zu als auf dem benachbarten Textilcampingplatz, denn die Zelte stehen angenehm weit auseinander. Kleiner Aufenthaltsraum und Sanitärhaus. Träger des Platzes ist der Deutsche Verband für Freikörperkultur e. V. (DFK). Für DFK-Mitglieder Zelt 6–9 €, Erw. 7,50 €, 15–17 J. 5 €, 2–14 J. 3 €. Zuschlag für Nichtmitglieder Erw. 3 €/Tag, 2–17 J. 1 €/Tag. ☎ 0511-12685500, ✆ 0511-12685515, www.fkk-amrum.de.

Essen & Trinken (→ Karte S. 133)

Klabautermann 12 Maritim eingerichtetes Kellerrestaurant, das von innen uriger und gemütlicher ist, als es von außen auf den ersten Blick scheint. Vergleichsweise einfache Küche mit großen Portionen. Angeschlossen ist Amrums einzige Kegelbahn. Wechselnde Öffnungszeiten. Inselstr. 13, ℡ 04682-2139.

》》》 Mein Tipp: Zum Steuerrad 5 Im Keller eines wenig schönen Wohnblocks in Hafennähe gelegen, vollgestopft mit Seefahrts- und Meeresutensilien – in maritim-rustikalem Ambiente wird eine erstaunlich gute Küche serviert. Nicht nur der Fisch, auch die Fleischgerichte sind lecker. Das „Steuerrad" verzichtet konsequent auf von Überfischung bedrohte Meeres- und Schalentiere; stattdessen stehen z. B. Hering, Butt und gute Fleischgerichte wie nordfriesische Salzwiesenlämmer oder Steaks (vom Lavagrill) auf der Karte. Hauptsaison tägl. 12–13.30 und ab 18 Uhr, Nebensaison tägl. 18–21 Uhr. Inselstr. 4, ℡ 04682-994040. 《《《

Strandvogt 14 Familienfreundliches Fisch-, Steak- und Schnitzelrestaurant mit Biergarten vor dem Haus. Auch Tagesgerichte. Hauptsaison tägl. 11.30–21.30 Uhr, Nebensaison nachmittags Pause. Achtern Strand 12, ℡ 04682-968841.

》》》 Mein Tipp: SeefohrerHus 1 Geräumiges Speiserestaurant in den bunten Hafenschuppen am Seezeichenhafen. Stilvolles Ambiente, auch Vereinslokal des Amrumer Jachtclubs. Nicht nur schmackhafter, frischer Fisch vom Kutter, sondern auch Fleischgerichte und mediterrane Küche. Akzeptables Preis-Leistungs-Verhältnis. Wie überall, wo es gutes Essen gibt, unbedingt reservieren. Nicht nur von der kleinen, überdachten Terrasse können Sie einen schö-

nen Blick auf das Wattenmeer genießen. Hauptsaison tägl. 11.30–14 und 17–22 Uhr, Nebensaison Do Ruhetag. Am Tonnenhafen, ℡ 04682-1451. 《《《

Kaffeeflut 8 Gutes Café im Coffee-Shop-Stil; nicht nur Kaffee- bzw. Teebar, sondern v. a. auch große Kuchenstücke, gute Waffeln und andere süße Leckereien, aber auch Bistrosnacks und Frühstück. Tägl. (außer So) 10–18 Uhr. Inselstr. 24, ℡ 04682-968865.

》》》 Mein Tipp: Buttze 6 Leckere, knusprig-warme und reichlich belegte Fischbrötchen gibt es in diesem Fischimbiss mit Fischladen am westlichen Ende der Inselstraße, der bei Kennern schon ein wenig Kultstatus besitzt. Optisch ist er etwas in die Jahre gekommen, aber hier gibt es jede Menge frischen Fisch, der auf alle möglichen Arten frisch zubereitet wird, nicht nur als Fischbrötchen. Keine Sitzplätze. Wechselnde Öffnungszeiten, abends recht früh zu. Inselstr. 41, ℡ 0151-56114635. 《《《

Café Pustekuchen 10 Gemütliches, in hellen Tönen sowie Pink und Türkis eingerichtetes Café mit einer Art Wintergarten und einer windgeschützten (Strandkorb-)Sonnenterrasse. Kuchen und Eis aus Produkten der Region, auch Frühstücksangebote. Hauptsaison tägl. 8.30–18 Uhr, Nebensaison 9.30–17 Uhr. Inselstr. 41, ℡ 04682-961900.

》》》 Mein Tipp: Blaue Maus 4 Diese Seglerkneipe mit Tradition (seit 1950) und mit über 300 verschiedenen Whisky-Sorten ist d i e Kultkneipe Amrums – nicht nur für Whisky-Liebhaber. Die Speisen sind einfach und deftig (z. B. Calamari und Pommes), v. a. die leckeren „La Flute" (so etwas wie reichlich belegte, im Ofen überbackene Baguettes). Meist Oldie-Musik. Tägl. (außer Do) ab 18 Uhr. Inselstr. 107 (in der Nähe des Campingplatzes), ℡ 04682-2040. 《《《

Kapelle Wittdün

Am Ortsrand von Wittdün in der Inselstraße 55 steht diese neugotische Kapelle, die 1903 – finanziert von Wittdüner Geschäftsleuten – erbaut wurde und heute eine Art Dependance der St.-Clemens-Kirche in Nebel ist. Die von außen sichtbare Glocke im Giebel wird noch ganz klassisch vom kleinen Foyer aus über ein Seil betätigt. Normalerweise ist die Kapelle tagsüber geöffnet.

Im erstaunlich harmonischen Inneren der relativ großen Kapelle fällt der Blick auf den schlichten Altar, dessen mittleres Altarbild die vom Meer umschlossene Insel

Amrum zeigt und die beiden Seitenbilder Szenen der Rettung Schiffbrüchiger darstellen. Der Chorraum ist durch einen Rundbogen vom Kirchenraum getrennt. Wie bei vielen friesischen Kirchen üblich, hängt ein Segelschiff mit voll getakelten Masten von der einem Schiffsboden nachempfundenen hölzernen Decke.

Schutzstation Wattenmeer

Gemeinsam mit dem Öömrang Ferian e. V. betreut die Schutzstation den Nationalpark Wattenmeer an der Ostseite der Insel. Außerdem kümmert sie sich um die Dünen am Wriakhörnsee und das Vogelschutzgebiet in der Kniepbucht. Ein engagiertes Team von drei jungen Leuten im Bundesfreiwilligendienst bzw. im Freiwilligen Ökologischen Jahr betreut die Station und bietet jede Menge Veranstaltungen (z. B. Wattwanderungen) an.

Im ersten Stock der sehr in die Jahre gekommenen und schon lange dem Abriss geweihten Nordseehalle ist etwas unscheinbar eine kleine Ausstellung untergebracht. Wenngleich sie auch schon ein paar Jahre auf dem Buckel hat, so wird hier doch anschaulich die Inselnatur erklärt. Zu sehen gibt es einige Seewasseraquarien mit echten Meeresbewohnern, aber auch ausgestopfte Tiere und interessante Modelle wie den Wattwürfel.

Tägl. (außer Di) 10–12 und 15–17 Uhr. Eintritt frei, Spende erbeten. Mittelstr. 34 (in der maroden Nordseehalle), ☎ 04682-2718, www.schutzstation-wattenmeer.de.

Dünensee Wriakhörn

Die Obere Wandelbahn am Südstrand geht in den Dünen ganz allmählich in einen schönen Bohlenweg über, der nach etwa 1 km zum Dünensee Wriakhörn führt. Dieser kleine Süßwassersee war ursprünglich ein Nehrungssee – hinter einer Art Landzunge, die sich durch Sandablagerungen in Strömungsrichtung am Strand gebildet hatte, entstand ein See. In seiner jetzigen Form jedoch wurde er im Jahr 1977 künstlich angelegt und hat sich zu einem Vogelparadies inmitten der Dünen gemausert. An der Nordseite des Sees ist der Bohlenweg (mit Aussichtsplattform) als Naturlehrpfad gestaltet, der mit ein paar Schautafeln über Sehenswertes informiert. Am westlichen Ende des Sees führt der Bohlenweg durch die Dünen Richtung Campingplatz. Folgt man dem Bohlenweg zunächst Richtung Meer und biegt dann am Beginn des Kniepsandes rechts ab, so gelangt man durch ein wunderbares Dünenwandertal zum Leuchtturm, der schon zum Gemeindegebiet von Nebel-Süddorf gehört.

🚶 **Tour 8: Fahrradrunde um Amrum**   → S. 193
Leichte Inselrundfahrt zu allen Sehenswürdigkeiten

Tour 9: Zu Fuß durch Amrums schönen Süden   → S. 196
Etwas Kondition und Trittsicherheit sind erforderlich

Süddorf   250 Einwohner

Süddorf ist ein ländlich-beschauliches Friesendorf. Nur wenig erinnert heute noch daran, dass Süddorf einstmals der bedeutendste Ort Amrums war. Unübersehbar dagegen ist das Wahrzeichen der Insel: Der Leuchtturm Amrum, der seit 1875 auf

Amrum → Karte hinterer Umschlag

der Großdüne als höchster Turm der deutschen Nordseeküste in den Himmel ragt. Der wenige Inselverkehr rollt zwangsläufig mitten durch den Ort, ansonsten geht es in dem von Wald, Heide, Wiesen und Äckern umgebenen Dorf mit seiner kleinen Mühle im Norden und dem Leuchtturm im Süden vergleichsweise ruhig zu. Es gibt einen Kiosk mit Lebensmitteln und im nahe gelegenen Steenodde zwei gute Restaurants – viel mehr braucht es an Infrastruktur eigentlich nicht, um sich im Urlaub wohlzufühlen.

Friesenhaus in Süddorf

Doch Süddorf bietet noch mehr: Am waldreichen westlichen Ortsrand Richtung Düne und Strand liegt die bekannte **Klinik Satteldüne,** eine große Fachklinik für Atemwegserkrankungen von Kindern und Jugendlichen. Die Klinik ist nach wie vor wichtigster Arbeitgeber der Insel. Und auch die 1968 erbaute Inselschule (*Öömrang Skuul*) befindet sich im zentralen Süddorf.

Natürlich lebt auch Süddorf überwiegend vom Tourismus, doch der sonst allgegenwärtige Fremdenverkehr drängt sich hier nicht ständig in den Vordergrund; Süddorf ist auch weiterhin noch von Einheimischen bewohnt. Daher ist der Ort im Wesentlichen ein typisch weitläufiges Friesendorf geblieben – sogar mit einigen reetgedeckten, alten Häusern. Darunter befindet sich auch das Geburtshaus des legendären Seefahrers Hark Olufs, der im 18. Jh. in Gefangenschaft geriet, in Nordafrika als Sklave verkauft wurde und aufgrund seiner Tüchtigkeit nach 12 Jahren als reicher Mann heimkehrte (→ Kasten S. 137).

Nicht zu vergessen ist der absolut schöne und weitläufige Strand, zu dem es ein Stück auf dem Bohlenweg durch den Kiefernwald zu laufen bzw. nebenan auf dem schnurgeraden geteerten Weg mit dem Rad zu fahren gilt. Auf halbem Weg zum Strand können Sie links einen kurzen Abstecher die Bohlentreppe hinauf zur Aussichtsdüne machen – ein schöner Rundblick ist garantiert. Am Strandübergang mit dem Fahrradparkplatz befindet sich das Strandhäuschen mit SB-Restaurant. Ein Bohlenweg führt dann weiter zum bewachten Badestrand, an dem man garantiert unendlich viel Platz hat.

Geschichte: Süddorf (friesisch *Sössaarep*) wurde urkundlich erstmals 1464 unter dem Namen „Suder" erwähnt. Das Dorf ist aber schon Jahrhunderte älter, denn aus kirchlichen Unterlagen geht hervor, dass die Kirche St. Clemens (heute in Nebel) im frühen 13. Jh. für die Bewohner Süddorfs und Norddorfs erbaut wurde, sozusagen auf neutralem Grund.

Zudem weisen vorgeschichtliche Grabhügel auf eine wesentlich ältere Besiedlung hin. Dies bezeugen insbesondere die beiden mit Gras bewachsenen Hügel Heeshugh im Nordwesten und Klafhugh im Nordosten des Dorfes. Süddorf gilt damit heute als das älteste und ehemals bedeutendste Inseldorf, auch wenn es wie das benachbarte Steenodde längst Ortsteil der Gemeinde Nebel ist.

Vom Sklaven zum General: Hark Olufs (1708–54)

Der damals 15-jährige Hark Olufs aus Süddorf fuhr im Jahr 1724 als Matrose auf einem Schiff seines Vaters, als dieses im Ärmelkanal von osmanischen Seeräubern gekapert wurde und Hark in Gefangenschaft geriet. Die geforderte hohe Summe für dessen Freilassung konnte seine Familie nicht aufbringen und so wurde Hark Olufs auf dem Sklavenmarkt in Algier zum Gegenwert von 1000 Lübischen Mark verkauft. Nach zweimaligem Weiterverkauf wurde er Diener des Beys Assin der (heute algerischen) Stadt Constantine. Doch durch seine Tüchtigkeit und Sprachbegabung – Hark lernte schnell Arabisch und Französisch – gelang ihm eine bemerkenswerte Karriere. Schon nach dreieinhalb Jahren wurde er Schatzmeister seines Herrschers und hatte als solcher zahlreiche Vergünstigungen, sogar Kamele, Schafe, Land und zwei Schreiber, die ihm zur Hand gingen. Nach weiteren vier Jahren stieg er überdies zum Kommandeur der 500 Mann starken berittenen Leibgarde des Beys auf und war in einige Scharmützel mit benachbarten Fürsten verwickelt. Bei einem Gefecht, in dem viele seiner Männer qualvoll starben, geriet Hark Olufs in Gefangenschaft, konnte aber auf spektakuläre Weise fliehen. Bey Assin machte ihn daraufhin zum Befehlshaber eines Reiterheeres, das in der Armee des verfeindeten Beys von Tunis diente. Dabei sollte Hark das feindliche Lager ausspionieren, wurde aber entdeckt und bot sich daraufhin zum Schein dem Bey von Tunis als Überläufer an, worauf dieser einging. Es gelang Hark Olufs, wieder zu fliehen und mit seinem Heer das ausspionierte feindliche Lager überraschend anzugreifen und die Schlacht zu gewinnen.

Zum Dank für diese Großtat wurde Hark Olufs von seinem mit 95 Jahren hochbetagten Patron Bey Assin die Freiheit geschenkt. Wohl auch, weil Hark nicht wusste, was die Zukunft unter einem neuen und ihm vielleicht weniger günstig gesinnten Herrscher bringen würde, kehrte er nach über 12 Jahren mit stattlichem Vermögen an Gold und Geld, Kleidern und sogar einigen Möbeln im Jahr 1736 als reichster Mann der Insel zurück. Er konnte auf Amrum sogar noch seinen glücklichen Vater in die Arme schließen.

Um Gerüchten entgegenzutreten, er sei zum Islam übergelaufen, ließ sich Hark Olufs ein Jahr nach seiner Rückkehr (in osmanischen Kleidern) mit 28 Jahren konfirmieren, heiratete und wurde Vater von fünf Kindern. Er lebte von seinem beachtlichen Vermögen und versah in seinem Heimatort das angesehene Amt des Strandvogtes.

1747 veröffentlichte Hark Olufs seine Autobiografie. Er berichtet darin recht ungeniert von seinen Heldengeschichten, unter anderem auch darüber, dass er angeblich als Ungläubiger in seiner Funktion als Befehlshaber der Leibgarde des Beys an der Wallfahrt nach Mekka teilnahm und dass er einige Zeit als eine Art Scharfrichter des Beys auch für die Exekution Straffälliger zuständig gewesen sei. 1754 verstarb „der grosse Kriegsheld" (so sein Grabstein) mit 46 Jahren unerwartet in seinem Geburtshaus in Süddorf.

Information: Sein Geburtshaus (Hark Olufs Wai 6) steht noch heute, wurde aber völlig modernisiert und befindet sich in Privatbesitz. Der mit Turban und Säbel verzierte Grabstein Hark Olufs mit dessen Kurzbiografie ist auf dem (neu gestalteten) Friedhof in Nebel zu besichtigen. Zudem gibt es eine sehr interessante Ausstellung zum Leben von Hark Olufs im 1. Stock des Naturzentrums in Norddorf.

Information → Gemeinde Nebel S. 144.

Einkaufen Kiosk Süddorf, tägl. frische Brötchen für die Ferienwohnung, Getränke, Süßigkeiten und andere Lebensmittel. Tägl. 8–12 Uhr, Mo–Fr auch 17–19 Uhr. Waasterstigh 50 (Hauptstraße gegenüber der Bushaltestelle), ✆ 04682-995356.

Fahrradverleih Süddorfer Fahrradverleih, Waasterstigh 38 a, ✆ 04682-940940, www.amrum-fahrrad.de.

Strände Am nördlichen Strandabschnitt befindet sich der **Hundestrand**.

Strandkorbvermietung Thorsten Ertel, ✆ 0171-6471602.

Essen & Trinken Heidekate. Nicht im Ortszentrum, sondern gegenüber der Ein-fahrt zum Leuchtturm gelegen. Es gibt nicht nur Fischspezialitäten, wie das mit einem Fischsymbol verzierte Reetdach andeutet, sondern auch viele Fleischgerichte (gute Steaks und Lammfilets). Die Küche verwendet gerne Knoblauch. Schöne Südterrasse. Tägl. 12–14.30 und 17–22 Uhr. Inselstr. 66, ✆ 04682-968581.

Süddorfer Strandhäuschen. Geschützt in den Dünen gelegenes, reetgedecktes, kleines Lokal am Süddorfer Strandübergang. Nette Terrasse vor dem Haus; innen für ein SB-Restaurant erstaunlich gemütliche Einrichtung. Es gibt die üblichen deftigen Strandgerichte (Currywurst/Pommes), aber auch Salate und Bratfisch. In der Saison tägl. 11.30–19.30 Uhr (Ende kann variieren), in der Nebensaison kürzer. Tanenwai, ✆ 0151-40430951.

Leuchtturm

Der westlich von Wittdün in den Dünen gelegene Leuchtturm gehört zum Gemeindegebiet von Nebel-Süddorf und ist nun wirklich nicht zu übersehen. Als Wahrzeichen der Insel steht er auf einer 26 m hohen Düne. Mit ihr zusammen kommt der mit 41,8 m höchste Leuchtturm der schleswig-holsteinischen Nordseeküste auf eine Feuerhöhe von 66 m. Sein weißes Licht hat eine Reichweite von 23 Seemeilen (43 km). In dem sich drehenden Prismenlinsenkorb wird die Lichtquelle um etwa das 1000-Fache verstärkt.

Der heute rot-weiß geringelte (bis 1952 einfarbig rote) Turm wurde 1875 in Betrieb genommen. 960.300 Backsteine und 249.000 Klinker wurden vermauert. Zunächst wurde der Turm mit einer einfachen Flamme befeuert. Ab 1909 hielten die Leuchtturmwärter ein Petroleumfeuer in Gang. Seit 1936 ist der Turm elektrifiziert und seit 1984 automatisiert, kommt also ohne Leuchtturmwärter aus.

Er ist der erste unter der preußischen Regierung erbaute Leuchtturm an der – ehemals dänischen – nordfriesischen Küste. Vor dieser Zeit gab es auf Amrum kein Leuchtfeuer. Lediglich eine Windmühle diente den Seeleuten tagsüber zur Orientierung, denn der markante Kirchturm in Nebel wurde erst zu Beginn des 20. Jh. errichtet.

Der Leuchtturm kann besichtigt werden – wegen des oft großen Andrangs gibt es eine Art Einbahnstraßenregelung. Vom Kassenhäuschen im großen Wärterwohnhaus müssen Sie zunächst über eine halbkreisförmige Rampe zum Fuß des Leuchtturms laufen. Danach führen 164 Stufen über eine Wendeltreppe hinauf. Kurz vor der Aussichtsplattform gibt es eine Engstelle, nach der es noch einmal 15 schmale Stufen bis zum relativ schmalen Rundbalkon sind. Doch die Anstrengung lohnt: Der Rundblick über ganz Amrum bis zu den Nachbarinseln ist atemberaubend, erst recht bei schönem Wetter. Sie können wunderbar die landschaftliche Dreiteilung der Insel in Dünen, Wald und Geest erkennen. Nach dem Abstieg über die schmalen Stufen geht es nun auf direktem Weg noch einmal 116 Stufen hinunter zum Leuchtturmwärterhaus.

In der Saison Mo–Fr 8.30–12.30 Uhr (letzter Einlass), Mi bis 14 Uhr, im Winter nur Mo 8.30–12.30 Uhr. Do Abendführungen (nur nach persönlicher Voranmeldung am Leuchtturm). Eintritt 3 € (ohne Gäste- oder Tageskarte 5 €), Kinder bis 14 J. 1 €.

Inselwahrzeichen: Leuchtturm Amrum

Windmühle Bertha

Am nördlichen Ortsrand in der Nähe der Schule steht mitten im Grünen eine der beiden Amrumer Windmühlen. Die kleine Mühle Bertha hat eine wechselvolle Geschichte hinter sich: Ursprünglich stand das im Jahr 1775 als Bockwindmühle errichtete Gebäude auf dem Festland. Der umtriebige Amrumer Kapitän Volkert Quedens, der auch als Gründer des Seebades Wittdün gilt, hat die Mühle im Jahr 1882 abtragen und auf einem bronzezeitlichen Hügel wiederaufbauen lassen. Der neuen Mühlentechnik geschuldet, wurde sie schon im Jahr 1893 zu einer Segelwindmühle nach holländischem Vorbild umgebaut. Dazu wurde der sehr kleine Kellerholländer mit Flügeln ausgerüstet, die mit Segeltuch bespannt waren. Allerdings war diese lediglich mit einer Art Dachpappe gedeckte Mühle nur vergleichsweise kurze Zeit in Betrieb (etwa bis 1939) und wurde nach einigen Jahren der Verwahrlosung zu Wohnzwecken umgebaut. Innen ist daher keine Mühlentechnik mehr vorhanden, doch bei Westwind sind die Flügel immerhin noch windgängig.

Im Übrigen hat die kleine, aber wohlproportionierte Mühle auf ganz andere Art Karriere gemacht: Sie dient bei den gängigen Modelleisenbahnbauten in der ganzen Welt bis heute als typisches Mühlenvorbild.

Uasterstigh 34. Die Mühle ist Privateigentum und nicht näher zu besichtigen.

Krümwaal

Wenn man es nicht weiß, dann erkennt man diesen frühgeschichtlichen, gut 1,8 km langen Erdwall kaum. Er erstreckt sich vom Südende Nebels in einem Bogen zwischen der *Öomrang Skuul* (Schule) und der Mühle Bertha und führt weiter Richtung Steenodder Kliff.

Wahrscheinlich ist der Krümwaal ein Relikt aus der Wikingerzeit (um 900). Auf jeden Fall ist der stellenweise 2 m hohe Wall Amrums größtes Überbleibsel aus der Frühgeschichte; sein Zweck ist aber bis heute nicht geklärt. Vermutungen gehen dahin, dass es sich um einen Grenz- oder Befestigungswall handelt.

Die beiden prähistorischen, runden Grabhügel Klafhugh und Heeshugh in der Nähe des Walls sind deutlich älter und haben mit dem Erdwall wahrscheinlich nichts zu tun.

Steenodde   60 Einwohner

Von Süddorf aus führt die einzig nennenswerte Nebenstraße Amrums Richtung Wattseite ins 1,5 km entfernte Steenodde – ein Kleinod in wunderbar erhöhter Lage mit kleinem Badestrand und Hafen.

Der kleine Ortsteil der Gemeinde Nebel ist eher eine weitläufige Ansammlung von reetgedeckten Häusern als ein Dorf. Das tut der Idylle keinen Abbruch, im Gegenteil. Immerhin steht an der Zufahrt zur kleinen Landungsbrücke das älteste Haus der Insel, eine im Jahr 1721 erbaute ehemalige Gastwirtschaft (Stianoodswai 23). Und eben jene befahrbare Landungsbrücke, an der ein paar Sportboote vertäut sind, ist der Mittelpunkt des kleinsten Amrumer Dorfes. Im Steuerhaus auf der Mole können Sie in der Saison normalerweise (Di–Sa 10–12.30 Uhr) fangfrische Krabben und Fische von Amrums letztem Berufsfischer erwerben.

Neben der Landungsbrücke erstreckt sich ein sehr kleiner, aber feiner Strand, an dem Schwimmen jedoch nur bei Flut möglich ist. Beim Baden vom Kopf der Mole aus sollten Sie allerdings unbedingt auf die mitunter recht heftige Strömung achten!

Bemerkenswerte Aussicht: Blick vom Esenhugh (Steenodde) nach Wittdün

Östlich des Strandes befindet sich noch eine weitere hölzerne Steganlage, an der ein paar Jachten festgemacht haben. Strand und Hafen werden von einem kleinen Deich vor dem Wattenmeer geschützt, der bis Wittdün reicht.

Der erhöhte Geestkern reicht in Steenodde fast bis ans Wasser, wodurch man einen schönen Blick hinunter auf das Wattenmeer und die Insel Föhr oder hinüber nach Wittdün hat. Stürme haben hier immer wieder eiszeitliche Findlinge freigespült. Daher rührt auch der Name Steenodde (friesisch *Stianood*), der soviel wie Steinspitze bedeutet. Besonders deutlich ist dies nördlich des Ortes am Steenodder Kliff zu erkennen.

Wenn es überhaupt einen Nachteil an Steenodde gibt, dann ist es vielleicht die Tatsache, dass es keine Busverbindung in den Ort gibt. Feriengäste ohne Auto sind also für ihren Gepäcktransport im Wesentlichen auf ein Taxi angewiesen.

Geschichte: Auch in Steenodde zeugen vor- und frühgeschichtliche Funde von einer frühen Besiedlung. Zwei Steinkammergräber und einige Grabstätten der Wikinger belegen dies eindrucksvoll. Das eigentliche Dorf entstand erst 1721 an dieser windgeschützten Bucht am Wattenmeer, die sich seit jeher gut als Ankerplatz eignete. Es mag verwundern, aber auf den Inseln Föhr und Amrum spielte die Fischerei im Gegensatz zur Seefahrt auf Handelsschiffen und Walfängern nie eine bedeutende Rolle. In Steenodde jedoch war das anders, denn hier lebten in früheren Zeiten einige Fischer, vor allem Austernfischer.

Es ist schwer vorstellbar, dass das heute selbst in der Hochsaison so beschauliche Steenodde lange Zeit Amrums wichtigster Hafen war – nicht etwa Wittdün. Und damit war es auch Fährhafen für die damalige Fährlinie Amrum – Halligen – Schlüttsiel. Heute wird nur noch ein sehr kleiner Teil des Frachtaufkommens – vor allem die Heizöllieferung – hier abgewickelt (für Erdgas gibt es eine Pipeline).

Information → Gemeinde Nebel S. 144.

Fahrradverleih   Peters, Ual Hööw 3, ☏ 04682-665.

Übernachten ›› Mein Tipp: Inselhotel Kapitän Tadsen. Schlafen unter Reet, in renovierten, netten und sauberen Zimmern, die teilweise allerdings ein wenig hellhörig sind. Dennoch stimmt das Preis-Leistungs-Verhältnis. Sauna und Whirlpool im Hotel, kleines Schwimmbad in der Dependance, dem Apartmenthaus. Das Restaurant Weltenbummler (zugleich der Frühstücksraum) ist ein großer, heller Gastraum, der um einen Kamin herum angelegt und mit blau-weißen Delfter Kacheln geschmückt ist. Serviert wird eine feine, leichte, abwechslungsreiche und v. a. schmackhafte und immer frische Küche, die durchaus gehobenen Ansprüchen genügt. Windgeschützte

Terrasse vor dem Haus für das nachmittägliche Kaffeetrinken. Mo Ruhetag. DZ 89–114 €. Stianoodswai 17, ☎ 04682-94240, 📠 04682-942424, www.inselhotel-tadsen.de. 《

Essen & Trinken 》》 Mein Tipp: Likedeeler. Delikates Essen in gemütlich-rustikaler Atmosphäre. Dielenboden, Holztische, Balkendecke, Wintergarten und auch ein Biertresen sorgen für das nötige Ambiente im weiß gekalkten Backsteinhaus am Wattenmeer. Aber v. a. ist es die kreative Küche, die besticht. Vom Friesen-Saltimbocca über Schollenfilet mit geräuchertem Lachs bis zu Wolfsbarsch im Speckmantel reicht die stets leckere und frisch zubereitete Auswahl an Speisen. Zuvor gibt es üblicherweise einen kleinen Suppengruß aus der Küche. Relativ große Weinkarte. An warmen Sommertagen stehen auch ein paar rustikale Tische auf dem Rasen vor dem Haus. Tägl. (außer Di) ab 16 Uhr. Stianoodswai 29 a, ☎ 04682-777. 《

Esenhugh und Steenodder Dolmen

Mit einer Höhe von 4,7 m und einem Durchmesser von 26,5 m ist der nordwestlich von Steenodde gelegene **Esenhugh** (gesprochen Eesenhuuch) das mit Abstand größte Steingrab Amrums. Es barg zahlreiche Schätze, die heute im Friesenmuseum in Wyk auf Föhr zu bestaunen sind, darunter Schwertbeschläge, Schmuck, Kämme und einen 4000 Jahre alten Schädel, der Operationsspuren aufweist. Der hoch aufragende und weithin sichtbare Esenhugh war in früheren Zeiten der Platz für das traditionelle Biikefeuer (→ S. 45). Wegen der reetgedeckten Häuser in der Nähe wird es heute an einem sichereren Ort entzündet.

Das hügelige Gräberfeld unmittelbar südlich des Esenhughs beherbergte ursprünglich 88 Urnengräber und stammt aus der Wikingerzeit (10./11. Jh.). Es ist damit rund 2500 Jahre jünger als der benachbarte Esenhugh.

Eine zweite archäologische Sehenswürdigkeit liegt etwas versteckt südwestlich des Dorfes in einem Wäldchen am Ual-Hööw-Weg (am Fahrradverleih vorbei). Beim letzten Wohnhaus erhebt sich ein mit Bäumen und Buschwerk überrankter Rundhügel von 4 m Höhe, der **Steenodder Dolmen.** Ein Trampelpfad führt auf dieses jungsteinzeitliche Grab. Auf der anderen Seite ist der Hügel eingeschnitten und gibt den Blick auf die 2200 Jahre alte Grabkammer frei. Ein Teil der rechteckigen Grabanlage ist bis heute mit Steinen abgedeckt, weshalb man noch eine kleine, höhlenartige Grabkammer (ca. 1 x 1,5 m) entdecken kann.

Nebel
640 Einwohner

In dem wunderschönen Friesendorf mit den reetgedeckten Häusern fühlt man sich in frühere Zeiten zurückversetzt. Daneben wartet Nebel mit der romanischen St.-Clemens-Kirche samt Friedhof, dem Heimatmuseum Öömrang Hüs und mit dem Windmühlenmuseum auf.

Nebel ist so etwas wie das Bilderbuchdorf von Amrum. Reetgedeckte, weiß-blaue oder rote Friesenhäuser mit tief heruntergezogenen Dächern dominieren den Ort, häufig von dicht bewachsenen Feldsteinwällen (sog. Friesenwällen) oder Hecken eingefasst. Vor allem Rosen und Stockrosen umranken die Häuser, und in den gepflegten Bauerngärten trotzen Obstbäume dem rauen Klima. Einige kleine Geschäfte, gemütliche Restaurants und Cafés laden in den schmalen, kopfsteingepflasterten Straßen des weitläufig wirkenden Ortskerns zum Bummeln ein.

Die historische Ortsmitte samt der Kirche liegt vergleichsweise nah am Wattenmeer und ist von diesem nur durch ein paar Salzwiesen getrennt. Neuere und teil-

Nebels Strandübergang zum Kniepsand

weise sehr hübsche, reetgedeckte Ferienhäuser wurden mehr Richtung Kniepsand in die Heidelandschaft direkt am Wald gebaut. Das Gebiet erhielt passenderweise den Namen „Westerheide".

Obwohl Nebel Amrums größtes Dorf ist – mit einer Außenstelle des insel-verwaltenden Amtes Föhr-Amrum und der Polizeistation –, herrscht hier eine be-neidenswerte Unaufgeregtheit. Das Kirchdorf wirkt wesentlich weniger touristisch als sein ebenso idyllisches Pendant Nieblum auf Föhr und auch ruhiger als die beiden anderen Amrumer Gemeinden Wittdün und Norddorf.

Das Strandleben spielt sich bekanntermaßen auf der gegenüberliegenden Westseite der Insel auf dem Kniepsand ab. Bis zur Wasserlinie sind es von Nebel etwa 3 km, die aber leicht über den durch Wald und die Dünen führenden Strunwai mit dem Fahrrad (alternativ mit dem Auto) zu bewältigen sind. Am Strand befindet sich zwi-schen der Kniepsandhalle (Disco und Veranstaltungshalle) und der Gaststätte „Strand-pirat" ein großer (Fahrrad-)Parkplatz. Der letzte Kilometer über den breiten Kniep-sand ist zu Fuß zurückzulegen, hier erleichtert ein Bohlenweg das Fortkommen.

Geschichte: Der Ortsname Nebel (friesisch *Neebel*) hat nichts mit der gleichnami-gen Wetterlage zu tun, sondern bedeutet wie auch der Ortsname Nieblum auf Föhr so viel wie „neue Ansiedlung" (*nei bel*). In diesem Fall weist der Name auf die neue Siedlung hin, die erst zu Beginn des 16. Jh. in der Nähe der bereits existierenden St.-Clemens-Kirche entstand. Damit ist Nebel erheblich jünger als Süddorf oder Norddorf, ist allerdings durch die Eingemeindungen von Süddorf und Steenodde mittlerweile die bevölkerungsreichste Gemeinde der Insel (knapp 1000 Einwohner).

Sein heutiges und in unseren Augen so idyllisches Erscheinungsbild erhielt Nebel in der Blütezeit des Walfangs, als sich einige zu Wohlstand gekommene Kapitäne und Steuerleute hier ihre – für die damalige Zeit prächtigen Friesenhäuser – als Alters-ruhesitze bauten.

Der beginnende Inseltourismus ging zunächst vollkommen an Nebel vorbei. Erst als 1925 wegen eines Brandes im benachbarten Norddorf einige Gäste nach Nebel umquartiert werden mussten, erkannten auch die Nebeler, dass sich mit dem Tourismus vergleichsweise einfach Geld verdienen ließ und bemühten sich fortan um den Status eines Seebades, der ihnen 1938 zuerkannt wurde. Die Kriegswirren bereiteten den Tourismusträumen jedoch zunächst eine jähes Ende.

Auch nach dem Zweiten Weltkrieg kam der Fremdenverkehr im Ort nur vergleichsweise langsam in Gang. Das ist wohl mit ein Grund dafür, dass die alten Friesenhäuser aus dem 18. und 19. Jh. in dieser Zeit des „Wirtschaftswunders" nicht rücksichtslos durch tourismusgerechte Neubauten ersetzt wurden und heute eine wahrhaft malerische Kulisse bilden.

Basis-Infos

Information Tourist-Information, Meeskwai 1 a (Haus des Gastes), 25946 Nebel auf Amrum, ✆ 04682-94300, www.amrum.de. Zimmernachweis auch in der Information am Fähranleger Wittdün. Mo–Fr 9–16 Uhr, im Sommerhalbjahr bis 17 Uhr und Sa 10–12 Uhr.

Fahrradverleih Stefan's Fahrradverleih, zwei Standorte: Postwai 1 und Waasterstigh 22, ✆ 04682-96262, www.stefansfahrradverleih.de.

Strände Am nördlichen Strandabschnitt vor dem **FKK-Strand** sind **Hunde** erlaubt.

Strandkorbvermietung N. Randow/K.-H. Wruck verleihen Körbe am Textil-, FKK- und Hundestrand. ✆ 0170-2949670.

Einkaufen Wein & Meehr **11** Kleiner Andenkenladen mit Weinverkauf (und -verkostung) und Steh-Ausschank (auch Kaffee/Tee oder Eis zum Mitnehmen); zudem die Postagentur Nebels. Tägl. 9–19 Uhr, So 14–19 Uhr, in der Nebensaison Mittagspause. Strunwai 6, ✆ 04682-961401.

Töpferei Werkstatt Nebel 8 Geschmackvolle Gebrauchskeramik, Tonglöckchen und vieles mehr, etwas versteckt im Smäswai gelegen. Nur Mo, Di, Do, Fr 10–12 Uhr. Smäswai 24, ✆ 04682-2221, www.handwerkshues.de.

Übernachten/Essen & Trinken/Nachtleben   (→ Karte S. 145)

Übernachten Hotel Restaurant Friedrichs **10** Hotel mit langer Tradition mitten in Nebel. 9 individuell und wohnlich eingerichtete Zimmer sowie 2 Suiten. Restaurant im friesischen Stil mit guter Küche und großer Karte (lecker waren z. B. Rumpsteak und Muscheln). DZ 108–125 €. Uasterstigh 18, ✆ 04682-94970, ✆ 04682-949717, www.hotelfriedrichs.com.

Ekke Nekkepenn 5 Sauberes, kleines Frühstückshotel mit 8 freundlich-komfortablen Zimmern im Ortskern von Nebel. Schöne Sitzecke bzw. Strandkorb im Garten. Nett präsentiertes Frühstücksbüfett. DZ 108–118 €. Waasterstigh 19, ✆ 04682-94560, ✆ 04682-945630, www.ekkenekkepenn.de.

Essen & Trinken Seekiste **6** Ruhig und etwas versteckt mitten in Nebel gelegen. Schönes, friesisch-maritimes Ambiente, handgeschriebene Speisekarte und eine schmackhafte, aber keineswegs preiswerte Küche. Wintergarten mit großem Glasdach und Terrasse. Auch Cafébetrieb. Tägl. (außer Mo) ab 13 Uhr. Smäjaat 2, ✆ 04682-640.

Dat Achterdeck 1 Zweckmäßige einfachgemütliche Einrichtung mit einer großen Theke; auch Tische vor dem Haus. Hier gibt es regionale Fisch- und Fleischspezialitäten, z. B. gutes Labskaus. Tägl. (außer Di) 11.30–14 und 17–21 Uhr. Uasterstigh 5, ✆ 04682-2626.

»» Mein Tipp: Preesters Hüs 2 Hervorragendes Essen in netter Atmosphäre in einem roten, reetgedeckten Friesenhaus. Uriges, gemütlich-friesisches Interieur zum Wohlfühlen. Frischer Fisch und Fleisch aus der Region, das schmeckt man. Steaks, Lammrücken und Kutterfisch von bester Qualität. Tägl. 11.30–13.30 und ab 17 Uhr, Nebensaison nur abends. Waasterstigh 17, ✆ 04682-995335. **«««**

Fisch & Meer 4 Fischimbiss mit Stehtischen, aber Frischfischverkauf, im Herzen Nebels, leckere Krabbenbrötchen. Wechselnde Öffnungszeiten. Uasterstigh 6, ☎ 04682-96470.

Friesen-Café 3 Niedrige, gemütliche Stuben mit einer Kaffeemühlensammlung in einem der ältesten Häuser Amrums (1745) und dazu noch ein netter Service. Große Auswahl an besonderen Kuchen und Torten, z. B. Friesentorte und „Pferdeäpfel" (mit Marzipan); natürlich gibt es auch leckere Waffeln, Milchreis und rote Grütze (*rode grütt*). Tägl. 11–18 Uhr. Uasterstigh 7 (in der Nähe der Kirche), ☎ 04682-96620.

»» Mein Tipp: Dörnsk an Köögem 9 Der Name bedeutet soviel wie „Stube und Küche" und ist mein Tipp für ein Kaffee- oder Tee-Erlebnis mitten in Nebel; Laden und urgemütliches Café in einem. Hier gibt es leckere Waffeln, Kuchen, Tee, aber auch Folienkartoffeln, Quiche mit Krabben oder Sauerfleisch mit Nussbrot. Um die gemütlichen Tische sind Keramiken, Accessoires, Gartendeko, allerlei Nippes oder auch Trüffel für den Verkauf platziert. Obwohl es eine kleine Empore, aber auch Tische vor dem Haus gibt, ist alles doch ein wenig eng. Die Bedienung nimmt die Hektik gelassen und hat gerne einen kessen Spruch auf den Lippen. Tägl. 10–18 Uhr, in der Nebensaison So Ruhetag. Uasterstigh 19, ☎ 04682-2503. **«**

Nautilus 7 Eiscafé, Bar und Bierstube in einem. Tagsüber sitzt man im hellen und freundlichen, aber etwas schlichten Café oder draußen vor dem Haus und genießt seinen Eisbecher oder leckeren Kuchen; abends hat im hinteren Teil des Cafés die kleine Nautilus-Bar in englisch-gemütlicher Pub-Atmosphäre geöffnet. Sommerhalbjahr tägl. 11–22 Uhr, im Winter nur Mi (Pilsnotdienst) ab 18 Uhr. Uasterstigh 17, ☎ 04682-740.

Strandpirat 13 Bistro und Restaurant an Nebels Strandübergang; nette Einrichtung. Es gibt kleine Strandspeisen, aber auch Fisch- und Fleischgerichte, und das für diese Lage zu relativ moderaten Preisen; auch Terrasse für den Nachmittagskaffee (leckere Waffeln). Kiosk angeschlossen (für Pommes rot/weiß). Tägl. 10–21 Uhr, Nebensaison Mo Ruhetag. Strunwai 44, ☎ 04682-96470.

Nachtleben Weinfriese 12 Im Haus „Klar Kimming" an der Straße zwischen Post und Strand gelegen. Kleine, aber nette Weinwirtschaft, die nach dem Motto „weniger

Malerisches Friesendorf: Nebel

ist mehr" nur Mo–Do 20–23 Uhr geöffnet hat. Auch Tische und Strandkörbe vor dem Haus. Jederzeit Weinverkauf mit 100 verschiedenen, hauptsächlich deutschen Weinen (sogar drei Hausweine sind dabei). Strunwai 20, ☏ 04682-739.

Kniepsandhalle Amrums einzige Disco, die allerdings nur 1x pro Woche öffnet und dort liegt, wo es keinen anderen stört, nämlich am Strandparkplatz von Nebel. Sa ab 22.30 Uhr, Eintritt 6 €.

St.-Clemens-Kirche

Anders als die wuchtig-backsteinernen Kirchen auf Föhr präsentiert sich St. Clemens weiß gekalkt und nachts angestrahlt. Zudem liegt der schon 1236 errichtete und mit einem Reetdach versehene, einschiffige romanische Kirchenbau ganz untypisch in einer kleinen Senke – wahrscheinlich deshalb, weil Amrum räuberischen Seefahrern von der Ferne als unbewohntes Eiland erscheinen sollte. Wohl auch aus diesem Grund kam Amrum jahrhundertelang ohne Kirchturm aus. Erst im Jahr 1908 wurde der übergroß wirkende und weithin sichtbare Turm angefügt. Zuvor schon gab es erhebliche Umbauten, vor allem im Jahr 1886, als das Kirchenschiff nach Westen erweitert und die Mauern erhöht wurden.

Bereits im 11. Jh. wurde ein Vorgängerbau gegründet, also nicht allzu lange, nachdem das Christentum nach Amrum kam, und zwar zunächst als Zweigkirche des Friesendoms in Nieblum auf Föhr. Benannt ist die Kirche nach einem der frühesten Heiligen der Kirchengeschichte, dem heiligen Clemens (um 50 bis 97 n. Chr.), der als dritter Nachfolger des Apostels Petrus Bischof von Rom und damit Papst war. Er ist u. a. Schutzpatron der Seeleute und der Kinder und wurde der Legende nach an einem Anker im Meer versenkt.

Das Kircheninnere wirkt mit seiner groben Holzbalkendecke, der seitlichen, teilweise mit Apostelbildern (18. Jh.) bemalten Empore und den blaugrauen Kirchenbänken verglichen mit den drei großen Backsteinkirchen Föhrs schmal und geradezu gemütlich. St. Clemens beherbergt eine Reihe von wertvollen Kunstwer-

ken. Sofort ins Auge fällt die an der Süd-
wand der Kirche angebrachte hölzerne
Apostelreihe aus dem frühen 14. Jh. Angeblich wurde sie nach der Burchardiflut 1634 angeschwemmt, wahrscheinlich aber wurden die einzelnen Figuren
zum Schutz vor eben jener „Zweiten
Groten Mandränke" in der Kirche flut-
sicher eingelagert und verblieben dort
bis heute. Sicher überliefert ist, dass die
Insulaner im gleichen Jahr (1634) das
Altarbild stifteten, und zwar aus Dank-
barkeit darüber, dass sie von der großen
Sturmflut verschont wurden. Das Mit-
telgemälde zeigt das letzte Abendmahl,
und auf den beiden Seitenbildern sind
die vier Evangelisten abgebildet. Die Bilder wurden erhalten, doch der ur-
sprüngliche Altar musste im Jahr 1886
einer Orgel weichen, die in dieser Kirche seltsamerweise im Chor und nicht
auf der rückwärtigen Empore steht.

St.-Clemens-Kirche

Bemerkenswert ist zudem der ebenfalls
im Chor stehende, sorgsam ausgemalte
Sakramentenschrank aus dem 15. Jh. Die dem Kirchenraum zugewandte, geöffnete
Tür zeigt das gotische Bild eines sitzenden Schmerzensmanns, des durch die
Kreuzigungswunden leidenden Jesus Christus.

Erwähnenswert sind zudem ein schlichter, romanischer Granit-Taufstein, ein
hölzernes Kruzifix (1480) und die mit einem Schalldeckel bekrönte Kanzel aus
Tannenholz (1623). Im Kirchenschiff hängen drei Kronleuchter: Der erste (18. Jh.)
stammt aus der Halle eines holsteinischen Gutshauses, die beiden anderen wurden
im 17. Jh. von zwei wohlhabenden Amrumern gestiftet.

Auf dem von einem typischen Friesenwall umgebenen Friedhof rund um die Kirche
wird seit 800 Jahren bestattet. 152 historische Grabsteine aus den Jahren 1678 bis
1858 haben die Zeit überdauert und erzählen als „sprechende Grabsteine" (→
S. 47) die Lebensgeschichten ehemaliger Seefahrer. Darunter auch der Stein von
Hark Olufs (→ Kasten S. 137). Derzeit (2012) werden die sandsteinernen Grabsteine aufwendig restauriert und dann an neuem Platz aufgestellt. Hierzu ist eine
Erweiterung des nördlichen Friedhofsteils um etwa 4 m notwendig, wo die Steine
dann links und rechts eines neu angelegten Weges platziert werden, der in einen
Kubus als Aussichts- und Informationspunkt mündet.

April bis Okt. tägl. 9–17 Uhr. Zwischen Ostern und Erntedank Kirchen- und Friedhofsführungen Di 17 Uhr. Gottesdienst So 10 Uhr.

Öömrang Hüs

Der friesische Heimat- und Kulturverein *Öömrang Ferian* (= Amrumer Verein) hat
in einem bis in die 1990er-Jahre bewohnten Kapitänshaus aus dem Jahr 1726 ein
Stück Wohnkultur einer wohlhabenden Amrumer Kapitänsfamilie bewahrt. In dem
kleinen, vollständig eingerichteten Haus sind vor allem *Köögem* (Küche) und

Dörnsk (die traditionell nach holländischem Vorbild gefliese friesische Wohnstube) sehenswert, in der auch noch die beiden kurzen Alkoven (Wandbetten) zu bewundern sind, in denen früher – quasi im Sitzen – geschlafen wurde. Der *Dörnsk* war früher der einzige beheizbare Raum im Haus, der von der Küche aus über einen noch erhaltenen *Bilegger* (Beilegofen) aus dem Jahr 1681 befeuert wurde. Eine jährlich wechselnde Ausstellung im Dachgeschoss ergänzt das Museumsangebot.

Mitte Mai bis Mitte Okt. Mo–Fr 11.30–13.30 und 15–17 Uhr, Sa nur 15–17 Uhr, im Winter nur Sa 15–17 Uhr. Eintritt frei (Spende erbeten). Waaswai 1, ℡ 04682-2118, www.oeoemrang-hues.de.

Amrumer Windmühle mit Heimatmuseum

Amrums alte und traditionell reetgedeckte Mühle wurde bereits im Jahr 1771 auf der höchsten Erhebung des Dorfes Nebel errichtet. Das Erbauungsdatum ließ sich übrigens nicht durch eine Urkunde feststellen, sondern durch einen von Amrums berühmten „sprechenden Grabsteinen". Die kleine Erdholländermühle, deren Mühlenkappe mit den Flügeln sich durch eine Windrose selbstständig in den Wind dreht, ist noch voll funktionsfähig und war bis 1964 in Betrieb. Die Drehgeschwindigkeit der vier Jalousieflügel lässt sich über je 24 Klappen in den Flügeln den aktuellen Windbedingungen anpassen. Über mächtige, hölzerne Zahnkränze, Rutenwelle und Königswelle wird die Windkraft in die unteren Mühlenetagen übertragen und setzt die schweren Mahlsteine in Bewegung. Es ist durchaus faszinierend, die diffizile Mühlentechnik einmal aus der Nähe zu bestaunen. Gehen Sie zu diesem Zweck unbedingt auch einmal die Stiege zur Mahlsohle hinauf.

Ursprünglich war die Mühle eine reine Graupenmühle (zum Schälen der Gerste); erst ab etwa 1850 konnte das Korn auch feingemahlen werden. Amrums karge Felder reichten jedoch nicht aus, um den Mühlenbetrieb zu gewährleisten. Aus diesem Grund wurde auch Korn vom Festland zum Mahlen hierhergebracht – denn an genügend Wind mangelte es auf Amrum nun wirklich nicht. Als höchste Erhebung der Insel diente die Mühle bis zum Bau des Amrumer Leuchtturms im Jahr 1875 den vorüberfahrenden Schiffen auch als Seezeichen.

Der Eingang zur Mühle befindet sich im ehemaligen Lagerhaus neben der Mühle. Es beherbergt heute ein kleines, aber sehenswertes Heimatmuseum. Neben Einblicken in den Mühlenbetrieb erhalten Sie auch Informationen über den Walfang und die Seefahrt, die Tierwelt und den Vogelfang sowie über die Amrumer Wohnkultur, aber auch zur Vor- und Frühgeschichte der Insel. Zudem werden jährlich vier Gemälde- oder Fotoausstellungen mit Motiven der Insel Amrum präsentiert.

April bis Okt. tägl. 11–16 Uhr, Mühlenführung Mo 17 Uhr. Eintritt frei (Spende erbeten). Seit 1964 kümmert sich ein Verein um die Erhaltung der Amrumer Windmühle. Gegen einen Jahresbeitrag von 10 € können Sie förderndes Mitglied werden. Sonntags und feiertags drehen sich die Mühlenflügel im Wind. Derzeit (2012) hat allerdings ein Sturmschaden die Flügel „gestutzt". Ein baldiger Wiederaufbau ist geplant (veranschlagte Kosten: 400.000 €). Waasterstigh (am südlichen Ortsrand), ℡ 04682-872, www.amrumer-museum.de.

Heimatlosenfriedhof

Auf der gegenüberliegenden Straßenseite der Windmühle befindet sich ein kleiner Friedhof für unbekannte Tote, die das Meer von etwa 1906 bis 1969 an Amrums Strand spülte. Die 32 namenlosen, efeuberankten Gräber sind mit schlichten Holzkreuzen versehen, auf denen lediglich das Funddatum der Toten vermerkt ist.

Den Friedhofseingang, dessen Gelände einst ein Amrumer Kapitän zur Verfügung stellte, schmückt ein weißer hölzerner Torbogen mit der Inschrift „Es ist noch eine Ruhe vorhanden". Bänke laden zur Einkehr und Besinnung ein. Derzeit (2012) wird der Friedhof neu gestaltet. Nach der Fertigstellung werden symbolisch das hölzerne Schiff des Lebens und eine auf einem Mast aufgerichtete Todesbarke zu sehen sein. Ein Gedenkstein wird dann die Inschrift aus dem Lukasevangelium tragen: „Freut euch, dass eure Namen im Himmel aufgeschrieben sind."

Strandburg (Panchos Burg)

Weit nördlich des Nebeler Badestrandes wurde in jahrelanger Sammeltätigkeit in den Vordünen eine sehr skurrile und sehenswerte Burg aus Strandgut errichtet. Die Strandburg ist ein Kunstwerk des Berliner Künstlers Pancho (Otfried Schwarz) und heißt daher im Volksmund „Panchos Burg". Das riesige Kunstwerk wird ständig ergänzt und besteht ausnahmslos aus Gegenständen, die am weiten Kniepsand angespült wurden, gemeinhin also aus Müll (→ Foto s. 13). An verschiedenen anderen Stellen in den Dünen gibt es bereits kleinere Nachahmungen.

Der Kniepsand – einer der breitesten Strände Europas

Auf einer Länge von 15 km und einer Breite von bis zu 1,5 km umschließt dieser endlose, sehr feinsandige Badestrand die gesamte Westküste Amrums.

Die Herkunft des Namens ist noch nicht eindeutig geklärt, vielleicht heißt der Strand so, weil es *„kniept"* (kneift), wenn die ständige Brise die Sandkörner sandstrahlartig auf die Haut prasseln lässt. Das macht das Sonnenbaden an diesem Strand ohne den Schutz eines Strandzeltes oder Strandkorbes folglich zu einer ziemlich sandigen Angelegenheit.

Durch Wind und Wellen ist der 10 km² große und stellenweise 1,8 m hohe Kniepsand einem ständigen Wandel unterworfen. Ursprünglich grenzte er nicht an Amrum, sondern war eine vorgelagerte Sandbank, die eine tiefe Wasserrinne von der Insel trennte. Dabei ist er durchaus ein Segen, denn er ist seit Jahrhunderten so etwas wie ein natürlicher Küstenschutz und Wellenbrecher. Als Geschenk der See bewahrte der Kniepsand die kleine Insel schon immer vor der gewaltigen Zerstörungskraft der Sturmfluten. Deshalb wird Amrum auch die „Geliebte des Blanken Hans" genannt – der Nachbarinsel Sylt beispielsweise fehlt ein solcher Küstenschutz.

Ganz allmählich, in einem Zeitraum von 200 Jahren, schloss sich die Rinne zwischen Kniepsand und Insel. Der Priel versandete von Süden her, sodass sich der Kniepsand allmählich ganz an die Insel anlehnte. Doch noch in den 1930er-Jahren gab es bei Norddorf einen natürlichen Hafen, den Kniephafen. Aber auch dieser versandete unaufhaltsam und musste aufgegeben werden. Erst im Jahr 2000 erreichte die langsam wandernde Sandbank die Amrumer Nordspitze, und sie wälzt sich beständig weiter nordwärts – etwa 50 m pro Jahr.

Norddorf

Amrums zweites Seeheilbad liegt malerisch zwischen Wald, Dünen, Strand und Wattenmeer im Norden der Insel. Die Wege zum Strand sind relativ kurz, und mit dem Strunwai gibt es sogar so etwas wie eine kleine Fußgängerzone.

Von modernen Ferienhauskomplexen wie in Wittdün oder Wyk auf Föhr ist Norddorf verschont geblieben, sodass die norddeutsche Backsteinarchitektur dem Seebad einen nicht unbedingt idyllischen, aber durchaus harmonischen Charakter verleiht. Am östlichen Ende (Uasteraanj) des Dorfes haben einige klassische reetgedeckte Friesenhäuser die Zeit überdauert. Auch im Süden (Nei Stich) ist die schöne Dachdeckung in jüngster Zeit wieder in Mode gekommen. Im Ortskern rund um das traditionelle Hotel Hüttmann ist zudem noch ein wenig vom Charme der Bäderarchitektur zu erahnen.

Norddorf ist auf Amrum der Ort mit den meisten Hotels und Pensionen und präsentiert sich als ein vergleichsweise lebendiges **Seebad,** das dennoch dörflichen Charakter hat. In der kleinen Fußgängerzone, die eher an eine verkehrsberuhigte Zone als an eine Einkaufsstraße erinnert, laden Geschäfte und Restaurants zum Bummeln ein. Im Ortszentrum befindet sich darüber hinaus Amrums einziges Kino. Und mit dem Carl-Zeiss-Naturzentrum Amrum des *Öömrang Ferian* (Heimat- und Kulturverein Amrums) verfügt Norddorf auch über ein besuchenswertes und informatives Ausflugsziel.

Vor allem aber ist es die einmalige Lage, die Norddorf so lohnenswert macht: Im Nordosten liegt die Marsch mit ihren kräftigen grünen Wiesen, ganz im Norden das Naturschutzgebiet Amrumer Odde, im Süden eine Heide- und Waldlandschaft und im Westen und Südwesten die hohe Dünenkette, die mit Bohlenwegen zu Spaziergängen einlädt – beispielsweise zum Quermarkenfeuer oder zur Vogelkoje. Gut 500 m hinter dem Dorf befindet sich die ebenfalls über einen Bohlenweg zugängliche **Aussichtsdüne** *A Siatler* (dt. Setzerdüne). Sie ist mit einer Höhe von 32 m Amrums höchste natürliche Erhebung, von der man einen wirklich lohnenswerten Rundblick über die Insel hat.

Zum steinfreien und feinsandigen weißen Badestrand, einem Ausläufer des Kniepsandes, sind es über den Strunwai am Rande der schützenden Dünenkette etwa 15 Minuten Fußweg – die meisten Feriengäste bewältigen diese Strecke jedoch mit dem Fahrrad. Am Strandübergang befinden sich das Carl-Zeiss-Naturzentrum (im ehemaligen Dünenbad), zwei Restaurants und die Stationen der Strandkorbvermieter. Und wer am Abend lange genug bleibt, dem sei gesagt: Die Sonnenuntergänge am Norddorfer Strand sind besonders schön.

Geschichte: Erstmals 1464 urkundlich erwähnt, gilt Norddorf (friesisch *Noorsaarep*) mit Süddorf als ältester Inselort. Aus kirchlichen Unterlagen geht hervor, dass die Kirche St. Clemens (heute in Nebel) im frühen 13. Jh. für die Bewohner Süddorfs und Norddorfs erbaut wurde. Man konnte sich nicht auf einen der beiden Orte einigen und wählte daher neutralen Grund. Das Pastorat und damit der einflussreiche Pastor waren jedoch bis 1751 in Norddorf beheimatet.

Aber natürlich gibt es auch hier sehr viel ältere Besiedlungsspuren wie einige Hügelgräber südlich des Dorfes, ein Großsteingrab aus der Jungsteinzeit sowie Siedlungsreste aus dem 1. Jh. südwestlich in der Nähe der Vogelkoje.

Wie überall auf der einst armen Insel sorgte auch in Norddorf die Zeit des Walfangs für einen spürbaren wirtschaftlichen Aufschwung. Doch 1768 wurde der kleine Ort fast vollständig von einer Feuersbrunst zerstört. Zu dieser Zeit gab es einen Hafen in Norddorf, den Kniephafen nordwestlich des Dorfes. Wegen der unablässigen Wanderung des Kniepsandes nach Norden versandete der Hafen zunehmend, was letztlich dazu führte, dass Norddorf begann, in der Bedeutungslosigkeit zu versinken. Deshalb errichtete man 1901 eine Landungsbrücke am Strand, vor allem auch, um von den großen Badedampfern angelaufen werden zu können und eine Fährverbindung nach Hörnum (Sylt) zu gewährleisten. Doch der Brücke erging es wie dem ehemaligen Hafen. Schon 1909 musste sie wegen der zunehmenden Versandung 1 km nach Norden verlegt werden (in Höhe des heutigen Schullandheims), und 1938 wurde abermals ein Brückenbau 500 m weiter nördlich notwendig. Diese Brücke wurde schon ein Jahr später durch Eis zerstört. Eine Fährverbindung mit Sylt (und Hamburg) gab es nun nicht mehr, und auch die Inselbahn nach Norddorf stellte im gleichen Jahr ihren Dienst ein.

Endlos weiter Strand: Norddorf

Norddorfs Entwicklung zum Fremdenverkehrsort ist eng mit dem Namen des Pastors **Friedrich von Bodelschwingh** verknüpft. Natürlich waren auch die Norddorfer an einem wirtschaftlichen Aufschwung interessiert, aber nicht um jeden Preis. Denn die Geschehnisse in Wittdün und dessen Bemühungen, ein mondäner Badeort zu werden, beobachtete man in Norddorf sehr skeptisch, befürchtete man doch einen Sittenverfall wie auf den Nachbarinseln Föhr und Sylt. Wenn schon Fremdenverkehr, so dachte man sich, dann wollte man doch wenigstens ein christliches Seebad werden. Und so bemühten sich die Norddorfer um die Mithilfe des damals sehr bekannten Pastors Friedrich von Bodelschwingh, der durch die Gründung der evangelischen Pflegeanstalt in Bethel (bei Bielefeld) und vieler anderer sozialer Einrichtungen einen hervorragenden Ruf besaß. Tatsächlich erkannte der betriebsame Pastor die günstige Lage und gründete im Jahr 1890 sein erstes christliches Seehospiz in Norddorf, was für einen enormen Aufschwung im kleinen Ort sorgte. Das Hospiz wurde schnell außerordentlich beliebt, und so baute man in den nächsten Jahren vier weitere christliche Hospize. Nach schwedischem Vorbild wurde das Hospiz aus einfachen Holzhütten errichtet. Heute befindet sich an der Stelle die AOK-Nordseeklinik, eine Fachklinik für Mutter und Kind und nach wie vor größter Arbeitgeber Norddorfs.

Aber auch weltliche Badeurlauber schätzten die schöne Lage im Norden der Insel. Im Jahr 1892 gründete der Hamburger **Heinrich Hüttmann** das nach ihm benannte Hotel, indem er das alte Schulhaus umbaute. Es ist nach wie vor das erste Haus am Platz. Bald folgten viele Dorfbewohner seinem Beispiel und boten Gästebetten an. Zudem entstanden einige Schullandheime. Noch heute existiert am Rand der Odde das Schullandheim Ban Horn (seit 1959). Insgesamt verfügt der Kurort heute über 3000 Gästebetten.

Bereits 1912 wurde Wittdün aus der zuvor die gesamte Insel umfassenden Gemeinde Amrum ausgegliedert. 1925 folgten die nördliche Landgemeinde Norddorf und der mittlere Inselteil mit Nebel diesem Beispiel und wurden politisch selbstständig. Für Norddorf war das offenbar kein gutes Omen, denn noch im gleichen Jahr zerstörte ein Brand gut die Hälfte der Häuser. Brandschutztechnisch hatte die Sache ein ortsbildprägendes Nachspiel, denn jahrzehntelang wurden in Norddorf keine neuen Reetdächer mehr genehmigt. Nach dem Zweiten Weltkrieg hat sich der Ort dann endgültig auf den Fremdenverkehr ausgerichtet. Seit 1956 ist Norddorf anerkanntes Seeheilbad.

Basis-Infos

Information Tourist-Information, Ual Saarepswai 7 (gegenüber Hotel Hüttmann), 25946 Norddorf auf Amrum, ℡ 04682-94700, www.amrum.de. Zimmernachweis auch in der Information am Fähranleger Wittdün. Mo–Fr 9–16 Uhr, im Sommerhalbjahr bis 17 Uhr sowie Sa 10–12 Uhr.

Fahrradverleih Amrumer-Fahrradcenter, Lunstruat 3, ℡ 04682-96271, www.amrumer-fahrradcenter.de; **Gerädert**, Nei Stick 7, ℡ 04682-554, www.amrumschau.de; **Rialto**, Taft 5, ℡ 04682-961313; **Urbanski**, Lunstruat 9, ℡ 04682-2276.

Kinder Abenteuerland, Indoor-Spielplatz in einer großen Halle und damit Kinderparadies für Schlechtwettertage, in dem sich die lieben Kleinen z. B. auf einem Kletterberg, Trampolin oder im Kletterlabyrinth gegen Eintritt austoben können. Der kleine Autoscooter kostet extra. Kinder 8 €, Erw. 4 €. Kiosk bzw. Cafeteria mit Außentischen angeschlossen. Mo–Sa 10–18 Uhr, So 12–18 Uhr. Hoofstich 3 (Gewerbegebiet im Südwesten), ℡ 04682-968664, www.abenteuerland-amrum.de.

Kino Lichtblick ... das Amrumer Kino!, Triihuk 1, Platzreservierung unter ℡ 04682-96200, www.kino-amrum.de.

Strände Im nördlichen Strandbereich ist ein **Hundestrand** ausgewiesen (hinter der Surfschule). Der Abschnitt für **FKK** erstreckt sich im Süden zu Beginn des weiten Kniepsandes.

Strandkorbvermietung Körbe kann man am Textil-, FKK- und Hundestrand mieten bei **Boyens**, ℡ 04682-545; **Jannen**, ℡ 04682-649; **Martinen**, ℡ 04682-995313.

Einkaufen (→ Karte S. 155)

Findling ⁊ Liebevoll eingerichteter Laden fürs Wohnen und Schenken in der Fußgängerzone. Die Auswahl reicht von geschmackvollen Accessiores für Heim oder Garten bis hin zu restaurierten Kleinmöbeln. Wechselnde Öffnungszeiten. Strunwai 5 a, ℡ 04682-4511.

Die Tee-Insel Amrum 14 Schön enger, aber gut sortierter Teeladen, zudem 80 verschiedene Sanddornprodukte sowie verschiedene Öle zum Abfüllen. Auch Online-Shop. Wenn auf ist, ist auf, wenn zu ist, ist zu. Bianca Wolff, Lunstruat 9, ℡ 04682-9688875, www.amrum-teeinsel.de.

Tee-Handels-Kontor Bremen 8 Sehr aufgeräumter, heller Teeladen mit großer Vielfalt fein säuberlich abgepackten Tees. Natürlich gibt es auch zum Teegenuss passende Mitbringsel wie Gebäck oder Porzellan. Mo–Fr 10–12 und 14.30–18 Uhr, Sa 10–12 Uhr. Oodwai 2, ℡ 04682-659.

Buchhandlung & Galerie 10 Im Gemeindehaus Norddorf findet sich eine nette Auswahl von Büchern für Geist und Seele. Auch Postkarten oder Kalender sind erhältlich. In der Galerie werden Bilder von Amrumer Künstlern präsentiert. Mo–Fr 10–12 und 15–18 Uhr, Sa 10–12 Uhr. Henershuuch 5, ✆ 04682-2273.

Keramik Atelier Cornelia Schau 20 Sehr schön gemachte Töpferwerkstatt mit Laden und Atelier im ansonsten sehr spröden Mini-Gewerbegebiet von Norddorf (neben dem Abenteuerland). Sie können der Künstlerin beim Töpfern zuschauen, es gibt gut gemachte Gebrauchskeramik wie Becher, Kannen, Teller oder Kerzenhalter, aber auch Schmuckgegenstände – und die nicht nur aus Ton. Wechselnde Öffnungszeiten. Gewerbegebiet 1, ✆ 04682-961785.

Übernachten

(→ Karte S. 155)

★★★★ Hotel Hüttmann 11 Norddorfs Traditionshotel seit 1892. Mitglied der Romantik-Hotelgruppe. Elegante Zimmer, verteilt auf Haupthaus und Nebengebäude. Nett sind v. a. die oberen Zimmer. Sehr gepflegte Gesundheitsoase mit Sauna, Dampfbad, Einzelwhirlpool in der ein wenig entfernten Dependance. Auch Beauty- & Wellnessangebote (Vorreservierung). Wenige Hotelparkplätze, aber Fahrradverleih. Gutes und reichhaltiges Frühstücksbüfett. **Restaurant** in freundlich-hellem Ambiente mit gehobener Küche, die allerdings nicht immer ihren eigenen Ansprüchen gerecht wird. DZ 130–165 €, auch Ferienhäuser. Ual Saarepswai 2–6, ✆ 04682-9220, ✆ 04682-922113, www. hotel-huettmann.de.

≫ Mein Tipp: Mein Inselhotel 6 Von innen sehr viel gemütlicher, als es von außen aussieht. 15 liebevoll eingerichtete Zimmer, die jeweils eine andere Farbgebung haben und auch nach dieser benannt sind. Reichhaltiges und gutes Frühstücksbüfett, rustikal-geschmackvoll eingerichtetes Restaurant, das nur für Hausgäste geöffnet hat (auf Wunsch Halbpension buchbar, dann zwei Menüs zur Auswahl). Persönlicher Service, und so gesehen wirklich ein Hotel zum Wohlfühlen. Private Saunabenutzung, aber auch Massagen auf Wunsch; Strandkörbe im Garten. DZ 130 € inkl. Kurtaxe. Madelwai 4, ✆ 04682-94500, ✆ 04682-945037, www.mein-inselhotel.de. ≪

★★★★ Hotel Pidder Lyng 4 Das Haus in schönster Lage direkt an der Wattenmeerseite Norddorfs bietet mit 7 (eher kleinen, aber gemütlichen) Zimmern Erholung für Anspruchsvolle und Genießer. Gepflegter, wintergartenähnlicher Frühstücksraum mit einem tollen Büfett; Sauna, Dampfbad und Massagen. DZ 129–149 € (auch Apartments). Bideelen 5, ✆ 04682-94440, ✆ 04682-944433, www.pidderlyng.de.

★★★★ Seeblick 3 Backsteinerne, etwas nüchterne Fassade, innen aber behaglich und gepflegt; Zimmer im Friesenstil, großzügiger Wellnessbereich mit Schwimmbad und Saunalandschaft. Im großen, geräumigen **Restaurant Seeblicker** (mit Terrasse) gibt es eine ambitionierte Küche von Küchenchef Gunnar Hesse mit frisch zubereiteten Speisen. Es wird Wert darauf gelegt, vornehmlich Erzeugnisse aus der Region zu verwenden. Restaurantbetrieb tägl. 11.30–21.30 Uhr. Im Sommer wird auf der Terrasse gegrillt. Rustikale Bar „op de Bön" im Haus (tägl. ab 17 Uhr). DZ 160–185 €, auch Ferienwohnungen. Strunwai 13, ✆ 04682-9210, ✆ 04682-2574, www.seeblicker.de. ■

Norddorf: Haus an der Wattseite

Ual Öömrang Wiartshüs 🔟 10 Hotelzimmer unter dem Reetdach, direkt an der Wattseite gelegen, schöner Cafégarten, Sauna. Bekannt ist das Wirtshaus als altfriesisch-gemütliche **Gaststätte**, in der es ein umfangreiches Speiseangebot gibt, z. B. „Omas Fischpfanne" oder Scholle, aber auch Steaks und Lammfleisch; das Preisniveau im Restaurant ist gehoben – die Qualität der Küche kann jedoch nach Meinung des Autors nicht immer mithalten. Tägl. ab 15 Uhr. DZ 108 €. Bräätlun 2, ✆ 04682-836, 🖷 04682-1432, www.ual-oeoemrang-wiartshues.de.

Hotel Wellkimmen 🔟 Von außen eher unscheinbar und ein wenig abseits vom Dorfzentrum gelegenes bodenständiges, aber ordentliches Hotel mit renovierten, zweck-mäßig eingerichteten Zimmern. Tennisplatz, Sauna, Liegewiese. Nicht mehr ganz taufrisch eingerichtetes **Restaurant** mit gutbürgerlicher Küche; gutes Preis-Leistungs-Verhältnis; auch Mittagstisch. Freitags wird draußen auf dem Schwenkgrill gegrillt. DZ 100 €, HP möglich. Degelk 7–11, ✆ 04682-94600, 🖷 04682-946046, www.wellkimmen-amrum.de.

Pension Friedrich Flor 🗵 Mitten in Norddorf gelegene kleine Pension in einem schönen, reetgedeckten Haus. Allergiker-geeignete Zimmer im Landhausstil. Frühstücksbüfett mit Vollwertkost; Hausbar; Sauna auf Voranmeldung. DZ 109–120 € (auch Ferienwohnungen). Ual Saarepswai 11, ✆ 04682-94310, 🖷 04682-4201, www.pension-flor.de.

Essen & Trinken

(→ Karte S. 155)

Oomes Hüs 🔟 Der Name bedeutet auf Hochdeutsch „Omas Haus" und befindet sich in einem netten Friesenhaus mit Garten. Zwei kleine Gasträume mit ein wenig beengter Wohnzimmeratmosphäre. Das Essen ist schmackhaft; große Auswahl an Fleisch- und Fischgerichten, meist Bratfisch. Leckere Scholle. Tägl. (außer Mo) ab 17.15 Uhr. Dünemwai 4, ✆ 04682-2199.

≫ Mein Tipp: **Deichgraf** 🔟 Küstentypische Küche wie prima Labskaus, gebratene Heringe oder Scholle; vorwiegend Fischrestaurant, obwohl es auch gute Fleischspeisen gibt; nette Bedienung. Zweckmäßig gediegene Einrichtung mit Sesselstühlen ohne viel maritimen Nippes an den grünweißen Wänden. Schöne Sommerterrasse. In der Saison tägl. (außer Di) 12–14.30 und 17.30–21 Uhr. Lunstruat 4, ✆ 04682-1444. ≪

Zum Fischbäcker 🔟 Fischgeschäft und -restaurant. Große Auswahl an (Brat-)Fischgerichten, es gibt auch Fischbrötchen zum Mitnehmen, also so etwas wie eine Mischung aus Imbiss und Restaurant im SB-Stil. Wintergarten und Terrasse vorhanden. Für Amrum relativ preiswerter und guter Fisch, auf die Beilagen wird mitunter etwas weniger Wert gelegt. Auch hier gilt wie so oft: besser reservieren. Tägl. (außer So) 11.30–14.30 und 17.30–20.30 Uhr. Lunstruat 11, ✆ 04682-4364.

Die Muschelsucher 🗵 Alles in einem: Bistro, Restaurant und Café. In dem Friesischblau recht gemütlich eingerichteten Lokal gibt es durchgehend warme Küche. Es ist damit die richtige Adresse nach einer anstrengenden Fahrradtour oder Wanderung. Es gibt Suppen, Salate und andere Kleinigkeiten, aber auch Steaks vom Lavagrill und eine große Kuchentheke. In der Saison meist von früh bis spätabends offen. Strunwai 9, ✆ 04682-4488.

≫ Mein Tipp: **Café Schult** 🔟 Norddorfs Traditionscafé in zentraler Lage, das schon seit 1890 als Familienbetrieb existiert und immer noch oder gerade deshalb eine große und v. a. leckere Auswahl an Kuchen, Torten (z. B. Friesentorte) und Backwaren aus der eigenen Backstube bereithält. Kaffeehausatmosphäre, auch ein paar Tische draußen und natürlich immer gut besucht. Frühstück von 8 bis 11 Uhr, Café bis 18 Uhr, Laden 6.30–18 Uhr (im Winterhalbjahr Mo Ruhetag). Ual Saarepswai 9, ✆ 04682-2234. ≪

Cäpt'n Crêpes 🗵 Crêpes-außer-Haus-Verkauf in der Fußgängerzone mit großer Auswahl und wöchentlichen Specials. Nicht nur süße Zutaten, auch herzhaft, z. B. mit Hirtenkäse und Kräutern. Wenn was los ist, dann ist offen. Strunwai 18, ✆ 0171-1451053.

Strand 33 🔟 Drei in einem: Restaurant, Café und Bar direkt am Strandübergang mit Outdoor-Weinlounge (südafrikanische Weine) und schönem Sonnenuntergangs-Meerblick. Große Auswahl, von Antipasti über Suppen, Pasta, Fisch vom Grill, Gourmet-Burger und Wokgerichte bis Flammkuchen. Tägl. 11.30–22 Uhr, Nebensaison Mi Ruhetag, im Winter bis auf die letzte Dezember-

woche geschlossen. Strunwai 33, ✆ 04682-961555.

》》 Mein Tipp: Teehaus Burg 18 Ein lohnenswerter Spaziergang an der Wattseite. Etwas abseits von Norddorf, erhöht auf einer Art Warft gelegen, existiert diese empfehlenswerte (und immer gut besuchte) Teestube im Reetdachhaus schon seit 1950 und ist damit eine Amrumer Institution. Vor 1000 Jahren soll es hier einmal eine Wikingerburg gegeben haben, zuvor gab es hier offenbar einen bronzezeitlichen Grabhügel. Insbesondere von den Tischen auf der Gartenterrasse haben Sie einen herrlichen Blick auf das Wattenmeer und die Nachbarinsel Föhr. Nicht nur viele Teesorten (oder Kaffeespezialitäten) im Angebot, sondern natürlich auch tägl. wechselnde Kuchensorten und abends Pfannkuchenspezialitäten. Auch Teeversand. Nur im Sommerhalbjahr tägl. (außer Di) 15–22.30 Uhr. Keine Reservierungen. Boragwai 2, ✆ 04682-2358. 《《

Carl-Zeiss-Naturzentrum Amrum

Fast unmittelbar am Strandübergang von Norddorf informiert in den Räumen des stillgelegten Dünenfreibades der Naturschutzverein des *Öömrang Ferian* (dt. Amrumer Verein) mit einer Ausstellung über die schützenswerte Natur Amrums und des Wattenmeers. Zum einen gibt es eine Dauerausstellung über die sandigen Lebensräume, in der einige Aquarien interessante Einblicke in die Unterwasserwelt des Wattenmeeres geben. Zum anderen sind auch die beiden erstaunlich großen und ausführlichen historischen Sonderausstellungen im ersten Stock sehr zu empfehlen (auch vom Restaurant Dünenblick erreichbar): Die eine berichtet von Amrums berühmtem Seefahrer Hark Olufs (→ Kasten S. 137), der im 18. Jh. als Sklave verkauft wurde und als reicher Mann in die Heimat zurückkehrte. Hier wird auch ein kurzer Film gezeigt – mit einem Segel als Leinwand. Die andere Sonderausstellung erzählt von Amrums Kojenmann Cornelius Peters. Anhand eines Jahreszyklus wird sein Leben skizziert: Der maritime Tagelöhner war im 19. Jh. Betreuer der Amrumer Vogelkoje. Fazit: Das Naturzentrum bietet eine Erlebniswelt für die ganze Familie.

Tägl. (außer Do) 10–17 Uhr, Nov. bis März nur Mi, Fr, Sa, So 12–16 Uhr. Eintritt frei (Spende erbeten). Das Naturzentrum des Öömrang Ferian bietet zahlreiche Führungen und naturkundliche Exkursionen rund um Norddorf an. Strunwai 31, ✆ 04682-1635, www.naturzentrum-norddorf.de.

Vogelkoje Meeram

Zwischen Nebel und Norddorf befindet sich am Rande der Dünen Amrums Vogelkoje. Erst 1866 wurde diese Entenfanganlage in der sumpfigen Heidelandschaft angelegt (*Meerham* = moorige Stätte). Eigentümer waren eine ganze Reihe Amrumer Bürger, die jeweils nur einen halben bis maximal zwei (in 80 ausgegebenen Anteilsscheine erwerben konnten. Bereits im Jahr 1935 wurde diese Fangmethode per Jagdgesetz erheblich eingeschränkt. Bis dahin hatten hier aber schon mehr als 420.000 Enten ihr Leben gelassen.

Heute ist die stillgelegte Vogelkoje im Gegensatz zu ihrer ursprünglichen Bestimmung ein kleines Refugium für Wasservögel. Sogar ein Damwildgehege und einen großen Spielplatz gibt es hier. Im alten Kojenwärterhaus hat (vorwiegend nachmittags) ein kleiner Kiosk geöffnet. Um die ganze Anlage herum wurde ein sehr schöner Bohlenweg gebaut, der mit interessant gestalteten Schautafeln und Aussichtsplattformen über die Vogelkoje, aber auch über die Dünen und Heidelandschaft informiert. Zwei Pfeifen (Reusen) wurden originalgetreu wiederhergestellt und geben einen Eindruck von der Technik des Entenfangs (→ Kasten S. 94).

Archäologisches Areal

Rechter Hand neben der Vogelkoje führt am Damwildgehege vorbei ein schmaler Weg bis zu einem kleinen Fahrradparkplatz. Von dort aus ist der beginnende Bohlenweg als eine Art Zeitreise in die Vergangenheit gestaltet. Er führt durch ein heute von Dünen übersandetes Geestgebiet, in dem zunächst die Fundamente einer eisenzeitlichen Siedlung sichtbar werden und ein

Bohlenweg zum Quermarkenfeuer

Stück weiter zwei von der Wanderdüne bedrohte Steinzeitgräber erhalten geblieben sind. Schautafeln informieren über beide archäologischen Stätten.

Bei den **eisenzeitlichen Siedlungsresten** (800–30 v. Chr.) handelt es sich um fünf große Häuser, die aus einem Wohnbereich mit Herdstelle und einem Stallteil mit gepflastertem Mistgang bestanden. Weitere Hausfundamente werden noch unter den Dünen vermutet. Die Wände dieser Häuser bestanden bis zum Firstdach ursprünglich aus mit Lehm verschmiertem Holzflechtwerk und aus aufgeschichteten Grassoden.

Der archäologische Bohlenweg führt ein Stück weiter (beim Abzweig links) bis zu einer **steinzeitlichen Grabanlage,** vor der eine kleine Aussichtsplattform zur Rast einlädt. Eines der beiden Gräber ist schon wieder vollständig unter dem Dünensand begraben. Hier wurde in den 1950er-Jahren ein Totenkopf mit aufgebohrter Schädeldecke gefunden – Zeichen einer (misslungenen) steinzeitlichen Operation. Auch in der zweiten Grabkammer aus der Jungsteinzeit (4000–1800 v. Chr.) wurden Schädel, Knochen und Grabbeigaben wie Flintsteinbeile, Pfeilspitzen, verzierte Keramik und Bernsteinperlen geborgen. Von dieser Grabkammer ist heute jedoch nicht viel mehr als eine Ansammlung von ein paar Findlingen zu sehen.

Wenn Sie dem Bohlenweg weiter durch die Dünen folgen, gelangen Sie zum weithin sichtbaren Quermarkenfeuer – ein wirklich schöner Spazierweg.

Quermarkenfeuer Norddorf

Von der Vogelkoje südwestlich von Norddorf sind es knapp 1,5 km über einen Bohlenweg durch die Dünen zu Amrums zweitem Leuchtfeuer, einem sog. Quermarkenfeuer (→ Leuchttürme S. 48). Der Norddorfer Turm markiert zudem mit dem Leuchtturm von Hörnum/Sylt die Einsteuerung in den Hafen von Hörnum. Eine Holztreppe führt auf die hohe Düne, auf der schon seit 1906 das nur 8 m hohe, gusseiserne Leuchtfeuer steht. Von der Aussichtsplattform unter dem Turm hat man einen herrlichen Rundumblick.

Amrumer Odde

Die Dünen- und Strandlandschaft an der Nordspitze der Insel heißt Amrumer Odde (Landzunge). Sie besteht im Wesentlichen aus einem etwa 25 m hohen Dünengürtel und ist bereits seit 1936 Vogelschutzgebiet. Deshalb darf die Odde nicht betreten werden, denn sie ist ein wertvolles Brutgebiet für zahlreiche Seevögel, insbesondere Möwen und Eiderenten, aber auch Zwergseeschwalben und Sandregenpfeifer. Es ist allerdings gestattet, am Meeressaum entlangzuwandern, weshalb die Umrundung der etwa 2 km langen und nur ca. 200 m breiten Amrumer Odde ein beliebter Spaziergang bei den Gästen Norddorfs ist (→ Foto S. 128 oben). An der Nordspitze der Odde gibt es eine kleine Aussichtsplattform (→ Foto S. 197).

Führungen auf der Amrumer Odde werden vom Naturschutzverein Jordsand angeboten. Im Sommer tägl. (außer Mo) 10 Uhr. Treffpunkt ist am Fahrradständer oder an der Vogelwärterhütte auf der Wattseite. Von der Hütte führt ein Steg zu einer Aussichtsplattform in den Dünen, die einen ersten Eindruck von der brütenden Vogelwelt vermittelt. ✆ 04682-2332, www.jordsand.de.

Tour 6: Wattwanderung zwischen Föhr und Amrum → S. 190
Nicht anspruchslos, dennoch geeignet für Kinder ab 6 J.

Tour 10: Wanderung um die Amrumer Odde → S. 197
Eher ein längerer Strandspaziergang

Ausflüge

Wenn Sie auf Föhr oder Amrum Urlaub machen, dann sollten Sie auf jeden Fall auch den Besuch der jeweils anderen Insel ins Auge fassen. Sie können aber auch mit dem Schiff nach Sylt oder zu den Halligen fahren.

Die benachbarten Inseln Amrum und Föhr können Sie bequem mit den Linienschiffen der Reederei W.D.R. besuchen – und dabei sogar das Fahrrad mitnehmen. Außerdem werden von beiden Inseln viele interessante Schiffstouren z. B. als Krabbenfangfahrt zu den Seehundbänken oder als Ausflugsfahrt zur jeweiligen Nachbarinsel sowie zu den Halligen Langeneß, Hooge und zuweilen auch nach Oland oder Gröde angeboten. Die Ausflugsschiffe sind dann etwa 1–1,5 Stunden unterwegs, bis die jeweilige Hallig erreicht ist. Auch ein Besuch von Sylt ist kein Problem: Täglich wird eine Tagesrundreise zu Deutschlands nördlichster Insel angeboten.

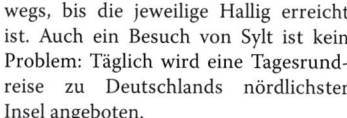

Ausflüge von Wyk auf Föhr

... nach Amrum Wyker Dampfschiffs-Reederei (W.D.R.), Abfahrt mit dem Fährschiff 8.20 oder 10.40 Uhr (Dauer 1 Std.). Erw. 8,30 €, Kinder (6–14 J.) 4,15 €, Fahrräder 5 €. Zum Inselerkunden: Tageskarte Linienbus 5 €. Hotline (tägl. 8–18 Uhr) ☎ 01805-080140, Infos und Tickets am W.D.R.-Schalter im Wyker Hafen, unter ☎ 04681-80147 und www.faehre.de.

... nach Sylt Wyker Dampfschiffs-Reederei (W.D.R.), im Sommerhalbjahr Tagesausflüge tägl. 8.20 Uhr mit der Fähre nach Amrum, dann umsteigen auf die „Adler-Express" nach Hörnum auf Sylt; Rückweg über Niebüll und Dagebüll, Ankunft Wyk 17.25 Uhr. Preis mit Inselrundfahrt: Erw. 32,50 €, Kinder 18 €, Familien 79,50 €. Hotline (tägl. 8–18 Uhr) ☎ 01805-080140, Infos und Tickets am W.D.R.-Schalter im Wyker Hafen, unter ☎ 04681-80147 und www.faehre.de.

Halligreederei MS „Hauke Haien", Sylt mit Inselrundfahrt, Abfahrtszeit je nach Wasserstand um 10 oder 11 Uhr. Erw. 21 €, Kinder 10 €, Familien 53 €. Tickets bei der Tourist-Information oder direkt an Bord. ☎ 04841-81481, Infos und Fahrplan auch unter www.wattenmeerfahrten.de.

... zu den Halligen Wyker Dampfschiffs-Reederei (W.D.R.), mit der MS „Rüm Hart" zu den Halligen Langeneß oder Hooge (Erw. 18 €, Kinder 9 €, Familien 45 €) und auch zur

Hallig Gröde (Fähre bis Amrum, dann Adler-Schiff nach Gröde), Erw. 25,80 €, Kinder 17,85 €, Familien 71,10 €. Infos am W.D.R.-Schalter im Wyker Hafen, unter ☎ 04681-80147 und www.faehre.de.

Wyker Dampfschiffs-Reederei (W.D.R.), im Rahmen einer geführten Wattwanderung Dagebüll – Oland – Langeneß kann die Hallig Langeneß besucht werden. 8.30 Uhr ab Fähranleger Wyk nach Dagebüll. Erw. 30 €, Kinder 15 €, Familien 78 €. Infos am W.D.R.-Schalter im Wyker Hafen, unter ☎ 04682-949213 und www.faehre.de.

Halligreederei MS „Hauke Haien", tägl. 2–3 interessante Ausflüge zu den Halligen Hooge, Langeneß und gelegentlich Gröde. Erw. 18 €, Kinder 9 €, Familien 45 €, Fahrradmitnahme 4 €. Tickets bei der Tourist-Information oder direkt an Bord. ☎ 04841-81481, Infos und Fahrplan auch unter www.wattenmeerfahrten.de.

Ausflüge von Wittdün auf Amrum

... nach Föhr Wyker Dampfschiffs-Reederei (W.D.R.), Abfahrt mit dem Fährschiff 7.15 oder 9.35 Uhr (Dauer 1 Std.). Erw. 8,30 €, Kinder (6–14 J.) 4,15 €, Fahrräder 5 €. Zum Inselerkunden: Tageskarte Linienbus 7 €, oder geführte Busrundfahrt (1,5 oder 2 Std.) Erw. 8–9 €, Kinder (6–14 J.) 4–5 €, Familien 20–22 €. Letzte Abfahrt Hafen/Wyk schon 17.15 Uhr! Infos am W.D.R.-Schalter im Wittdüner Hafen, unter ☎ 04682-949213 und www.faehre.de.

... nach Sylt Adler-Schiffe, im Sommerhalbjahr Tagesausflüge tägl. 11 Uhr mit der

Fahrradmitnahme auf der „Hauke Haien"

„Adler-Express" nach Hörnum auf Sylt; zurück mit dem gleichen Schiff, Ankunft Wittdün 18 Uhr. Erw. 26 €, Kinder 17 €, Familien 68 €. Alternativ: zurück über Niebüll und Dagebüll, Ankunft Wittdün 16.22 bzw. 18.22 Uhr. Preis mit Inselrundfahrt: Erw. 32,50 €, Kinder 18 €, Familien 79,50 €. Tickets gibt es auch am W.D.R.-Schalter in Wittdün. Infos unter ☎ 04651-98700, www.adler-schiffe.de.

... zu den Halligen Adler-Schiffe, tägl. 12.50 Uhr mit der „Adler-Express" zur Hallig Hooge (Aufenthalt gut 2 Std.). Erw. 15,50 €, Kinder 12,50 €, Familien 48 €. Zudem im Schnitt 1x pro Woche (12.50 Uhr) Ausflüge mit der „Adler-Express" zur Hallig Gröde (Aufenthalt 1,5 Std.; inkl. Halligvortrag). Erw. 17,50 €, Kinder 13,50 €, Familien 49,50 €. Tickets gibt es auch am W.D.R.-Schalter in Wittdün. Infos unter ☎ 04651-98700, www.adler-schiffe.de.

Wyker Dampfschiffs-Reederei (W.D.R.), im Rahmen einer geführten Wattwanderung Dagebüll – Oland – Langeneß kann die Hallig Langeneß besucht werden. 7.15 Uhr ab Fähranleger Wittdün nach Dagebüll. Erw. 30 €, Kinder 15 €, Familien 78 €. Infos am W.D.R.-Schalter im Wittdüner Hafen, unter ☎ 04682-949213 und www.faehre.de.

Zudem bietet Kapitän Bandix Tadsen mit der **MS „Eilun"** zahlreiche Ausflugsfahrten an, v. a. zu den Seehundbänken oder zur Hallig Hooge (Aufenthalt 3,5 Std.), Erw. 14,50 €, Kinder 8 €, Familien 42 €. Hin und wieder werden auch die Halligen Langeneß (Erw. 14,50 €, Kinder 8 €, Familien 42 €) sowie Gröde und Oland angefahren (Erw. 17 €, Kinder 8,50 €, Familien 48 €); Aufenthalt meist etwa 1 Std. Voranmeldung unter ☎ 04682-2333, Tickets gibt es auch an Bord oder bei Foto Quedens in Wittdün, Fahrplan unter www.eilun.de.

Die Halligen

Noch deutlicher als die Bewohner der Nordfriesischen Inseln leben die der Halligen buchstäblich in und mit der Nordsee. Schon bei einem Tagesbesuch wird die Einzigartigkeit dieses Lebensraumes spürbar.

Eng zusammengerückt liegen die wenigen Häuser auf kleinen, aufgeschütteten, rund 5 m hohen Warften (→ S. 19), die regelmäßig von der Nordsee umspült werden. „Land unter" heißt es dann auf den Halligen, und das ist für die insgesamt etwa 270 Menschen gar nicht so selten, wie man gemeinhin glaubt, denn die umgebenden Salzwiesen liegen nur gut 1 m über dem Meeresspiegel. Je nach Lage der Hallig werden diese etwa 10- bis 30-mal im Jahr überflutet – vor allem im Winterhalbjahr.

Insgesamt sind es zehn Halligen, die verstreut im nordfriesischen Wattenmeer liegen und teilweise über einen Damm mit dem Festland verbunden sind. Die fünf größten sind Langeneß (11,6 km², 100 Einwohner), Hooge (5,8 km², 110 Einwohner), Gröde (2,5 km², 10 Einwohner), Nordstrandischmoor (1,9 km², 20 Einwohner) und Oland (0,9 km², 30 Einwohner). Die fünf kleineren Halligen Habel, Hamburger Hallig, Norderoog, Süderoog und Südfall sind als geschützte Natur- und Vogelschutzgebiete bis auf die Vogelwarten unbewohnt.

Erst nach der „Großen Halligflut" von 1825 erkannte man den unverzichtbaren Wert der Halligen als vorgelagerte Wellenbrecher und natürlichen Küstenschutz. Doch erst in preußischer Zeit (ab 1867) übernahm der Staat die kostspieligen Maß-

(Über-)Leben auf den Halligen

Das Hauptproblem der sturmgeplagten Halligfriesen war lange Zeit die Versorgung mit Süßwasser. Daher wurde an der höchsten Stelle im Zentrum jeder Warft ein *Fething* angelegt. In diesen angelegten Teich leitete man durch ein Graben- und Rohrleitungssystem Regenwasser, um damit das Vieh zu tränken. Für die Menschen wurden (hygienischere) Zisternen angelegt, sog. *Soode*, in die das Regenwasser der Dächer floss. Problematisch, um nicht zu sagen lebensbedrohlich, wurde es, wenn nach einer außergewöhnlich heftigen Sturmflut auch die Warften überflutet wurden – dann waren sämtliche Trinkwasservorräte mit einem Mal ungenießbar, so wie beispielsweise bei der Jahrhundertsturmflut im Jahr 1962. Heute übernehmen Wasserleitungen vom Festland die Trinkwasserversorgung, doch noch bis in die 1970er-Jahre mussten die Halligbewohner auf diese Süßwasserleitungen verzichten und auch ohne elektrischen Strom auskommen. Natürlich war auch Brennmaterial auf den Inseln knapp. Begehrt waren (und sind) daher angespültes Holz, normalerweise wurde jedoch mit sog. *Ditten* geheizt, aus Kuhdung gestampften und getrockneten Briketts.

Im Rahmen der Halligsanierung nach der Sturmflut von 1962 wurden neben der Erhöhung und Verstärkung der Warften auch die meisten Wohnhäuser saniert. Hierzu wurden zum Schutz der Bevölkerung im ersten Stock flutsichere Schutzräume eingebaut, die auf tief im Halligboden verankerten Betonpfählen ruhen. Die Kehrseite der Medaille war, dass zu diesem Zweck viele der alten, reetgedeckten Hallighäuser abgerissen wurden.

Ausflüge → Karte S. 159

nahmen: Die Abbruchkanten der Ufer wurden gesichert, Priele gestaut und einige Halligen über Dämme mit dem Festland verbunden. Noch heute finden die Halligbewohner neben dem Tourismus vor allem im Küstenschutz Arbeit.

Hooge   110 Einwohner

Die „Königin der Halligen" lebt vor allem vom Tagestourismus. Die zehn Warften werden von einem Sommerdeich geschützt, weshalb sich die vielen Tagesbesucher der 5 km langen Hallig eher wie auf einer kleinen Insel fühlen auf ihrem Weg von Warft zu Warft durch flache Wiesen, Weiden und zahlreiche Salzwasserläufe.

Aufgrund der Besuchermassen wurde die touristische Infrastruktur auf der zweitgrößten, aber bekanntesten Hallig entsprechend ausgebaut. Denn an sonnigen Tagen sind es bis zu 2000 Tagesbesucher, die auf das kleine Eiland strömen. Halligkutschen stehen am (wenig attraktiven) Fähranleger bereit und erwarten die Gäste, zudem bieten zwei Fahrradverleiher ihre Dienste an, denn Hooge lässt sich am besten erradeln. Zuvor wird allerdings am Anleger ein Obolus erbeten, denn seit 2011 ist der sog. Halligtaler fällig, eine Tageskurabgabe (Erwachsene 1 €, 6–18 Jahre 0,20 €).

Wegen der Kürze des meist nur 2- bis 3-stündigen Aufenthalts besuchen die meisten Gäste von den zehn Hooger Warften nur die nahe gelegene Backenswarft, die Kirchwarft und die Hanswarft, auf denen sich tatsächlich auch die meisten Sehenswürdigkeiten befinden.

Vom Fähranleger führt der geteerte Weg zunächst zur **Backenswarft** und von dort weiter zur in der Mitte der Hallig gelegenen **Hanswarft,** dem nicht nur geografischen Zentrum der Insel. Hier gibt es Tourist-Info, Bürgermeisteramt und Gemeindehaus, Feuerwehr, Heimatmuseum und Königspesel, des Weiteren die Schutzstation Wattenmeer, das Sturmflutkino, einige Cafés und Restaurants, einen Souvenirladen und den Laden des Halligkaufmanns – alles dicht gedrängt. Mit eini-

Romantische Halliglandschaft: Kirchwarf auf Hooge

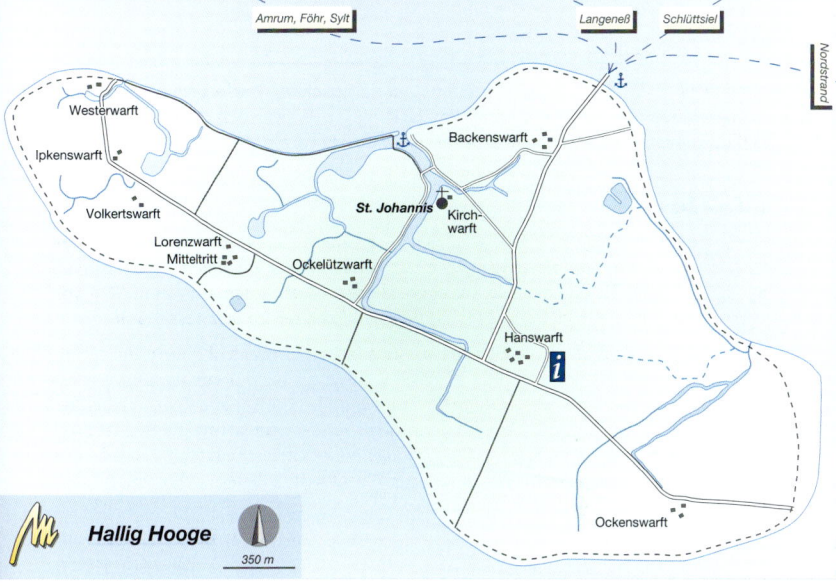

Westerwarft

Ipkenswarft

Backenswarft

Volkertswarft

St. Johannis · Kirch-
warft

Lorenzwarft
Mitteltritt

Ockelützwarft

Hanswarft

ℹ️

Amrum, Föhr, Sylt

Langeneß   Schlüttsiel

Nordstrand

Ockenswarft

Hallig Hooge

350 m

gen Gärten und alten Bäumen sind die 15 Häuser der nur 200 m mal 180 m großen Hauptwarft schon fast so etwas wie ein kleines Dorf.

Vor oder nach der Besichtigung der Hanswarft ist natürlich ein Besuch der **Kirchwarft** obligatorisch. Zudem ist der kleine Hallighafen an der Schleuse in der Nähe der Kirchwarft einen Blick wert. Er ist tideabhängig und fällt bei Ebbe trocken. Auffällig ist auch das kleine Häuschen der Hafenmeisterei: Es ist zum Schutz vor den Fluten auf Stelzen erbaut. Die Schleuse selbst wird benötigt, damit bei „Land unter" das Wasser innerhalb des Sommerdeichs wieder (etwa zwei Tage lang) abfließen kann.

Hooges faszinierender Halligcharakter lässt sich aber vor allem auch abseits der (tages-)touristischen Pfade entdecken. Wer Zeit, Muße und ein Fahrrad hat, kann von der Hanswarft über den Weg nach Osten die **Ockenswarft** (mit dem Sendemast) und dahinter den kleinen Strand oder Bootsanleger am Landsende (mit Weitblick nach Pellworm) besuchen. Westlich der Hanswarft führt der Weg zu den übrigen Halligwarften, die sich noch den ursprünglicheren Charakter als kleine Ensembles roter Backsteinhäuser bewahrt haben. Hier können Sie zum Beispiel an der Ockelützwarft (Schule) vorbeifahren und dem Gartencafé auf der **Lorenzwarft** einen Besuch abstatten. Mitteltritt-Lorenzwarft, früher durch einen kleinen Priel getrennt, wurde in den 1960er-Jahren zusammengelegt und bildet seither die einzige Doppelwarft der Halligen. Oder Sie fahren sogar den kompletten Weg durch bis zur an exponierter Stelle gelegenen **Westerwarft** mit ihrer Badestelle direkt vor der Haustür.

Der Name „Hooge" leitet sich wahrscheinlich einfach von dem Wort „hoch" ab, denn Hooge ist die höchste und damit auch die sturmflutsicherste der Halligen, die aber natürlich dennoch durch Steindämme und Buhnen gesichert ist.

Ausflüge → Karte S. 159

Information Touristikbüro „Uns Hallig Hus", Hanswarft 1, 25859 Hallig Hooge, ☎ 04849-9100 oder -255. Hooge hat etwa 500 Gästebetten, viele davon in Jugendhäusern.

Fahrradverleih Während der Saison gibt es zwei Fahrradverleih-Betriebe am Fähranleger (bzw. auf der Backenswarft): **Jürgen Diedrichsen**, ☎ 04849-224, und **Thomas**

Diedrichsen, ☎ 04849-271. Reservierung unter Umständen ratsam, Preis/Tag 3–4 €.

Kutschbetriebe Auf die Tagesgäste warten am Anleger gelbe Pferdefuhrwerke, die für 2–4 € zum Transfer zur Hanswarft oder zu Rundfahrten einladen: **Gelbe Planwagen**, ☎ 04849-250; **Heiners Kutschfahrten**, ☎ 04849-222; **Kutsche zum Königspesel**, ☎ 04849-259, und **Kutsche zur T-Stube**, ☎ 04849-289.

Essen & Trinken   **Friesenpesel.** Auch wenn man es von außen nicht gleich erkennt – hier, unweit des Fähranlegers, steht Hooges ältestes Gasthaus (von 1746). Eingerichtet ist der Friesenpesel mit gemütlichen Holzmöbeln; teilweise ist die Gaststube auch mit Delfter Kacheln verziert. In den antik eingerichteten, namensgebenden Pesel kann man zumeist nur hineinschauen. Hier gibt es wohl die beste Küche der Hallig, mit zahlreichen Hooger Spezialitäten und natürlich dem typischen Halliggericht Mehlbüddel und Porrenpann (Krabbenpfanne). Sie können auch unter dem Baum auf der Terrasse Platz nehmen. (Der Kutschbetrieb „Gelbe Planwagen" gehört zum Haus.) Backenswarft 6, ☎ 04849-250.

Zum blauen Pesel. Nettes Café im reetgedeckten Friesenhaus (von 1750) auf der Backenswarft. Einfache Tische auf dem Rasen vor dem Haus und innen ein feierlichgemütlicher Gastraum. Der blaue (oder besser blaugrüne) Pesel selbst dient heute noch als Wohnraum und ist nur durch ein kleines Fenster zu betrachten. Im Café gibt es tägl. ab 14 Uhr leckeren Kuchen (z. B. Quarkschnitte mit roter Grütze) und als Spezialität Halliggebäck. Backenswarft 2, ☎ 04849-231.

Café Königspesel. Hier gibt es nicht nur selbst gebackenen Kuchen, sondern auch eine kleine Karte mit warmen Gerichten (z. B. Sauerfleisch oder Schnitzel). Sie können auf Gartenmöbeln auf der kleinen Terrasse sitzen oder durch die Klöntür die relativ geräumige, schlicht, aber nett eingerichtete Gaststube betreten. Der Königspesel selbst ist unbedingt einen Besuch wert. Tägl. 11–21 Uhr. Hanswarft 11 a, ☎ 04849-9098893.

T-Stube und Hallig-Galerie. In einem der ältesten Hallighäuser (von 1736) sitzt man in dieser Teestube (mit 41 Sorten Tee) gemütlich auf alten Sofas unter einem offenen Reetdachgebälk. Hier kann man aber nicht nur Kaffee bzw. Tee trinken, die T-Stube ist auch ein Restaurant mit kleinen Fischgerichten wie Matjes, Labskaus oder Krabbensuppe. Natürlich gibt es auch eine Terrasse. Zudem kann man nicht nur Tee erwerben, sondern nebenan in der Hallig-Galerie auch Bilder des Malers W. J. Boyens und handgedrehte Gebrauchskeramik, Bernstein sowie allerlei Nippes. Tägl. 10.30–24 Uhr. Hanswarft 6 a, ☎ 04849-289.

Zum Seehund. Café-Restaurant mit großer Sonnenterrasse und geräumigem, schön im friesischen blau-weißen Stil eingerichtetem Gastraum. Mit einer Tageskarte und rascher Bedienung ist man auf die Tagesgäste, die meist nur wenig Zeit haben, eingestellt. Hanswarft 8, ☎ 04849-226.

Frerk' Buernhus. Nachmittags ab 13 Uhr gibt es auf der Lorenzwarft ein wenig abseits der Tagestourismusströme mit Blick auf die umliegenden Inseln und das Wattenmeer Kaffee und frischen Kuchen, die Sie (nur) auf der Sonnenterrasse im windgeschützten Strandkorb genießen können. Lorenzwarft, ☎ 04849-254.

Sehenswertes auf Hooge

St.-Johannis-Kirche: Die reetgedeckte, 1642 fertiggestellte Halligkirche liegt auf der fast kreisrunden Kirchwarft an der Schleuse. Die Warft besteht lediglich aus zwei Häusern, und zunächst vermutet man in dem größeren die Kirche – sucht man doch schon vergeblich einen Kirchturm. Doch das größere, 1907 errichtete Haus ist das Wohnhaus des Pastors. Und da ein großer Turm dem Wind zu viel Angriffsfläche geboten hätte, tut es schließlich auch ein kleines, auf Holzständern stehendes Glockentürmchen.

Im Kircheninneren dominiert ein kräftiges friesisches Blau-Weiß. Viele Einrichtungsgegenstände wie das herrliche Taufbecken mit den figuralen Füßen, einige Kirchenbänke mit schön geschnitzten Wangen und die Kanzel stammen aus einem bei der Burchardiflut („Zweite Grote Mandränke") 1634 untergegangenen Gotteshaus von der zerstörten Insel Alt-Nordstrand. Auch die Backsteine für den Kirchenbau stammen zum Teil von dort. Der (1857 erbaute) Altar wurde erst 1931 in die Kirche verbracht. Auch er ist wiederverwendet und stand ursprünglich in der Kirche von Klanxbüll auf dem Festland.

Die beiden bunten Fenster im Chor zeigen Petrus im Sturm (links) und Christus als guten Hirten (rechts). Das von der Decke hängende Schiff war ursprünglich ein Geschenk der Hooger an ihren dänischen König Friedrich VI., der allerdings verfügte, dass das Schiff auf Hooge bleiben solle.

Der Mittelgang zwischen dem Kirchengestühl ist lose geklinkert. Ansonsten ist der Fußboden zwischen den Bänken mit Sand und Muscheln bedeckt, denn so kann bei Sturmfluten das eindringende Wasser gut abfließen bzw. versickern.

Ein kleiner Friedhof umgibt die Kirche, auf dem ein schlichtes Holzkreuz die „Heimat für Heimatlose" markiert – hier wurden seit jeher unbekannte, auf Hooge angespülte Strandleichen begraben. Bemerkenswert ist zudem der Feigenbaum an der südlichen Kirchenwand neben dem Eingang, der dem rauen Klima an dieser geschützten Stelle (seit Langem) trotzt. Ein Sturmflutpfahl vor der Warft zeigt die Wasserstände der großen Fluten von 1634 bis 1981.

März bis Okt. tägl. (außer Mo). Gottesdienst So 10 Uhr. Kirchengemeinde Hooge, Kirchwarft, ☎ 04849-230.

Heimat- und Halligmuseum: Die Entstehung dieses kleinen Heimatmuseums ist der Sammelleidenschaft des ehemaligen Postschiffers Hans von Holdt zu verdanken, der dieses etwas skurrile Privatmuseum 1980 gründete. Zu sehen gibt es auf 120 m² zahlreiche im Watt gesammelte Fundstücke, aber auch ausgestopfte Vögel und Seehunde, ebenso historische Dokumente der 300-jährigen Halliggeschichte sowie Einrichtungen alter Friesenhäuser und andere Alltagsgegenstände des Halliglebens.

März bis Okt. tägl. 11–16 Uhr. Erw. 2 €, Kinder 1 €. Hanswarft 4, Holger Wulf, ☎ 04849-238, www.halligmuseum.de.

Königspesel: Die wohl berühmteste Friesenstube Nordfrieslands befindet sich auf der Hanswarft in einem um 1770 errichteten Friesenhaus. Als „Pesel" bezeichnet man den schönsten Raum, also die „gute Stube", die nur zu besonderen Anlässen genutzt wurde – auch wenn sich in diesem ein 1,60 m langer Alkoven (Bettnische) befindet. Seinen wohlklingenden Namen erhielt der eindrucksvolle Pesel aufgrund einer Notlage: Der dänische König Friedrich VI. musste hier gezwungenermaßen übernachten, als ein Sturm ihn auf seiner Inspektionsfahrt nach der Halligflut 1825 an der Weiterfahrt hinderte. Das Gastgeschenk des Königs, eine kostbar verzierte tönerne Taufschale, ist hier noch zu bestaunen.

Und dieser Pesel ist eine wahre Schatztruhe: Die Wände sind von oben bis unten mit ca. 6500 handbemalten Delfter Kacheln geschmückt, die biblische

Eine wahre Schatzkammer: der Königspesel auf der Hanswarft

Ausflüge → Karte S. 159

Motive sowie maritime Szenen zieren. Bemerkenswert sind zudem die Decken und Türen, die mit Naturfarben aus Ochsenblut und Eigelb bemalt sind. Viele Einrichtungsgegenstände des Pesels und seiner Nachbarräume wurden bereits vom Erbauer des Hauses Kapitän Tade Hans Bandiks zusammengetragen. Heute wird sein Erbe bereits in achter Generation weitergeführt. Zu sehen gibt es auch einen uralten, mit biblischen Motiven verzierten gusseisernen Bilegger (Beilegerofen). Auch andere Kostbarkeiten zieren den Pesel, so ein Barockschrank mit Alabasterfiguren aus Italien, eine englische Standuhr von 1667, die eigens in Japan vergoldet wurde, und ein rund 1000 Jahre alter Teller aus Bayeux (er zeigt die Schlacht bei Hastings von 1066). Zudem schmücken 400 Jahre altes chinesisches Porzellan und 270 Jahre altes Meißner Porzellan die Stube.

Tägl. nach Ankunft der Ausflugsschiffe geöffnet. Informative Besichtigung nur im Rahmen einer kleinen Führung (ab 5 Pers.), einfach vor dem Haus oder im Café Königspesel melden. Eintritt 2 €. Hanswarft 11, ☎ 04849-219.

Erlebniszentrum „Mensch & Watt": In einem Teil des Seminarhauses der Schutzstation Wattenmeer, dem Biggerhus, informiert eine erstaunlich geräumige Ausstellung über die Landschaftsentwicklung im Wattenmeer und über das Halligleben der Menschen, Tiere und Pflanzen im Biosphärenreservat (auch mit einem Film). Höhepunkt der Ausstellung ist ein Gezeitenbecken mit Ebbe- und Flutsimulation.

Tägl. 11–16 Uhr. Erw. 2 €, Kinder 1 €. Schutzstation Wattenmeer, Hanswarft, ☎ 04849-229.

Sturmflutkino: Kleines, aber nett gemachtes Kino mit 85 Plätzen, in dem vor allem den zahlreichen Tagesbesuchern auf einer großen Leinwand ein 15-minütiger Film vorgeführt wird, der das Halligleben bei „Land unter" eindrucksvoll zeigt.

Tägl. 10–17 Uhr alle 20 Min., Vorführungen ab 5 Pers. Erw. 2,10 €, Kinder bis 16 J. 1,10 €. Hanswarft, ☎ 04849-271, www.sturmflutkino.de.

Langeneß
100 Einwohner

Während es im Sommer auf Hallig Hooge vergleichsweise geschäftig und touristisch zugeht, kann man auf Langeneß noch eher jene besondere Eigentümlichkeit entdecken, die das Halligleben ausmacht.

Die Ausflugsschiffe und Fähren legen an der Rixwarf an, die sich direkt an der Waterkant befindet und mit Buhnen und Steinbefestigungen vor weiteren Uferabbrüchen geschützt ist. Hier befinden sich auch das Nationalpark-Informationszentrum mit interessanten Schautafeln und einem kleinen Aquarium sowie ein Hafenkiosk.

Wegen der Größe der Hallig und dem meist nur kurzen Aufenthalt der Tagesbesucher (etwa 3 Stunden) ist eine ausgiebige Erkundung von Langeneß für Tagesgäste unmöglich. Meist gibt es ein festes Besucherprogramm, denn der Hallig-Express (ein Unimog mit Anhänger) steht am Anleger schon bereit und bringt die Gäste (für 3,50 €) zu den Hallig-Highlights, nämlich zum sehenswerten Kapitän-Tadsen-Museum auf der malerischen Ketelswarf und zur Halligkirche. Alternativ (und vom Autor empfohlen) können Sie sich aber auch am Hafenkiosk ein Rad leihen und die Hallig auf eigene Faust erkunden (am besten reservieren → Fahrradverleih S. 169; alternativ kann man auf der MS „Hauke Haien" für 4 € seinen Drahtesel mitnehmen). Aber Vorsicht, wegen der zumeist vorherrschenden Westwinde haben Sie zunächst Rückenwind, für den Rückweg müssen Sie bei (starkem) Gegenwind daher erheblich mehr Zeit einplanen.

Eine schmale, gut 9 km lange asphaltierte Straße führt von der Rixwarf der Länge nach über die ganze Hallig. Von ihr zweigen Stichwege jeweils zu den einzelnen, weit

Oland

Oland

Bandixwarf

Peterhaizwarf

Neuwarf

Hunnenswarf

**Naturschutzzentrum
Wattenmeer**

Peterswarf

Honkenswarf

Friesenstube

[M]

Tadenswarf

Kirchwarf

Christianswarf

Tamenswarf

Langeneß

**Kapitän-
Tadsen-
Museum**

[M]

Ketelswarf

N

o

r

d

s

e

e

Norderhörn

Treuberg

Süderhörn

Hilligenley

**Nationalpark-
Infozentrum**

Mayenswarf

Rixwarf

Kirchhofswarf

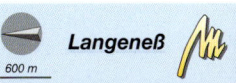

Langeneß

600 m

Beschauliche Ruhe: Peterhaitzwarf auf Langeneß

verstreut liegenden Warfen ab. Einige Ausbuchtungen auf der einspurigen Verbindung deuten darauf hin, dass es auf der langen Hallig tatsächlich ein wenig Autoverkehr gibt. Die Halligstraße endet am kleinen Lorenbahnhof im Osten. Von da ab geht es nur noch mit abenteuerlich anmutenden Motorloren weiter – 3 km sind es zur benachbarten Hallig Oland und noch einmal 7 km bis zum Festland. Der Damm nach Oland besteht schon seit 1840, die Verlängerung zum Festland seit 1927.

Langeneß („lange Nase") ist mit seinen 18 wie an einer Perlenkette aufgereihten Warfen sowie einer Länge von 10 km und einer Breite von nur etwa 1,5 km die größte Hallig im nordfriesischen Wattenmeer. Sie wurde Mitte des 19. Jh. aus den drei ehemaligen Halligen Nordmarsch, Butwehl und Langeneß mithilfe eines Dammes gebildet, der die einzelnen Halligen durch weiteren Landgewinn zusammenwachsen ließ. Zuvor hatte der Blanke Hans die heute auch durch Buhnen gesicherte Hallig immer wieder schwer verwüstet bzw. ihr Land entrissen. Doch immer noch heißt es hier bis zu 30-mal pro Jahr „Land unter": Kurzzeitig sind die Warfen dann gewissermaßen von der Außenwelt abgeschnitten – ein Zustand, den die Feriengäste durchaus lieben und als Abenteuer verbuchen, für die Einheimischen ist er Normalität.

Langeneß bildet mit der Hallig Oland eine eigene Gemeinde. Tourismus und Küstenschutz sind auch hier die Haupteinnahmequellen, doch es gibt auch noch einige Bauernhöfe.

Information Tourismusbüro, Ketelswarf 1 (Gertsen-Haus), 25863 Hallig Langeneß, ✆ 04684-217 (auch für die Hallig Oland), www.langeness.de. Mo–Fr 9–12 Uhr. Tagesbesucher sind (noch) kurtaxenfrei.

Einkaufen Halligkaufmann. Auf der Hun-nenswarf gibt es einen Tante-Emma-Laden, wie er im Buche steht. Beim Langeneßer Kaufmann bekommen Sie nicht nur Lebensmittel, Brot und Wurst am Stück, sondern auch leckere Kaffeestückchen (frisch immer Di und Do). Und natürlich wird hier für Einheimische und Urlaubsgäste – wie früher – noch angeschrieben, wenn gerade das Kleingeld fehlt. Mo–Sa 8–18 Uhr, So 10–14 Uhr. Familie Petersen, Hunnenswarf 1, ☎ 04684-221.

Fahrradverleih Gerhard Karau, am Kiosk auf der Rixwarf. Preis/Tag 3–5 €. ☎ 04684-952060.

Essen & Trinken Gasthaus Hilligenley. Einziges Restaurant auf Langeneß, das aber mit geräumiger Gaststube und netter Sonnenterrasse mit schönem Ausblick auf die Halligen und die Insel Amrum. Lecker sind hier die Scholle und v. a. die frischen Krabben mit Bratkartoffeln, denn die Krabben werden hier noch von Hand gepult (und haben nicht den Umweg zum Pulen nach Marokko hinter sich). Hilligenley 4, ☎ 04684-223.

Inke's Café. Einfaches, aber nettes kleines Café mit drei Tischen vor dem Haus auf der Ketelswarf, in dem sich nicht nur die Besucher des Kapitän-Tadsen-Museums mit selbst gebackenem Kuchen oder einem leckeren Pharisäer stärken können. Ketelswarf, ☎ 04684-201.

Sehenswertes auf Langeneß

Ketelswarf mit Kapitän-Tadsen-Museum: Mit ihren elf reetgedeckten, um den Fething (Regenwasserteich) gruppierten Häusern gilt die in der Inselmitte gelegene Ketelswarf als die schönste Warf der Hallig. Hier befindet sich auch das Kapitän-Tadsen-Haus. Das original erhaltene und entsprechend restaurierte Friesenhaus wurde 1987 als Museum gestaltet. Mit Döns, Pesel, Küche, Stall und sogar einem kleinen Keller gibt es einen guten Einblick in das Leben der Halligbewohner vor über 250 Jahren, zumal viele der Einrichtungsgegenstände aus dem Haus selbst stammen. Über 1600 holländische, mit alttestamentarischen Motiven verzierte Kacheln zieren einen Teil der Wände. Eigentümer des Hallighauses war Tade Volkerts, der als Kapitän auf holländischen Schiffen zu Reichtum kam und sich 1741 dieses Haus baute. Nach Beschädigungen durch die große Sturmflut 1825 wurde es noch einmal deutlich erweitert.

Im benachbarten Gertsen-Haus (mit dem kleinen Zierbrunnen) sind ebenfalls Döns und Pesel zu besichtigen. Es beherbergt zudem eine kleine Ausstellung über die Seefahrtsgeschichte der Halligen und das Fünfmastvollschiff „Preussen". Dieses 1902 erbaute und von einem auf Langeneß geborenen Kapitän geführte Schiff war der größte und schnellste jemals gebaute Rahsegler ohne Hilfsantrieb. Im Gertsen-Haus befindet sich auch das Tourismusbüro der Hallig.

Die sehr kleine, rund 3 m hohe Bockwindmühle auf der Ketelswarf ist ein Nachbau von 1995. Das Original stand ursprünglich auf der Warf Norderhörn und wurde als letzte Mühle dieses früher auf fast jeder Hallig vorkommenden Typs im Jahr 1953 ins Wyker Friesenmuseum verbracht. Seit 2004 steht auf der Ketelswarf zudem der Nachbau einer bis 1970 verwendeten Segellore.

Kapitän-Tadsen-Museum, nur mit Führung, Ostern bis Ende Okt. Mo–Sa nur 13.30–14 Uhr. Erw. 2 €, Kinder bis 12 J. 0,50 €. Gertsen-Haus, Mi und Fr 11 Uhr. ☎ 04684-217 (Tourismusbüro).

Inselkirche: Das heutige Gotteshaus auf der extra für einen Sakralbau aufgeschütteten Kirchwarf wurde erst 1894 auf den Grundmauern des Vorgängerbaus (von 1725) errichtet und 1975 zu seiner heutigen Form umgestaltet. Ein Drittel der Kirche wurde lange Zeit auch als Schule genutzt, bis 1960 auf der gleichen Warf eine Schule mit Gemeinderaum gebaut wurde – derzeit wird sie von neun Kindern besucht.

Die Innenausstattung ist deutlich älter als der Kirchenbau. Sie stammt zum Teil aus der durch Stürme schwer beschädigten und schließlich baufällig gewordenen Kirche der ehemaligen Hallig Nordmarsch, die heute einen Teil der Hallig Langeneß

Ausflüge → Karte S. 159

Friesenstube Honkenswarf

bildet. Der ehemalige Friedhof von Nordmarsch auf der im Westen gelegenen Kirchhofswarf besteht jedoch nach wie vor. Der von zwei Langeneßer Handelsschiffern gestiftete Flügelaltar von 1670 zeigt in der Mitte die Kreuzigung Jesu und das letzte Abendmahl; auf den sichtbaren Innenseiten der Altarflügel sind die vier Evangelisten abgebildet, auf den Außenseiten Jesus und Petrus. Besonders schön ist die mit biblischen Motiven bemalte Holzdecke. Die Kirche ist normalerweise geöffnet.

Friesenstube Honkenswarf: Ganz anders als beim Kapitän-Tadsen-Museum auf der Ketelswarf oder gar dem viel besuchten Königspesel auf der Hooger Hanswarft verirren sich in den Osten von Langeneß deutlich weniger Touristen. Dabei vermittelt das kleine Privatmuseum in dem gut erhaltenen Hallighaus von 1875 mit vollständig eingerichteter Wohnstube mit Alkoven, Bilegger (Beilegerofen) und alten Delfter Kacheln einen ebenso authentischen Einblick in die frühere Wohnkultur der Halligbewohner.

Nur Di und Do 10.30 Uhr im Rahmen einer Führung; Öffnung und Führung i. d. R. im Rahmen der Tour mit dem „Hallig-Express". Erw. 1,50 €, Kinder (6–14 J.) 1 €. Honkenswarf, ✆ 04684-235, www.friesenhaus-honkenswarf.de.

Oland   30 Einwohner

Sicher eine der schönsten Halligen, deren einzige Warft wie ein winziges, fast kreisrundes Dorf inmitten der Nordsee wirkt: Das nur knapp 1 km² große, längliche Oland ist von einem kleinen Sommerdeich umgeben, liegt nur 5 km von der Küste entfernt, also festlandnah, und ist daher relativ gut geschützt. Die einzige Warft hat immerhin 17 Häuser, die sich eng um den Fething (Regenwasserteich) gruppieren, inklusive einem kleinen, reetgedeckten Leuchtturm (mit Außenlaterne), einer Schule, einem Restaurant und einer kleinen Kirche mit Friedhof. In den hübschen Gärten erlaubt die geschützte Lage einen für eine Hallig üppigen Pflanzen- und Baumbewuchs.

Oland (friesisch *Ualöön*) ist – wie der Name „altes Land" schon sagt – die älteste aller Halligen, wurde bereits im 13. Jh. urkundlich erwähnt und gehört heute zur Gemeinde Langeneß. Außerdem ist Oland natürlich autofrei. Durch den Norden der Hallig führt die Lorenbahn, und im Süden gibt es sogar einen Hafen, der jedoch nur bei Flut von kleinen Schiffen angefahren werden kann. Eine Fährverbindung gibt es zur Hallig nicht. Die wenigen Urlaubsgäste werden in Dagebüll mit der Lore (kleines, motorisiertes Schienenfahrzeug) abgeholt. Tagesausflügler sind zu Fuß unterwegs – meist im Rahmen einer Wattwanderung von Dagebüll nach Langeneß. Ab und zu landen auch Ausflugsschiffe (überwiegend aus Schlüttsiel) an, allerdings hat man dann meist nur 1,5 Stunden Aufenthalt.

Verbindung zum Festland:
Motorlore auf Langeneß

Schon seit 1840 verbindet ein Lorendamm Oland mit der Nachbarhallig Langeneß. Erst 1927 gelang es, auch bis zum Festland einen stabilen Damm zu errichten, der vordringlich der Befestigung der Halligen diente. Der ursprünglich sich nur 1,5 m über den Meeresspiegel erhebende Damm wurde im Jahr 2010 um 60 cm erhöht, und die marode Holzkonstruktion der **Lorenbahn** durch einen Schienenstrang auf Betonschwellen ersetzt. Begegnen sich zwei der skurrilen Motorloren, gibt es auf halber Strecke eine Ausweichstelle, um ein vollständiges Zurücksetzen zu vermeiden. Übrigens, alle Loren sind „Marke Eigenbau" – aber TÜV-geprüft.

Information Tourismusbüro → Langeneß S. 168.

Essen & Trinken Kiek in. Olands einziges Gasthaus heißt „Kiek in", und man sollte wirklich einmal in die Halligstube hineinschauen oder sich auf die einfachen Stühle und Tische vor dem Haus setzen und bei einem kleinen Imbiss oder Kaffee und Kuchen den Blick auf den kleinen Hallighafen genießen. ✆ 04667-390.

Sehenswertes auf Oland

Halligkirche: Die kleine, reetgedeckte und helle Saalkirche (erbaut 1824) lohnt einen Besuch. Eine reich verzierte und bemalte Renaissancekanzel aus Eichenholz steht zentral hinter dem Altar, von der bunt bemalten Kirchendecke hängen ein dänisch beflaggtes Votivschiff (1733) und ein Messingleuchter. Weitere markante Ausstattungsstücke sind ein alter Taufstein aus dem 12. Jh. und ein fast ebenso altes frühgotisches Kruzifix (13. Jh.). Die Kirche ist normalerweise geöffnet.

Leuchtfeuer Oland: Der rote Backsteinturm wurde im Jahr 1929 erbaut und ist mit einer Höhe von nur gut 7 m der kleinste Leuchtturm Deutschlands. Zudem ist er der einzige Leuchtturm mit einem Reetdach, denn die Gürtellinse befindet sich in einer Laterne an der Turmnordseite. Der kleine Turm dient als Quermarkenfeuer für das Dagebüller Fahrwasser.

Ausflüge → Karte S. 159

Gröde

8 Einwohner

Wenn Bundes- oder Landtagswahlen sind, dann macht Gröde als kleinster deutscher Wahlbezirk von sich reden, denn die Gemeinde vermeldet bereits kurz nach 18 Uhr als erste die Stimmergebnisse – und das normalerweise mit einer vorbildlichen Wahlbeteiligung von 100 %.

Sofern es der Gezeitenkalender zulässt, legen am Westanleger der knapp 3 km² großen Hallig Ausflugsschiffe an. Tagesgäste haben dann knapp 1,5 Stunden Aufenthalt. Für das leibliche Wohl und Souvenirs sorgt ein kleiner Kioskwagen; ansonsten existieren auf der kleinen Hallig weder Kneipe noch Laden oder Pension. Das ist auch nicht weiter verwunderlich, denn auf Gröde gibt es lediglich fünf Häuser auf zwei eng beieinanderliegenden Warften. Vier davon stehen auf der Knudswarft, die nach der Sturmflut von 1962 im Wesentlichen neu bebaut und zusätzlich mit einem kleinen Ringdeich umschlossen wurde. Natürlich gruppierte man die Häuser an alter Stelle rund um den Fething (Regenwasserteich) und deckte die Häuser traditionell mit Reet. Die benachbarte kleine Kirchwarft mit winzigem Friedhof beherbergt nur ein einziges, dafür aber historisches Gebäude, das Kirche, Schule und Lehrerwohnung (ehemaliges Pastorat) zugleich ist. Das entlegene Gröde verfügt nämlich auch über eine eigene Grund- und Hauptschule, wenngleich hier im Durchschnitt nur zwei Schüler unterrichtet werden (sofern es Nachwuchs auf der Hallig gibt).

Gröde hatte in seiner Geschichte viel Landverlust zu beklagen – vor der Sturmflut von 1825 lebten hier immerhin noch 90 Menschen. Erst Anfang des 20. Jh. konnte man dem Einhalt gebieten, auch weil man den zwischen Gröde und Appelland verlaufenden Priel durch einen Damm unterbrach. Beide Halligen sind seitdem zusammengewachsen. Die Hallig heißt daher korrekterweise Gröde-Appelland. Auch die benachbarte, naturgeschützte und nur von einem Vogelwart bewohnte Hallig Habel gehört zum kleinen Gemeindegebiet.

Die kleine Hallig ist übrigens die einzige, auf der noch die bis in die 1950er-Jahre überall auf den Halligen übliche Allmende gilt, das heißt, die Gröder bewirtschaften ihr Land gemeinsam. Zäune gibt es nur wenige, die Schafe können fast überall grasen, wo es ihnen gerade passt. Die zuweilen auf der Hallig ebenfalls grasenden Kühe sind reine Sommergäste. Sie werden im

Schlüttsiel: Ausgangshafen für die meisten Gröde-Besucher

Herbst wieder mit dem Schiff zum Festland gebracht. Denn vor allem im Winter wird die kleine Hallig besonders häufig von der Nordsee überspült. Bis zu 50-mal im Jahr heißt es hier „Land unter".

Familie Mommsen, ℡ 04674-302, oder **Familie Kolk,** ℡ 04674-1448, helfen auch bei der Zimmervermittlung. 25869 Hallig Gröde, www.groede.de.

Sehenswertes auf Gröde

Halligkirche St. Margarethen: Auf der Kirchwarft standen schon mehrere Vorgängerbauten, die alle dem Blanken Hans zum Opfer fielen. Der jetzige Bau ist wahrscheinlich schon die siebte Kirche, dennoch trotzt sie immerhin schon seit 1779 allen Stürmen (wenngleich sie 1955 erneuert wurde). Die Innenausstattung ist – wie so oft bei den sturmflutgefährdeten Halligkirchen – älter als die Kirche selbst und stammt größtenteils aus dem 16. Jh. Der kleine Flügelaltar wurde 1592 geschnitzt, das Triumphkreuz schon um 1500, und die kleine Zweierfigurengruppe links neben dem Altar wurde um 1550 angefertigt. Die Kanzel kam 1695 hinzu. Natürlich hängt auch in dieser Kirche ein kleines Votivschiff von der einfach bemalten Holzbalkendecke, die in einem ähnlich türkisfarbenen Ton gehalten ist wie das Kirchengestühl. Die Kirche wird vom Langeneßer Pfarrer betreut, der hier mit seiner (noch) eigenständigen Gemeinde einmal pro Monat Gottesdienst feiert. Die Kirche ist normalerweise geöffnet, und für Tagesgäste findet dort ein kleiner Vortrag statt.

Sylt

21.000 Einwohner

Eine völlig andere Welt als die auf den Halligen offenbart die Nachbarinsel Sylt, die Sie problemlos im Rahmen einer Tagesrundreise besuchen können – wenn auch mit straffem Zeitplan.

Täglich fährt das Schiff „Adler-Express" von Amrum zu Sylts südlichem Hafen Hörnum. Dort haben Sie dann gut 5 Stunden Aufenthalt, um die nördlichste und zugleich größte deutsche Nordseeinsel zu erkunden (→ Ausflugspakete S. 176). Mit dem Tagesticket haben Sie freie Nutzung aller Linienbusse auf dem 38 km langen und knapp 100 km² großen Eiland. Nach der Ankunft in Hörnum steigen die meisten Tagesgäste direkt in den Linienbus, der im 20-Minuten-Takt gegenüber dem Fahrkartenschalter am Hörnumer Hafen Richtung Westerland fährt.

Sylt (friesisch *Söl*) wurde schon vor dem Ersten Weltkrieg zur Festung ausgebaut. Früher gab es vier Kasernen – jetzt gibt es auf der Insel vier Golfplätze. **Hörnum** selbst ist solch ein ehemaliger Militärstützpunkt in wunderbarer Lage. Weiß getünchte ehemalige Kasernengebäude aus den 1930er-Jahren prägen daher das Bild. Dominiert wird der Ort jedoch seit jeher von dem weithin sichtbaren Leuchtturm, der 1907 erbaut wurde und mit seiner typischen rot-weiß-roten Bemalung und der schwarzen Haube wie aus dem Bilderbuch (→ Foto S. 158 unten). Das „Hauptfeuer Hörnum Odde" – so der offizielle Name – ist übrigens nicht aus Ziegelsteinen gemauert, sondern wurde aus gusseisernen Platten zusammengefügt. Die Besichtigung des auf den Dünen stehenden, 30 m hohen Turmes ist nur im Rahmen einer Führung nach vorheriger Anmeldung möglich (℡ 04651-96260). In jüngster Zeit hat Hörnum noch ein weiteres ortsbildprägendes Gebäude erhalten: das in moderner Architektur und exquisiter Lage direkt am Hafen errichtete Luxus-Golfhotel Budersand. Der Hafen von Hörnum bietet aber noch eine weitere Attraktion, und das schon seit 1991. Seit dieser Zeit nämlich lässt sich die (weibliche)

Ausflüge → Karte S. 159

Kegelrobbe mit Namen „Willi" in den Sommermonaten direkt im Hafenbecken von Touristen füttern, also schon über 20 Jahre lang. Und praktischerweise können Sie ein paar Heringe für Willis Fütterung gleich nebenan am Fischimbiss kaufen.

Der Linienbus Richtung Westerland fährt zunächst durch eine unwirtliche und ganz und gar baumlose Dünenlandschaft, die – so wie auch der Inselnorden – über und über mit Heide, aber auch mit den aus Sibirien eingeführten Hagebuttensträuchern („Sylt-Rose") bewachsen ist. Erst ab dem reetgedeckten Rantum gelang es, hier und dort ein paar (krüppelige) Kiefern bzw. Nadelholzwälder aufzuforsten.

Westerland: die Friedrichstraße

List: Erlebniszentrum Naturgewalten

In **Westerland** haben Sie – je nach gebuchtem Ausflugspaket – nur gut 1,5 Stunden Zeit, bevor am ZOB (beim Bahnhof) um 14 Uhr die Inselrundfahrt startet. Zeit genug, um in einem Karree durch die Fußgängerzone zum Strand und wieder zurück zu bummeln oder eine Kleinigkeit zu essen. Am besten gehen Sie nach Ihrer Ankunft gegenüber dem Busbahnhof an der Esso-Tankstelle vorbei in die Friedrichstraße, die als Fußgängerzone geradewegs Richtung Strand führt. Von der teuren Edelboutique bis zum Billigladen und von der McDonald's-Filiale bis zum Gourmettempel ist hier alles vertreten. Zum Shopping ist diese sehr betriebsame Einkaufsmeile interessant, architektonisch jedoch so wenig gelungen wie größtenteils auch die übrigen Bezirke der Inselhauptstadt, denn Westerland ist heute im Grunde genommen nichts anderes als eine ganz und gar inseluntypische, große Bausünde.

Sollten Sie auch der Strandpromenade bzw. dem Strand einen kurzen Besuch abstatten wollen, dann ist es hier mit der von Föhr und Amrum gewohnten Inselfreiheit vorbei, denn sie müssen zunächst am Kontrollhäuschen ein Strandticket (Kurabgabe 3 €) bezahlen. Manchmal wird man aber auch so durchgewinkt, und Sie können ein Stückchen gen Norden an der Musikmuschel vorbei bis zum nächsten Strandübergang beim Erlebnisbad „Sylter Welle" laufen. Parallel zur Einkaufsmeile Friedrichstraße führt hier Westerlands zweite große Einkaufsstraße (Strandstraße) zurück Richtung Bahnhof, auf dessen Vorplatz weithin sichtbar die riesigen quietschgrünen Polyesterfiguren „Reisende Riesen im Wind" grüßen.

Mit knapp 10.000 Einwohnern und 25.000 Gästebetten leben etwa die Hälfte der Insulaner und Gäste im städtischen Westerland, das Dreh- und Angelpunkt der In-

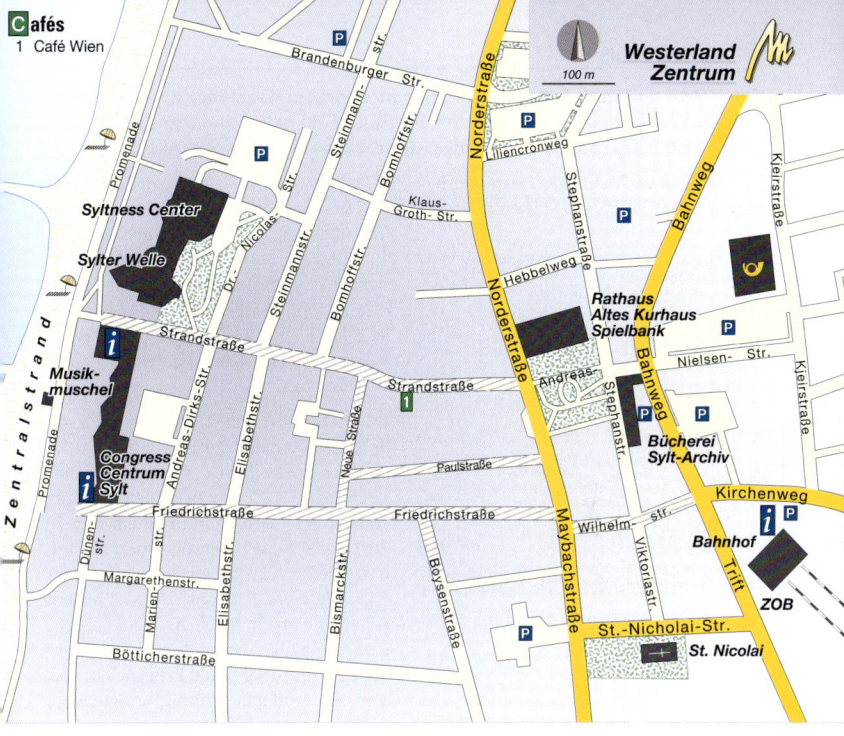

Ausflüge → Karte S. 159

sel ist. Bis zu 100 Züge rauschen täglich über den 11 km langen, 1927 errichteten Hindenburgdamm hierher und versorgen die Insel mit Gütern und Touristen.

Die meisten Tagesgäste begeben sich, wie gesagt, um 14 Uhr am ZOB in einem der blauen Doppeldeckerbusse auf eine durchaus interessante Inselrundfahrt: Zunächst geht es über Wenningstedt zum Nobelort **Kampen,** der viel zum Ruf Sylts als „Insel der Reichen und Schönen" beigetragen hat. Schon vor dem Zweiten Weltkrieg legte die Gemeindesatzung fest, dass hier die Häuser ausschließlich Reetdächer haben dürfen, und das ist bis heute so geblieben. Aus den ehemaligen kleinen Katen sind aber längst aufwendig herausgeputzte Häuser geworden, die deutschlandweit die höchsten Immobilienpreise erzielen. Charakteristisch ist auch der 38 m hohe Leuchtturm Kampen. Der weiße Turm mit schwarzem Band verrichtet seit 1856 seinen Dienst als Seefeuer.

Der Bus allerdings hält nicht in Kampen, sondern fährt nur langsam durch den Ort weiter in den Inselnorden. Dabei umrundet er auf einer engen Straße das sog. **Listland,** eine naturbelassene Dünen- und Heidelandschaft, in der es noch eine gewaltige Wanderdüne gibt – die einzige ihrer Art in Deutschland. Sie wandert pro Jahr etwa 5 m gen Osten. Alle anderen Wanderdünen der Insel wurden (schon vor 200 Jahren) durch die Anpflanzung von indischem Strandhafer und Heidepflanzen gezähmt. Für den Besuch der nördlichen Inselspitze, den landschaftlich besonders schönen Lister Ellenbogen, bleibt allerdings keine Zeit, zumal die Zufahrt mautpflichtig ist. Denn Deutschlands nördlichster Punkt ist ebenso wie das Listland Privatbesitz. Der dänische König hatte dieses Land vor Jahrhunderten zwei hier ansässigen Fischerfamilien als Erblehen überlassen – das ist es bis heute.

Vorbei am Königshafen, einer natürlichen Meeresbucht, fahren Sie nach **List**. Dort haben Sie etwa eine halbe Stunde Aufenthalt. Das reicht gerade, um ein wenig im Hafen herumzulaufen und der von der dänischen Insel Rømø ankommenden Autofähre zuzuschauen oder das geschäftige Einkaufszentrum „Alte Tonnenhalle" zu besuchen. Auch das nördliche List hat keinen wirklichen Charme, denn die meisten Häuser sind einmal vom Militär gebaut worden. Erst 2007 hat sich die Marine vollständig aus List zurückgezogen, und seitdem rüstet sich nun auch dieser Ort mit hübschen Ferienhäusern für den Tourismus.

> Mehr Infos zur Nachbarinsel Sylt finden Sie in unserem Reiseführer **Sylt** von Dirk Thomsen, Michael Müller Verlag, 2. Auflage 2012.

Auf dem Rückweg fährt der Bus noch ein wenig durch den Inselosten, durch das harmonische Dorf Braderup, den im Tal gelegenen kleinen Hafenort Munkmarsch und vorbei an Keitum, dem vielleicht ursprünglichsten Dorf der Insel. Gäste aus Föhr, die mit der Bahn zurückfahren, steigen wieder am Bahnhof in Westerland aus, die übrigen Tagesgäste (aus Amrum) bringt der Inselrundfahrt-Bus rechtzeitig an den Hafen nach Hörnum.

Ausflugspakete　Für den 5,5-stündigen Sylt-Aufenthalt mit der „Adler-Express" gibt es 4 (ähnliche) Ticket-Varianten. Abfahrt ist jeweils in Wittdün, tägl. 11 Uhr. (Föhr-Gäste nehmen um 8.20 Uhr in Wyk die Fähre nach Wittdün.) Die jeweiligen Tickets für die Programmpunkte auf Sylt (auch für die Linienbusse) sind im Fahrpreis enthalten und werden an der Theke auf der „Adler-Express" ausgegeben.

Die Preise für die Ausflugspakete differieren nur leicht: Erw. 32,50–41 €, Kinder 18–26,50 €, Familien 79,50–100,50 €. Sie können bei der W.D.R. oder im Internet (www.adler-schiffe.de), aber auch direkt auf dem Schiff buchen. Infos zu Adler-Schiffe unter ✆ 01805-123344.

Sylt erleben: Linienbus um 12 Uhr nach Westerland, Zeit zur freien Verfügung; um 14 Uhr Inselrundfahrt vom ZOB (beim Bahnhof Westerland) mit Stopp in List und zurück nach Hörnum. Abfahrt Schiff 17.10 Uhr.

Sylt Aquarium: Linienbus nach Westerland, Besuch des Aquariums und der Stadt; spätestens um 16.25 Uhr (ab ZOB) mit Buslinie 2 zurück nach Hörnum; Abfahrt Schiff 17.10 Uhr.

Naturgewalten Sylt: Linienbus direkt nach List, Besuch des „Erlebniszentrums Naturgewalten"; spätestens um 15.40 Uhr Buslinie 1 zurück nach Westerland, dort 16.25 Uhr umsteigen in Linie 2 nach Hörnum; Abfahrt Schiff 17.10 Uhr.

Sylt Faszination: Das ist die zwingende Variante für Föhr-Urlauber! Von Wyk mit der Fähre um 8.20 Uhr nach Wittdün auf Amrum, dort um 11 Uhr mit der „Adler-Express" nach Hörnum; Linienbus um 12 Uhr nach Westerland, Zeit zur freien Verfügung; um 14 Uhr Inselrundfahrt; Rückfahrt ab Westerland/Bahnhof mit der Nord-Ostsee-Bahn (NOB) über den Hindenburgdamm nach Niebüll; weiter nach Dagebüll, von dort mit der Fähre nach Wyk (aber auch Weiterfahrt nach Amrum möglich).

Essen & Trinken in Hörnum　Café Lund. Hörnums traditionelle Bäckerei und Konditorei mit großer, windgeschützter Terrasse, aber auch Restaurant- bzw. Bistrobetrieb mit (regionalen) Speisen. Tägl. 9–18 Uhr. Rantumer Str. 1–3, ✆ 04651-881034.

... in Westerland　Café Wien **1** → Karte S. 175. Westerlands Café und Schokoladenmanufaktur ist eine Institution auf Sylt und präsentiert sich im typischen Kaffeehausambiente. Hier gibt es ausgesprochen leckere Torten. Auch Tische vor dem Haus in der zur Fußgängerzone gehörenden Strandstraße. Tägl. 9–21 Uhr. Strandstr. 13 (fast Ecke Neue Straße), ✆ 04651-5335.

... in List　Gosch List. Die erste und zugleich größte Fischbude des Sylter „Fischpapstes" Jürgen Gosch. Bude ist natürlich untertrieben. Gosch beherrscht den Hafen geradezu mit Fischgeschäft und Shop in der „Alten Tonnenhalle" und gegenüber gleich drei verrückt-maritim gestalteten Restaurants („Knurrhahn", im ersten Stock das „Hafendeck" und südlich des Hafens das „Lister Fischhaus") – aber die Qualität stimmt. Am Hafen, ✆ 04651-870401.

Sehenswertes auf Sylt

Sylt Aquarium Westerland: Dieses private Museum mit Souvenirladen und Bistro zeigt in 25 Schauaquarien etwa 2000 Meerestiere aus der heimischen Wasserwelt, aber auch den Tropen. Höhepunkte sind die großen Wasserbecken „Helgoland" (170.000 Liter Wasser) und „Korallenwelt" (500.000 Liter Wasser), letzteres ist mit Haifischen bestückt – beide können in einem Acrylglastunnel unterquert werden.

Tägl. 10–18 Uhr. Preis im Ausflugspaket „Sylt Aquarium" enthalten (sonst Erw. 13,50 €, Kinder 10 €). Westerland, Gaadt 33 (im Süden der Stadt am Strandaufgang „Himmelsleiter"), ☏ 04651-8362522, www.syltaquarium.de.

Erlebniszentrum Naturgewalten List: Der markante Bau, der 2009 für 11 Mio. € am Lister Hafen errichtet wurde, symbolisiert einen Leuchtturm inmitten wogender Wellen. Dem Erlebniszentrum ist es gelungen, komplexe Sachverhalte rund um die Nordsee anschaulich darzustellen und zum Anfassen und Ausprobieren anzuregen. Die sehenswerte Erlebnisausstellung ist dreigeteilt: Der Themenbereich „Klima, Wetter, Klimaforschung" hat vor allem die Klimaerwärmung zum Inhalt, z. B. aus der Perspektive eines im All schwebenden Astronauten. In „Leben mit Naturgewalten" wird anhand von mitreißenden Naturaufnahmen gezeigt, mit welchen Überlebensstrategien sich Pflanzen und Tiere auf den Lebensraum Nordsee eingestellt haben. Der dritte Bereich „Kräfte des Nordens" setzt sich mit den Gezeiten und Stürmen auseinander. Hier können Sie in einem Wellenkanal selbst Wellen erzeugen und in einem „Sturmraum" erleben, wie sich ein laues Lüftchen zum Orkan erhebt.

Tägl. 10–18 Uhr (Juli/Aug. bis 20 Uhr). Preis im Ausflugspaket „Naturgewalten Sylt" enthalten (sonst Erw. 12 €, Kinder 7,50 €). List, Hafenstr. 37, ☏ 04651-836190, www.naturgewalten-sylt.de.

Abschied von der Insel

Sonnenuntergang am Sörenswai-Vorland (Föhr)

Kleiner (Rad-)Wanderführer

Kleiner (Rad-)Wanderführer

Föhr und Amrum sind sowohl für Wanderer als auch für Fahrradfahrer außerordentlich gut erschlossen und gut beschildert. Einer Tour auf eigene Faust durch die herrliche Inselnatur steht also nichts im Wege. Und da die Inseln übersichtlich sind, kann man sich kaum verlaufen oder verfahren.

Die hier beschriebenen fünf Radausflüge und fünf Wanderungen verschaffen Ihnen einen guten Eindruck von den Inseln und führen Sie zu den wichtigsten Sehenswürdigkeiten. Als Rundtouren können alle wahlweise an jedem beliebigen Punkt auf der Strecke begonnen werden (→ Karten Föhr und Amrum S. 184/185 und S. 195). Wegen der Überschaubarkeit der Inseln sind zudem an vielen Stellen Abkürzungen möglich. Die auf dem Weg liegenden Sehenswürdigkeiten werden bei der Tourbeschreibung nur kurz erwähnt, ausführliche Informationen dazu finden Sie bei den jeweiligen Orten im Reiseteil. Die angegebenen Zeiten sind reine Geh- bzw. Fahrzeiten ohne Pausen; wegen der zahlreichen Besichtigungs- und Einkehrmöglichkeiten nehmen Sie sich aber am besten jeweils einen halben oder sogar ganzen Tag Zeit.

Unterwegs auf Föhr und Amrum: die Halligen immer im Blick

Föhr

7
4
Dunsum   Oldsum
6
Süderende
Oevenum
3
5   Borgsum
2
Utersum
Witsum   Nieblum   Wrixum
1   Wyk
Hörnum
10
Norddorf
Amrum
Langeneß
8   Nebel
Steenodde
Süd-   9   Wittdün
dorf

1   Tournummer

Übersicht Wanderungen
und Fahrradtouren
4 km

Tour 1: Wanderung zwischen Wyk und Nieblum

Charakteristik: Diese schöne Halbtageswanderung zeigt komprimiert fast alles, was die Insel landschaftlich zu bieten hat – Felder und Wiesen, einsame Strände, reetgedeckte Bilderbuchdörfer und kleinstädtisches Strandtreiben. (Sie können die Tour auch mit dem Fahrrad machen, müssen dann aber am Strand von Nieblum ein Stück schieben.) **Länge/Dauer**: 9 km, ca. 3:30 Std., mit Besichtigung Nieblums deutlich länger. **Start**: Wyk, Bushaltestelle „Lindenweg", ganz im Westen des Ortes (2,5 km vom Hafen entfernt).

Wegbeschreibung: Von der Bushaltestelle „Lindenweg" folgen Sie dem gleichnamigen Weg bis zum Wäldchen (Schild „Wanderweg Nieblum"). Hier beginnt ein **naturkundlicher Lehrpfad** (Markierung „Stern"), auf dem Sie bis Nieblum gelegentlich kurze und prägnant formulierte Hinweistafeln zur Flora und Fauna Föhrs finden. Dieser Weg verläuft zunächst (begleitet durch einen Reitweg) durch den Wald und am Flugfeld vorbei, um danach am nördlichen Rand des Golfplatzes entlang und dann im Zickzack durch Wiesen und Felder zu führen. Nach insgesamt gut 4 km (1 Std.) ist das östliche Ende von **Nieblum** erreicht. Das letzte Stück laufen Sie geradeaus in den malerischen Ort hinein und sehen rechter Hand schon die Kirche St. Johannis, die einen Besuch lohnt.

In der Ortsmitte von Nieblum (Tankstelle) biegen Sie links in die Strandstraße und folgen ihr in südöstlicher Richtung. Am Dorfende geht die Straße in den ungeteerten Meetsweg über (Richtung Zeltlagerplatz), und nach 1,5 km erreichen Sie den Strand.

Direkt beim Zeltlagerplatz gehen Sie ein kurzes Stück rechts durch die Dünen, wenden sich aber gleich wieder links und laufen etwa 800 m direkt über den **Strand** bzw. durch die Dünen und danach 1 km am Ufersaum (Teerdeich) bis zum Hundestrand hinter der Reetdach-Siedlung Greveling. Sie bleiben weiter am Badestrand und laufen auf dem nun geteerten Weg und der nach 1 km beginnenden Promenade Richtung Wyk. Am Strandabschnitt 26 (bei der Strandkorboase mit Strandkiosk) laufen Sie links am Strandübergang den kleinen Weg hinein und kommen so direkt zur Bushaltestelle „Jugendherberge". Alternativ können Sie auch weiter auf der Strandpromenade bleiben – dann sind es aber noch 2,5 km bis zum Zentrum.

Tour 2: Fahrradrunde um Föhr

Charakteristik: Eine Inselrundfahrt zu den wesentlichen Sehenswürdigkeiten. Von Wyk über Nieblum bis Utersum geht es zunächst in Küstennähe durch Föhrs Süden. Durch die Dörfer am nördlichen Rand des Geestkerns und durch das Marschland führt der Weg zurück zum Ausgangspunkt. Ein wenig Ausdauer ist erforderlich. In jedem Ort gibt es aber nette Einkehrmöglichkeiten. **Länge/Dauer:** 35 km, ca. 3 Std. Wegen der vielen Sehenswürdigkeiten wird daraus aber leicht eine Tagestour. **Start:** Wyk, Fähranleger.

Wegbeschreibung: Zu Beginn der Tour können Sie den weitläufigen Fußgängerbereich nur umfahren, wenn Sie der Hauptstraße bis zur ersten Ampel folgen, dort links abbiegen (in den Heymannsweg) und dann 400 m weiter geradeaus durch die Badestraße fahren, dann links in die Feldstraße abbiegen und so zum Sandwall gelangen.

Viel schöner und interessanter ist es allerdings, wenn Sie nach dem Verlassen des Hafens linker Hand durch den verschließbaren Deichdurchlass (Stöpe genannt) auf den Marktplatz (Königstraße) fahren. Geradeaus schließt sich der promenadenartige **Sandwall** an, auf dem Sie Ihr Fahrrad für etwa 300 m schieben müssen. Doch schon ab Höhe der Seglerbrücke ist der Sandwall wieder für Radler befahrbar. Nun geht es zunächst in Ufernähe durch Wyk: geradeaus bis zum Aquaföhr, hier über den Parkplatz und am Minigolfplatz vorbei in den hinter dem Deich verlaufenden

In der Godelniederung bei Witsum

Stockmannsweg. Dieser mündet halbrechts in die Gmelinstraße, der Sie bis zum Ende folgen. Halblinks biegen Sie in die Straße „Am Golfplatz" ab und fahren Richtung Flugplatz. Am Ortsende von Wyk stoßen Sie auf die Kreisstraße, neben der rechts ein Fahrradweg in das noch gut 3 km entfernte Bilderbuchdorf **Nieblum** (Friesendom) führt.

Nach Besichtigung der Ortsmitte nehmen Sie am Haus des Gastes den Heidweg und radeln später am Leuchtfeuer (11 m hoch, Baujahr 1983) vorbei bis zum Strandparkplatz. Dort führt rechts für 1 km ein Weg an Hügelgräbern vorüber bis zur Strandsiedlung von **Goting** (ebenfalls ein Parkplatz). Nun fahren Sie zunächst direkt am Goting-Kliff entlang, dann biegt der Weg rechts ab und führt bis in den Ortskern von Goting. Hier geht es auf der zweiten Straße links ab (Brukswai) – parallel zur Traumstraße – nach 1,5 km zur Godelniederung bei Witsum (ausgeschildert).

Auf Höhe von **Witsum** zweigt der Weg links ab über eine Brücke, und dann rollen Sie auf einem schönen, geteerten Wirtschaftsweg 2 km Richtung Hedehusum. Unterhalb des Dorfes vorbeiradelnd, erreichen Sie am Ortsausgang von **Hedehusum** wieder die Kreisstraße. 1 km ist es auf dieser Straße noch bis Utersum. Hinweis: Wenn Sie nach dem Rechtsknick der Kreisstraße links in die kleine Straße „Waaster Jügem" hineinfahren, kommen Sie zu den bronzezeitlichen Grabhügeln Triibergem. Hier stoßen Sie auf die gleichnamige Straße und folgen ihr nach rechts in die Dorfmitte von **Utersum.**

Erst ganz am Ende der Straße „Triibergem" fahren Sie links in den Strunwai und an dessen Ende zunächst halblinks hinauf auf den Deich. Jetzt eröffnet sich Ihnen ein schöner Blick auf den Strand und die kleine Seebrücke von Utersum. Der Strand lädt zur Rast ein.

Weiter geht es direkt am Seedeich entlang nach Norden, dann erreichen Sie nach 2 km den Deichübergang bei **Dunsum.** Rechts geht es nach Großdunsum (500 m). An der Hauptstraße fahren Sie etwa 200 m nach rechts, bevor (hinter der Bushaltestelle) links ein schnurgerader geteerter Wirtschaftsweg abgeht. Diesen radeln Sie bis zum Ende (500 m), wo Sie sich rechts halten. Dieser schöne Weg verläuft halbkreisförmig 1,5 km durch Wiesen und Felder. In der Ferne können Sie schon den Kirchturm von St. Laurentii erkennen. Am Wegende geht es abrupt nach rechts (!) für 200 m und dann sofort wieder nach links, dann sind Sie bei der Kirche **St. Laurentii.**

Vor der Kirche fahren Sie (links) in nördlicher Richtung 1 km auf dem Fahrradweg, vorbei am Café „Uun't Wannjhüs", bis nach **Süderende.** Hier geht es rechts ab, am „Alten Pastorat" vorbei, halbkreisförmig (weiterhin gen Norden) durch den Ort. Am Ende der Straße fahren Sie 300 m nach rechts, dann (nach dem Ortsschild) gleich wieder links den ungeteerten Weg bis zur Rundföhrstraße und weiter geradeaus nach Oldsum.

Diesem Weg folgen Sie gemäß der Fahrradmarkierung durch **Oldsum** bis zum Feuerwehrgerätehaus, wo Sie rechts abbiegen. Damit umfahren Sie im Norden an der Grenze zur Marsch die Siedlung (an den Kuhställen vorbei). Bevor der letzte Weg links in das weite Marschland führt, halten Sie sich rechts (bei den blauen Futtersilos) und durchqueren immer geradeaus den Ortsteil Toftum – überqueren zunächst die Dorfstraße und kommen 300 m weiter erneut zur Rundföhrstraße. Jetzt folgt ein kleiner Zickzackkurs: Nur ein kurzes Stück müssen Sie auf der Rundföhrstraße links fahren, dann zweigt ein geteerter Weg rechts ab (Richtung Höfe 31, 32 und 33). Doch bei nächster Gelegenheit biegen Sie (unbedingt!) in den nächsten

Toftumer Vorland

NSG

Sörenswai-Vorland

Schöpfwerk Föhr-Mitte

Info-Zentrum Schutzstation Wattenmeer

7

Oldsumer Vogelkoje

Wattwanderweg nach Amrum

Dunsum

Klein-dunsum

Oldsum

Klintum

Toftum

Schöpfwerk Föhr-West

Groß-dunsum

6

Süderende

W e s t e r l a n d

St. Laurentii

Monklem-bergem

Ringwall Lembecksburg

5

Utersum

Borgsumer Vogelkoje

Rehazentrum

Hede-husum

Salwert

△ 11 m

Godel

Witsum

Borgsumer Mühle

Borgsum

Traumstraße

NSG

Goting

FKK

Goting-Kliff

Midlumer Vorland

Oevenumer
Alte Vogelkoje

Windpark

Ackerumer
Vogelkoje

Siedlerweg

4

Oevenumer
Neue Vogelkoje

Rad'l
Rast

O s t e r l a n d

Der Kanal

Midlum

3

Boldixumer
Vogelkoje

Museum
Kunst der
Westküste

Oevenum

Alkersum

Wrixum

Wyk-
Boldixum

Lagelum Siel

St. Nicolai

St. Johannis

Rundföhrstraße

Nieblum

Friesen-
museum

i

Golfplatz

Wyk

2

Bredland

Greveling

Olhörn

1

FKK

Südstrand

Dagebüll

Amrum

Föhr

1,5 km

Teerweg (an der Bank) links ab. Nach 1 km wird die Orientierung durch die Markierung erleichtert, der Sie dann nach rechts Richtung Borgsum folgen. Wiederum 1 km später am Wegende fahren Sie links und dann immer geradeaus noch 1,7 km nach Alkersum.

Sie stoßen auf den Marschweg, auf dem Sie nach links **Alkersum** umrunden und der bis zur Ortsmitte führt (Museum Kunst der Westküste). Schräg gegenüber dem Museum führt die Kreisstraße nach Midlum. Dieser folgen Sie bis zum Ortseingang **Midlum** auf dem Fahrradweg neben der Straße und biegen dann rechts bei der Schule in den Mühlenweg ein, der nach knapp 600 m nach **Oevenum** führt. Rechts radeln Sie 200 m auf der Dörpstraat, biegen dann links ab (Landhaus Laura) und fahren rechts in die Buurnstraat. Auf dieser geht es immer an der Grenze zur Marsch Richtung Wrixum und von dort weiter zum Ausgangpunkt in Wyk.

Tour 3: Mit dem Fahrrad durch den Osten Föhrs

Charakteristik: Auf dieser abwechslungsreichen Tour lernen Sie den gesamten Inselosten samt Sehenswürdigkeiten kennen; nur stellenweise ist der Weg nicht geteert. Einige Einkehr- und Einkaufsmöglichkeiten. **Länge/Dauer**: 25 km, ca. 2 Std. **Start**: Wyk, Schwimmbad Aquaföhr (Parkplatz).

Deichübergang bei der Boldixumer Vogelkoje

Wegbeschreibung: Vom Startpunkt fahren Sie zunächst südlich des Schwimmbads am Minigolfplatz vorbei und dann parallel zum Strand etwa 1,5 km immer am Ufer entlang – zunächst auf dem Stockmannsweg (1 km), der (halbrechts) in die Gmelinstraße mündet, an deren Ende (halblinks) die Straße „Am Golfplatz" aus Wyk hinausführt (Fahrradweg). Sie stoßen auf die Kreisstraße und folgen ihr nach links auf dem parallelen Fahrradweg bis zum Ende des Flugfeldes. Sie könnten nun einfach geradeaus nach Nieblum radeln, schöner ist es allerdings, wenn Sie vor der Reetdach-Siedlung **Greveling** (Hundestrand) links zum Ufer abbiegen.

Direkt an der Wasserlinie fahren Sie knapp 1 km auf dem komplett geteerten Deich, bis dieser immer schräger wird und Sie die letzten 300 m besser schieben. Kurz vor dem Sandstrand (an der letzten Bank) schieben Sie das Rad rechts durch den Dünenübergang (über ein paar Bohlen) in die Siedlung **Bredland** mit ihren komfortablen Ferienhäusern. In einem Bogen fahren Sie links Richtung Kreisstraße, biegen aber am Siedlungsende links in einen ungeteerten Weg (etwas verdecktes

Schild „Bredland 2 a"), der nach 800 m und einem Knick auf die Kreisstraße nach Nieblum führt. Von hier ist auf dem Fahrradweg neben der Straße nach 1 km das malerische **Nieblum** erreicht. Am Ortseingang fahren Sie die erste Straße rechts bis ins Zentrum.

Der zweite Teil der Tour beginnt gegenüber dem Friesendom (Eingang Ostseite). Sie folgen dem Drunkenmannstieg aus dem Dorf hinaus. Nach 2 km, kurz vor Alkersum, fahren Sie links und überqueren die Kreisstraße. Dieser schöne „Marschweg" umrundet den Ort zunächst im Westen und führt dann in die Ortsmitte von **Alkersum.** Sie überqueren die Hauptstraße und fahren am nördlichen Ortsrand halbrechts in die Poststraße. Schon nach 1 km sind Sie in **Midlum** und umrunden das Dorf auf der Straße „An de Marsch". Am Ortsende müssen Sie kurz rechts (Buurnstraat), dann gleich wieder links (Bohnackerum) und setzen die Dorfumrundung fort, bis Sie auf die Kreisstraße gelangen.

Nach wenigen Metern geradeaus auf der Kreisstraße ist schon **Oevenum** erreicht, wo es gleich links auf der Buurnstraat in den Ort hineingeht (Fischimbiss). Beim Landhaus Laura (und der Friedenseiche) fahren Sie links, am Milchschafhof (Hofladen) vorbei, hinaus in das nördliche Marschland. Gut 2,5 km geht es jetzt immer geradeaus auf dem geteerten Weg durch die oft windige Marsch. Bei zwei Aussiedlerhöfen biegen Sie rechts in den landstraßenartigen, sehr geraden Siedlerweg – und haben meist Rückenwind. Nach weiteren 2,5 km macht der Weg einen Knick, Sie halten sich aber links und erreichen nach knapp 1 km die **Boldixumer Vogelkoje.**

Hinter der Koje nach einem Gatter haben Sie die Wahl: Entweder nehmen Sie rechts den Weg auf der Binnenseite des Deiches zurück oder aber – weitaus schöner – Sie fahren links in einem kleinen Bogen über den Deich und dann rechts an der Wasserlinie um das **Näshörn** herum bis in den Hafen von Wyk. Ab und zu wird Ihr Schwung hier allerdings durch ein Schafgatter gebremst. Mit einem abschließenden Spaziergang durch die Fußgängerzone Sandwall kommen Sie zurück zum Ausgangspunkt.

Tour 4: Fahrradausflug durchs Marsch- und Deichland im Norden Föhrs

Charakteristik: Wenn Sie ein Faible für die windige Weite des nordfriesischen Marschlandes und der Deiche haben, dann ist diese Tour durch den Norden Föhrs genau das Richtige. Geteerte Wege, doch an windigen Tagen nicht immer leicht zu fahren. Mehrere Einkehrmöglichkeiten. **Länge/Dauer**: 30 km, ca. 2:30 Std. **Start**: Wyk, Hafen (oder der zentrale Parkplatz Heymannsweg).

Wegbeschreibung: Vom Hafen fahren Sie auf dem Fahrradweg (Marschweg) links neben der Landesstraße, vorbei am Parkplatz Heymannsweg, bis dieser wieder auf die Landesstraße trifft. Diese überqueren Sie (vorsichtig) geradeaus und radeln auf dem Fahrweg „But Dörp" – ab Wrixum heißt er „Ohl Dörp" – immer an der Grenze zwischen besiedeltem Geestland und Marsch 2,5 km bis nach **Oevenum,** wo er in die Buurnstraat mündet. Durch das schöne Dorf Oevenum fahren Sie zunächst weiter geradeaus und biegen dann an der Friedenseiche rechts ab (am Hofladen Milchschafhof vorbei) Richtung Marsch.

Schon nach 800 m – und einer Kanalquerung – biegen Sie in einen (nur ein kurzes Stück nicht geteerten) Weg links ab und folgen diesem 1 km geradeaus nach Midlum. Kurz vor dem Ort überqueren Sie erneut den Kanal, um dann immer am nördlichen Ortsrand (An de Marsch) entlangzufahren. Den dritten geteerten Weg (Dörpsend) radeln Sie rechts für knapp 2,5 km in die weite Marsch, bis dieser Wirtschaftsweg bei einem Aussiedlerhof endet. Nun halten Sie sich 600 m links, um bei nächster Gelegenheit rechts abzubiegen und dann gut 1 km geradeaus bis Klintum zu radeln. Hier bietet sich links ein Abstecher in das Straßendorf Toftum/Klintum/Oldsum an (nette Einkehrmöglichkeiten). Es geht über den Kanal und dann rechts bis zum nördlichen Ortsausgang von **Oldsum,** wo es rechts geht und Sie bei der abknickenden Vorfahrt weiter geradeaus bleiben bis vor das Schöpfwerk Föhr-Mitte.

Um auf den Deich zu gelangen, fahren Sie zunächst 500 m links, dann scharf rechts und unmittelbar an der Deichlinie entlang zum **Toftumer Vorland.** Der Blick reicht von hier über das Meer hinweg bis zur Sylter Südküste. Schon nach 1 km überqueren Sie den Deich abermals und sehen den grünen Wohnwagen der Schutzstation Wattenmeer, der ein Infozentrum beherbergt.

Vom Infozentrum fahren Sie wieder in die Marsch zum 200 m entfernten breiten Siedlerweg, hier links ab, und dann führt die Tour (oft mit Rückenwind) 3,5 km immer geradeaus Richtung Wyk bis fast zum Aussiedlerhof mit der Rad'l Rast. Allerdings biegen Sie schon 300 m vor der Rad'l Rast (→ S. 101) links in den geteerten Weg ab (Richtung Höfe 13, 14 und 15) und beim nächsten rechts. Nun folgen Sie diesem Weg gemäß der Fahrradbeschilderung hinter der Ackerumer Vogelkoje links und kurz darauf rechts für insgesamt 3 km auf teilweise ungeteerter Fahrbahn. An der nach 3 km folgenden, markierten Kreuzung biegen Sie nicht gemäß der Fahrradweg-Markierung rechts ab, sondern fahren links und sofort wieder rechts bis zum Seedeich. Hinter dem letzten Windrad radeln Sie links auf den Deich und dann wieder scharf rechts direkt an der Wasserlinie um die **Ostspitze Föhrs** (Näshörn); es geht 6,5 km auf dem geteerten Deichweg zurück bis in den Hafen von Wyk. Dabei müssen Sie hin und wieder ein Schafgatter passieren.

Tour 5:
Auf dem Drahtesel durch die Dörfer Westföhrs

Charakteristik: Diese leichte und nur ein kurzes Stück auf ungeteerten Wegen verlaufende Rundtour streift alle Dörfer im Inselwesten und bietet Gelegenheit zur Besichtigung zahlreicher Sehenswürdigkeiten. Nette Einkehrmöglichkeiten. **Länge/Dauer:** 27 km, ca. 2 Std. **Start:** Utersum, Haus des Gastes (mit großem, kostenlosem Parkplatz).

Wegbeschreibung: In **Utersum,** dem touristischen Zentrum Westföhrs, fahren Sie vom Strandparkplatz zunächst den geteerten Weg am Fußballplatz vorbei in nördliche Richtung, dann links. Schon nach 300 m führt dieser Weg für etwa 2 km unmittelbar auf der Binnenseite des Deiches entlang bis **Dunsum.** Am Café „Zum Wattenläufer" fahren Sie zunächst kurz Richtung Dorf (also nicht weiter am Deich entlang), aber bereits nach 400 m (noch vor der Bebauung) biegen Sie links (!) ab. Dieser geteerte Wirtschaftsweg führt nun durch Felder, nach 1 km geht es rechts und dann weitere 2 km immer geradeaus Richtung Oldsum.

Kurz vor **Oldsum** folgen Sie rechts der Fahrradbeschilderung in das idyllische Dorf hinein. An der Dorfstraße halten Sie sich links, um nach 500 m am Restaurant „Ual Fering Wiartshüs" (Bushaltestelle) rechts abzubiegen, und fahren bis zur alten

Schon von weitem grüßt die Mühle von Oldsum

Windmühle. Danach weiter geradeaus über die Rundföhrstraße und für 300 m auf ungeteertem, dann rechts aber wieder auf geteertem Weg in das Dorf **Süderende.** Im Ort nehmen Sie die erste Straße links (an der Föhrer Baum- und Rosenschule vorbei), der Sie im rechten Winkel nach rechts durch den schönen Ort folgen. Hinter dem Landhaus „Altes Pastorat" verlassen Sie das Dorf nach links auf dem Fahrradweg neben der Straße (am Café „Uun't Wannjhüs" vorbei) und radeln Richtung St. Laurentii, eine sehenswerte Kirche.

Schon kurz vor der Kirche biegen Sie links ab Richtung Borgsum. Sie bleiben zunächst immer der Fahrradweg-Markierung Richtung Borgsum treu: An der Waldkreuzung bei der Gedenkstätte und den Wikingergrabhügeln Monklembergem halten Sie sich links, nach weiteren 300 m rechts. Dieser Weg führt nach 1,5 km zum berühmten Ringwall **Lembecksburg.** Wer möchte, kann von hier auch nach Borgsum fahren.

Wenn Sie das Dorf nicht besichtigen möchten, führt der Weg nördlich an Borgsum vorbei bis zu einer Kreuzung der Wirtschaftswege. Hier fahren Sie links in einem Bogen, vorbei an der Borgsumer Vogelkoje, Richtung Alkersum. Am zweiten geteerten Weg zweigen Sie rechts an einer von der Jagdgenossenschaft Alkersum gespendeten Bank ab und erreichen im Norden von **Nieblum** die weithin sichtbare St.-Johannis-Kirche.

Nach der Besichtigung Nieblums fahren Sie gegenüber der Tankstelle in die Strandstraße, dann vor dem Teich (De Meere) rechts und wieder links in den Heidweg. Am Haus des Gastes vorbei, bleiben Sie auf dieser Straße bis zum Strand. Hier führt rechts ein stellenweise ungeteerter Weg (noch zweimal links abbiegen) zur Strandsiedlung von **Goting.** Südlich davon fahren Sie jetzt kurz am Goting-Kliff entlang, dann führt die Straße nach rechts in den Ortskern von Goting, wo Sie bequem der Fahrradweg-Markierung Richtung Utersum folgen: zweite Straße links ab, im holperigen Zickzackkurs zunächst an der Zufahrt zum FKK-Strand vorbei und dann durch die geschützte **Godelniederung.** Südlich von Witsum geht es links über eine Brücke und dann rechts den schönen geteerten Wirtschaftsweg entlang bis kurz vor **Hedehusum.** Nach links führt der Weg südlich des Dorfes im Bogen zur Kreisstraße. Auf dieser sog. Traumstraße fahren Sie Richtung Utersum, nach der Rechtskurve biegen Sie links ab in die Straße „Waaster Jügem", und rechts an den bronzezeitlichen Grabhügeln Triibergem vorbei, radeln Sie zurück bis zum Haus des Gastes.

Tour 6:
Wattwanderung zwischen Föhr und Amrum

Charakteristik: Der Klassiker aller nordfriesischen Wattwanderungen. Die Tour verläuft in einem s-förmigen Bogen zwischen Dunsum (Föhr) und Amrumer Odde (bzw. je nach Gezeitenstand in umgekehrter Richtung von Amrum nach Föhr). Nicht anspruchslos, dennoch geeignet für Kinder ab 6 Jahre. **Ausrüstung**: sehr kurze Hose mit Badehose darunter, Pulli bzw. Jacke, im Rucksack Schuhe und ein Handtuch bzw. Badesachen sowie Sonnenschutz. Evtl. Badeschuhe wegen scharfkantiger Austern im Watt. Gummistiefel sind sinnlos, weil kurz vor Amrum ein tiefer Priel (Wasserlauf) durchwatet werden muss. **Länge/Dauer**: 8–10 km, ca. 2:30–3 Std. (bei organisierten Wattwanderungen danach 3–5 Std. freier Aufenthalt auf der Insel, Rücktransport mit Bus und Fähre). **Start**: Deichparkplatz bei Dunsum/Föhr (bzw. Fußgängerzone Norddorf/Amrum).

Sicherheitshinweis

Die Wanderung sollte nur in Begleitung eines ortskundigen Wattführers durchgeführt werden! Vor allem aus Sicherheitsgründen (z. B. wegen plötzlich heraufziehender Nebel, Strömungen in den Prielen usw.), auch wenn die Strecke zeitweise mit Pricken (Stangen) markiert ist. Zudem ist der Spareffekt eher gering, wenn Sie auf eigene Faust unterwegs sind oder sich in gebührender Entfernung einer Gruppe anschließen, denn die Preise für Linienbusse und Fähren sind etwa so hoch wie der Gesamtpreis einer Wattführung – und die sind oft sehr unterhaltsam und informativ.

Die **Reederei W.D.R.** organisiert Wattwanderungen (oft in Gruppen von bis zu 60 Pers.) auf Föhr. Hinweis: Auch die Wanderungen von Amrum nach Föhr werden als Ausflug von Föhr aus angeboten! Erw. 21 €, Kinder (4–14 J.) 10,50 €, Familien (2 Erw., 3 Kinder) 54,50 €, enthalten sind: geführte Wanderung, Bustransfer (Wyk – Dunsum, Linienbus auf der Nachbarinsel) und Fähre zurück. Treffpunkt ist die Bushaltestelle am Reedereigebäude im Hafen von Wyk.

Private Wattwanderführer: Wattführer Hans-Jürgen Fischer, der mit einem Megafon seine Gäste begleitet (Utersum/Föhr, ☎ 04683-1485 und 0175-4607292); Wattführer Reinhard Boyens (Norddorf/Amrum, ☎ 04682-1669 und 0160-93545900); Andreas Herber (Norddorf/Amrum, ☎ 04682-2175). Die Wanderungen von Föhr aus beginnen direkt am Deichparkplatz in Dunsum, der auch mit den normalen Linienbussen zu erreichen ist. Treffpunkt auf Amrum ist meist die zentrale Bushaltestelle in Norddorf oder – bei Wanderungen in umgekehrter Richtung – der Fährhafen von Wittdün (Fähre nach Föhr). Die Preise der privaten Anbieter sind ähnlich wie die der Reederei W.D.R.

Die (gezeitenabhängigen) **Termine** für die Wattwanderungen erfahren Sie an einer Infotafel vor Ort, aber auch im Veranstaltungskalender der Inseln, im Tourismusbüro, im Ausflugsprogramm der W.D.R. (www.faehre.de) sowie bei den einzelnen Wattführern.

Immer ein Erlebnis: Wattwanderung durch das „Mittelloch"

Wegbeschreibung: Keine Frage, es ist ein gutes Gefühl, über den Meeresboden von Insel zu Insel zu laufen, auch wenn an einem schönen Tag in der Hochsaison Hunderte von Menschen auf die gleiche Idee kommen. Obwohl die kürzeste Entfernung zwischen Föhr (Utersum) und Amrumer Odde nur 2 km beträgt, ist es wegen einiger Untiefen nur möglich, in einem ca. 8 km langen Bogen von Dunsum nach Amrum zu laufen.

Vom Deichparkplatz bei **Dunsum** wird der Wattboden über eine Treppe am Fuß des Seedeiches betreten. Zunächst läuft man durch flaches Wasser und kleinere Priele direkt auf die Insel Sylt zu. Bald schon wird das Watt trockener. Die typische Riffelung des Sandes ist für die Füße eine Wohltat. In einem langen, s-förmigen Bogen geht es dann auf Amrum zu. Die Wattführer verstehen es, bei kurzen Stopps, die Lebensvielfalt im Watt (→ Kasten S. 23) anschaulich zu erklären und entsprechendes Getier oder Algen auszubuddeln.

Nach etwa 1:30 Std. stoßen Sie auf die kargen, nur etwa 20 cm aus dem Sandboden ragenden hölzernen Überreste eines **Wracks.** Um das ursprünglich etwa 30 m lange und 7 m breite Schiff ranken sich viele Legenden. Manche Quellen sprechen von einem im 19. Jh. gestrandeten Salpeterfrachter, andere halten das für unwahrscheinlich. Auf jeden Fall ist es ein Höhepunkt der Wanderung, mitten im Wattenmeer auf die Spanten der Bordwand eines unbekannten Segelschiffs zu treffen.

Der vielleicht spannendste Höhepunkt folgt knapp 0:30 Std. später. Dann nämlich muss das sog. Mittelloch durchwatet werden, ein **Priel,** der wenige Stunden zuvor (bei Flut) noch schiffbar war. Normalerweise ist er bei Ebbe nur kniehoch. Je nach Wetterlage kann das Wasser aber schon einmal bis zur Hüfte reichen. Der Wattführer wird dafür sorgen, dass die flachste Stelle des Priels in genau dem Zeitkorridor von etwa 10 Min. durchquert wird, in dem gerade Niedrigwasser herrscht. Hier treffen sich dann die Gruppen, die nach Amrum unterwegs sind, mit jenen, die von Amrum nach Föhr laufen.

Mitten im Watt: hölzerne Überreste eines Wracks

Ist der Priel durchwatet, hat man nach wenigen Minuten, etwa in Höhe der Vogelwarte, den Boden der Nachbarinsel unter den Füßen. Beim Fahrradparkplatz an der
Amrumer Odde trennen sich dann die meisten Gruppen. Die restliche Zeit steht
zur freien Verfügung, Wissbegierige können aber auch an geführten Exkursionen
teilnehmen.

Sie können nun durch das Wiesenvorland direkt nach Norddorf laufen (1,5 km). Es
empfiehlt sich aber, zunächst die Dünen zu queren und am Badestrand entlang
zum Norddorfer Strandübergang zu laufen – evtl. bietet sich auch ein Bad an. Die
Bushaltestelle **Norddorf** ist noch gut 2,5 km entfernt. Von dort geht es zu jeder vollen und halben Stunde mit dem Inselbus (evtl. mit einem Zwischenstopp in Nebel)
nach Wittdün und mit der Fähre zurück nach Föhr.

Tour 7: Marsch- und Deichwanderung
im Nordwesten Föhrs

Charakteristik: Auf diesem Weg spüren Sie v. a. die große, windige Weite dieser
Nordseeregion (und das besonders in Herbst und Winter). Die Wanderung ist eher
ein längerer Spaziergang und verläuft von Oldsum zum Sörenswai-Vorland und
wieder zurück. Einkehrmöglichkeit in Dunsum (Restaurant „Zum Wattenläufer").
Länge/Dauer: knapp 9 km, ca. 2:30 Std. **Start**: Oldsum, Bushaltestelle „Oldsum-Süd".

Wegbeschreibung: Ausgangspunkt für unsere Wanderung durch das weite, grüne
und für die Nordsee so typische Marschland ist die Ortsmitte von **Oldsum**. Von der
Bushaltestelle verlassen Sie den Ort in nördliche Richtung und halten sich immer
geradeaus (am Altglascontainer vorbei, nicht dem Siedlerweg folgen), bis Sie nach
2 km zum Seedeich kommen. Nach knapp 0:30 Std. (1,7 km) haben Sie das 1957 erbaute **Schöpfwerk Föhr-Mitte** erreicht. Hier führt eine Treppe den Deich hinauf.
Die Deichkrone gibt dann einerseits den Blick auf das Wattenmeer und anderer-

seits auf die weite Marschlandschaft preis. Man kann auch gut zur Insel Sylt hinüberschauen und sogar bei gutem Wetter in der Ferne die Wohnblocksilhouette Westerlands erkennen.

Im Osten blickt man auf das **Toftumer Vorland,** das nicht weiter eingedeicht wird und sich im Laufe der Jahre zu einem wertvollen Vogelschutzgebiet gemausert hat. Westlich vom Schöpfwerk hat sich als Vorland ein kleiner Naturstrand gebildet, der **Sörenswai.** Auch diesen darf man von April bis Juli nicht betreten, weil er ein wertvolles Rast- und Brutgebiet für Vögel ist (z. B. die seltene Zwergseeschwalbe). Somit können Sie in den Sommermonaten nur ein kurzes Stück auf dem Deich laufen und müssen dann auf der Binnenseite weitergehen. Nach etwa 2 km – beim zweiten Schafgatter können Sie wieder auf den Deich wechseln – sehen Sie wieder etwas mehr von der Landschaft, wobei sie natürlich häufig von den Deichschafen begleitet werden und entsprechendes Schuhwerk anhaben sollten.

Je weiter Sie den Deich entlang nach Westen spazieren, umso deutlicher können Sie auch den Ort Hörnum an der Südspitze Sylts erkennen (oder erahnen), auf jeden Fall aber den dortigen Leuchtturm. Nach insgesamt 3,5 km haben Sie den Deichübergang in **Dunsum** erreicht. Von hier aus gehen Sie Richtung Dunsum, biegen aber vor der ersten Bebauung nach links auf einen Wirtschaftsweg ab, der nach 1 km rechts abknickt. Nach weiteren 2 km sind Sie wieder in Oldsum.

Tour 8: Fahrradrunde um Amrum

Charakteristik: Diese nicht immer auf geteerten Wegen verlaufende, dennoch leichte Tour führt Sie einmal um die gesamte Insel herum mit Besichtigung der wesentlichen Sehenswürdigkeiten. Von Wittdün aus führt die Tour am Leuchtturm vorbei zunächst durch den Wald nach Norddorf. Je nach Lust und Wetterlage können Sie den Rückweg über geteerte Wege im Inselinneren oder direkt an der schönen Wattseite antreten (nur bei trockenem Wetter). **Länge/Dauer**: 22 km, ca. 2 Std. (wegen der vielen Sehenswürdigkeiten und Einkehrmöglichkeiten kann die Tour leicht den ganzen Tag dauern). **Start**: Wittdün, Fährhafen.

Wegbeschreibung: Am besten ist es, wenn Sie nicht gleich auf der verkehrsreichen Inselstraße Wittdün verlassen, sondern vom Hafenparkplatz zunächst in den Ort, dann aber sofort am Café „Insel-Praline" geradeaus die Volkert-Quedens-Straße bis zur Mittelstraße fahren. Diese führt nach rechts verkehrsberuhigt bis zum Ortsende. An „Köhns Übergang" geht es dann zwangsläufig wieder rechts bis zur Inselstraße. Nach deren Überquerung radeln Sie 2 km auf dem Fahrradweg bis zum **Amrumer Leuchtturm** (in der Saison Mo–Fr 8.30–12.30 Uhr).

Nun folgen Sie dem breiten Waldweg immer weiter bis in den Norden der Insel. Weil auf der Insel häufig starke Nordwestwinde vorherrschen, hat der schöne Waldweg den Vorteil, dass

Zweisprachige Ortsschilder:
Radeln auf Amrum

Sie bis in den Inselnorden relativ windgeschützt unterwegs sind. 2 km hinter dem Leuchtturm passieren Sie die Fachklinik Satteldüne. Weitere 3 km später kann man (links) einen kurzen, aber lohnenswerten Abstecher zur **Vogelkoje Meerum** in Erwägung ziehen (heute Vogelteich, Tiergehege) und von dort aus weiter nach Norddorf (Lunstruat) fahren.

Sollten Sie dem Hauptweg folgen, erreichen Sie bald die Inselstraße (Lunstruat), neben der Sie auf dem Fahrradweg den letzten Kilometer in die Mitte von Norddorf bewältigen. Hier geht es halblinks in die Fußgängerzone (Strunwai), und es gilt, etwa 300 m das Fahrrad zu schieben. Der Strunwai führt nach 1 km an den schönen **Norddorfer Strand** und zum Carl-Zeiss-Naturzentrum.

Nach Besichtigung des Strandes oder des Naturzentrums fahren Sie am besten wieder auf demselben Weg zurück zu Norddorfs zentralem Platz beim Hotel Hüttmann, hier halblinks in den Ual Saarepswai, am Ortsende wieder links (Bräätlun) und dann rechts in den Boragwai bis zum Haus Burg (nettes Ausflugslokal). Von hier aus führt die Tour immer an der Wattseite der Insel an der Böle Bonken Bank (Wegkreuz) vorbei bis ins 3 km entfernte malerische **Nebel** (mit St.-Clemens-Kirche, Heimatmuseum und schöner Windmühle).

Hinweis: Dieser schöne Weg an der Wattseite ist bei nassem Wetter nicht zu empfehlen! Dann sollten Sie besser von Norddorf über den Hoofstich (Verlängerung des Ual Saarepswai), am Abenteuerland (Gewerbegebiet) vorbei, auf dem geteerten Wirtschaftsweg nach Nebel fahren.

Böle Bonken Bank: Wegkreuz mit der Inschrift „Un Jesus as Rau an Fees" (In Jesus ist Ruhe und Frieden)

Nach Besichtigung des malerischen Friesendorfs Nebel und seiner Kirche mit den „sprechenden Grabsteinen" (und evtl. dem Besuch der Windmühle) führt von der Dorfmitte in Nebel der „Uasterstigh" in das nur gut 1 km entfernte **Süddorf**. Auf halbem Wege kommt man an Amrums zweiter historischer Windmühle vorbei. In Süddorf führt links die Straße nach **Steenodde** mit seinem winzigen Hafen.

Alternative bei trockenem Wetter: Sie können auch direkt an der Wattseite über das schöne Steenodder Kliff nach Steenodde gelangen. Dazu müssen Sie in Nebel am Ende des „Uasterstigh" links am Schullandheim Honigparadies vorbeifahren (und nicht geradeaus über den kurzen Berg nach Süddorf).

Von Steenodde aus geht es dann die letzten 2 km über den Deich und den Seezeichenhafen zurück zum Fähranleger in Wittdün.

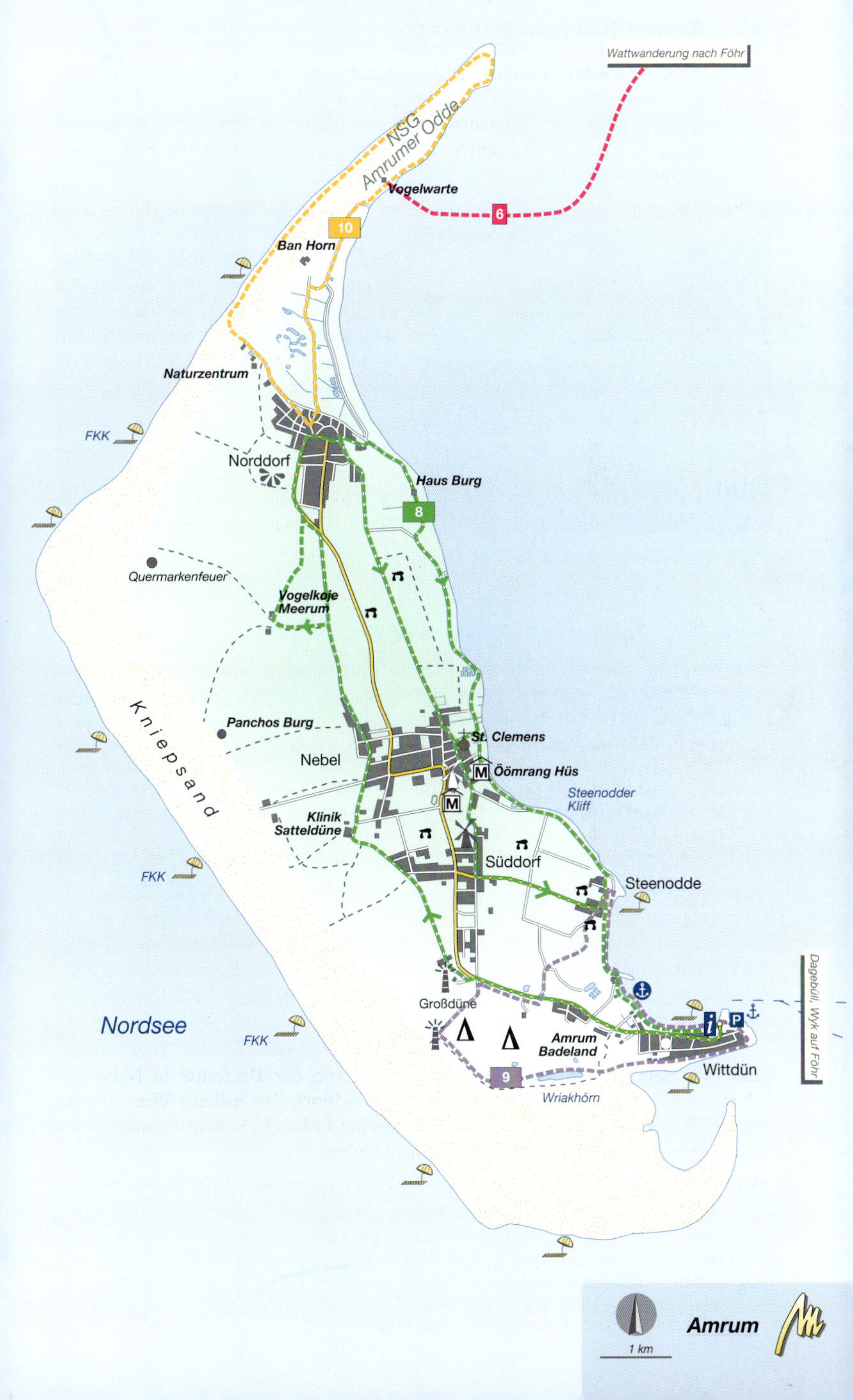
Wattwanderung nach Föhr
NSG
Amrumer Odde
Vogelwarte
6
10
Ban Horn
Naturzentrum
FKK
Norddorf
Haus Burg
8
Quermarkenfeuer
Vogelkoje
Meerum
Kniepsand
Panchos Burg
St. Clemens
Nebel
Öömrang Hüs
Steenodder
Kliff
Klinik
Satteldüne
Süddorf
Steenodde
FKK
Großdüne
Nordsee
FKK
Amrum
Badeland
9
Wittdün
Wriakhörn
Dagebüll, Wyk auf Föhr
1 km
Amrum

Wunderschöne Dünenwanderung: von Weiakhörn zum Leuchtturm

Tour 9: Zu Fuß durch Amrums schönen Süden

Charakteristik: Mit dieser Wanderung im Süden der Insel lernen Sie Amrums schönste Seiten auf engstem Raum kennen. Sie führt zunächst um Wittdüns Südspitze herum, dann über Bohlenwege und später mitten durch die Dünen zu Amrums Wahrzeichen, dem Leuchtturm. Von dort aus geht es durch Wiesen und Wald zum kleinen Kapitänsort Steenodde und an der Wattseite zurück nach Wittdün. Wegen der anfangs sandigen Wege ist etwas Kondition und Trittsicherheit erforderlich. **Länge/Dauer**: 9,5 km, ca. 3 Std., wegen der vielen Sehenswürdigkeiten etwa 4 Std. Einplanen. Einkehrmöglichkeiten am Leuchtturm, in Steenodde und am Seezeichenhafen. **Start**: Wittdün, Fährhafen.

Wegbeschreibung: Vom Fährhafen laufen Sie links an der Wasserlinie entlang auf der promenadenartigen Unteren Wandelbahn und umrunden die **Südspitze,** bis Sie nach knapp 1,5 km zum Strandhaus am Beginn des breiten Kniepsandes kommen. Am Strandhaus gehen Sie hinauf auf die Obere Wandelbahn, der Sie nach links folgen und die am Ortsende in einen Bohlenweg übergeht. Nach 1 km kommen Sie am **Dünensee Wriakhörn** zu einer kleinen Aussichtsplattform. Bleiben Sie auf dem Bohlenweg bis zum Ende des Sees, dann laufen Sie nach links Richtung Strandübergang, um nach 80 m rechts in einen Weg einzubiegen, der durch Amrums Dünen führt. Er verläuft 1 km auf und ab durch Amrums herrlichste Dünenlandschaft und ist nicht viel mehr als ein sandiger Trampelpfad, der durch rot bemalte Pfosten markiert ist. Natürlich haben Sie den Leuchtturm immer im Blick.

Der Trampelpfad stößt in der Nähe des 1955 errichteten, 17 m hohen Gittermastes auf einen Zugangsweg zum Strand. Der Gittermast dient übrigens heute noch als Quermarkenfeuer. Wenn Sie noch Kraft und Lust haben, können Sie die Düne am Mast erklimmen und hinüber auf den **Kniepsand** schauen. Der Weiterweg führt jetzt rechts am Eingang des FKK-Zeltplatzes vorbei bis zur Straße. Hier geht es links zum **Leuchtturm** (in der Saison Mo–Fr 8.30–12.30 Uhr).

Vom Leuchtturm laufen Sie wieder zurück zur Straße, die Sie am Restaurant „Heidekate" überqueren, und dann 700 m auf dem Fuß- und Fahrradweg neben der Straße Richtung Wittdün. Nach der ehemaligen Vogelkoje führt bei den Bänken und der aufgestellten Orientierungskarte links ein schöner Weg in eine Niederung namens **Guskölk** (Gänsekolk). Sie war übrigens bis ins 15. Jh. hinein als Naturhafen noch schiffbar. Immer dem Hauptweg folgend geht es nun an einem kleinen Tümpel am Waldrand vorbei, an der ersten Wegkreuzung zunächst nach links, dann an der zweiten Kreuzung (nach etwa 300 m) geradeaus in den Kiefernwald und weiter bis **Steenodde** (keine Beschilderung, rechter Hand das Steinzeitgrab „Steenodder Dolmen"). Von der Landungsbrücke hat man einen herrlichen Blick über das Wattenmeer hinüber nach Wittdün. Zurück laufen Sie die letzten 2,5 km immer auf dem Deich, am Seezeichenhafen vorbei, bis zum Fährhafen.

Tour 10: Wanderung um die Amrumer Odde

Charakteristik: Eher ein längerer Strandspaziergang. Einmal um die fast unberührte Nordspitze der Insel, dabei hat man zunächst Sylt und dann Föhr im Blick. Traumhaft v. a. für jene, die Ruhe und Abgeschiedenheit suchen. Wegen des sandigen Untergrunds ist etwas Kondition und Trittsicherheit erforderlich. **Länge/Dauer**: 4 km (ab Fahrradparkplatz) oder 9 km (ab Norddorf), ca. 3–4:30 Std. (ab Norddorf). Einkehrmöglichkeit nur am Norddorfer Strand. **Start**: Norddorf Zentrum oder Fahrradparkplatz Amrumer Odde (beim Schullandheim).

Wegbeschreibung: Von der Dorfmitte (AmrumTouristik) **Norddorfs** laufen Sie durch die Fußgängerzone (Strunwai) zunächst 1 km zum belebten Strandübergang am Carl-Zeiss-Naturzentrum. Von hier aus können Sie entweder über den Risumdeich bis zum Schullandheim Ban Horn oder – besser – immer am Strand entlang nach Norden laufen. An windigen Tagen umwehen dabei Schlieren von Sand ihre Füße. Kurz hinter dem Schullandheim (nach 1 km) beginnt das Naturschutzgebiet **Amrumer Odde,** weshalb der hohe Dünengürtel nicht betreten werden darf – mit Ausnahme des Strandübergangs zum Fahrradparkplatz.

Nach weiteren 2,5 km am Strand entlang sind Sie an der Nordspitze mit der kleinen **Aussichtsplattform.** Von hier können Sie hinüber zur gut 5 km entfernten Hörnum-Odde von Sylt blicken, dem Gegenstück der Amrumer Odde, mit dem markanten Leuchtturm Hörnum im Hintergrund.

Auf der **Wattenmeerseite** Amrums ändert sich das Landschaftsbild, und man erblickt die so nah erscheinende (nur 3 km) Insel Föhr. Der Rückweg bis zur Vogelwärterhütte und weiter zum Fahrradparkplatz erfolgt direkt am Meeressaum. Sollten Sie bei Ebbe unterwegs sein, werden Sie zahlreiche Wattwanderer sehen, die von Insel zu Insel laufen. Vom **Schullandheim Ban Horn** sind es noch 2 km über den Hauptweg zurück bis ins Zentrum von Norddorf (der Weg über den asphaltierten Deich wäre ein kleiner Umweg).

Aussichtsplattform an der Amrumer Odde

Register

ISBN 978-3-89953-738-3

© Copyright Michael Müller Verlag GmbH, Erlangen 2012. Alle Rechte vorbehalten. Alle Angaben ohne Gewähr. Druck: Wilhelm & Adam, Heusenstamm.